Paris
1880

Lecoy de La Marche, Albert

La société au XIIIe siècle

LA SOCIÉTÉ

AU XIIIe SIÈCLE

A. LECOY DE LA MARCHE

PROFESSEUR A L'UNIVERSITÉ CATHOLIQUE DE PARIS

LA SOCIÉTÉ

AU

TREIZIÈME SIÈCLE

L'histoire nationale; plan d'une étude générale du treizième siècle. — L'état moral et matériel de la société. — La royauté et l'opinion publique. — L'ouvrier. — La femme. — Le sermon. — Le théâtre. — Les bains.

PARIS

SOCIÉTÉ GÉNÉRALE DE LIBRAIRIE CATHOLIQUE

PARIS VICTOR PALMÉ DIRECTEUR GÉNÉRAL 25, rue de Grenelle-St-Germain	BRUXELLES J. ALBANEL DIRECTEUR DE LA SUCCURSALE 29, rue des Paroissiens

GENÈVE

GROSSET ET TREMBLAY, IMPRIMEURS-ÉDITEURS

1880

PRÉFACE

Le titre de ce volume en dit assez la pensée. Aucune période du moyen âge n'a peut-être été l'objet de travaux plus nombreux que le siècle de saint Louis. Mais son histoire intime, mais l'état matériel et moral de la société française d'alors n'ont pas été retracés avec le même luxe de recherches et de détails que les expéditions ou les réformes législatives du saint roi. Cette lacune subsistera, je le sais, après l'apparition du présent livre : elle sera cependant un peu moins sensible, et je ne désespère pas de la combler un jour davantage, en publiant les leçons que j'ai consacrées, durant deux années consécutives, à cette vaste matière. Le désir manifesté par quelques amis ou par quelques auditeurs bienveillants me poussera très probablement à cet acte de vanité. Toutefois j'ai trop le respect du public pour lui offrir des ébauches aussi informes, et, en attendant que je les mette, autant qu'il me sera possible, au niveau des exigences de la critique contemporaine, je prie les personnes qui les ont honorées de leurs encouragements de vouloir bien reporter leur indulgence sur la série d'esquisses que voici.

Ces études, quoique entreprises à différentes époques et à divers points de vue, se rattachent entre elles par un lien étroit. Il n'en est pas une qui ne soit inspirée par le désir d'effacer les monstrueux préjugés répandus encore dans une notable portion de la classe éclairée contre le moyen âge, en particulier contre le siècle qui passe pour l'apogée de la civilisation chrétienne. Il n'en est pas une qui n'effleure quelque grande question sociale; la question de l'opinion publique, celle de la condition de l'ouvrier, celle du rôle de la femme, celle de l'influence de la chaire, celle du théâtre national. sont traitées successivement dans ce petit volume. On aura donc déjà ici, à défaut d'un tableau complet, une vue d'ensemble et un aperçu général de l'immense domaine que j'ai appelé l'état de la société, et qui rentre essentiellement dans les appartenances de l'histoire, telle que la conçoivent aujourd'hui les esprits les plus justes et les plus élevés.

Une autre préoccupation que celle de l'historien se trahira peut-être également dans ces pages. Je ne le cache pas : en retraçant le passé, je ne détache pas mes regards du présent; en réveillant ce qui a été, je songe à ce qui est. Certains *dilettanti* de l'érudition déploreront sans doute un pareil souci, et déclareront *à priori* qu'il me met un bandeau sur les yeux. Mais n'atteint pas qui veut les majestueux sommets de la critique sereine... et indifférente. *Homo sum;* je suis de mon temps, et je suis de mon opinion. Ce qui ne prouve nullement que je poursuive avec moins d'ardeur la vérité, ni que je lui rende un hommage moins sincère partout où je la rencontre.

Est-ce à dire, d'ailleurs, s'il m'échappe une parole de regret, si quelque rapprochement peu favorable à notre époque s'impose à mon esprit, que je rêve de ramener de six siècles en arrière la société moderne, comme on accuse souvent les catholiques de vouloir le faire? Non; la vie des nations, comme celle des individus, ne se recommence pas; et j'ai la conviction que les plus habiles perdraient leur peine et leur temps dans une entreprise aussi téméraire. Mais je crois, avec beaucoup d'autres, que la fréquentation de ce moyen âge tant dénigré, et encore plus ignoré, serait, en bien des cas, profitable à la société moderne. Elle y puiserait certains éléments de salut et de prospérité dont elle perd de plus en plus la notion ; elle y apprendrait ce que valent, pour le bonheur des peuples, et la foi, et l'autorité, et la fidélité aux traditions nationales, ce trésor séculaire qui fait partie intégrante de la patrie. Je puis évoquer ici, sans exagération aucune, toutes ces grandes idées, car il s'agit du règne de saint Louis, et nul prince sur la terre ne les a représentées avec autant d'éclat.

Je ne me défends donc pas, encore une fois, de poursuivre, au delà du but immédiat de l'éclaircissement de certains points historiques, un but plus élevé, et plus pratique en même temps. Bien plus ; j'affirme qu'en cela je ne sors nullement du rôle de l'historien, et que je remplis, au contraire, la partie la plus essentielle de ce noble rôle. L'histoire ne serait plus rien si elle devait uniquement servir à satisfaire notre curiosité ou celle de nos semblables, quelque louable qu'elle soit ; ce serait un vain bruit de cymbales ; ce serait un corps sans âme ; et, en définitive, la vie est trop courte pour qu'on puisse raisonnablement la consacrer tout entière à une science aussi stérile, à une science qui n'aurait plus pour fin suprême le triomphe de la justice et le bien de l'humanité.

I

DE L'HISTOIRE NATIONALE

ET DE L'ÉTUDE DU TREIZIÈME SIÈCLE EN PARTICULIER (1)

Dieu, qui a fait la famille, a fait aussi la patrie. Pour lui rendre moins amer son séjour ici-bas, il a voulu que l'homme s'attachât non seulement aux êtres animés qui l'entourent, mais encore au sol où ses pères ont vécu, où lui-même a vu le jour. Aussi, dès que l'espèce humaine se mul-

(1) Je crois ne pouvoir mieux faire que de placer en tête de ces études sur la société du treizième siècle les deux discours prononcés sur le même sujet, en 1877 et 1878, pour l'ouverture du cours d'histoire professé à l'Université catholique de Paris. Ce sont deux tableaux d'ensemble qui doivent naturellement précéder les esquisses détachées. On ne s'étonnera donc pas de trouver dans les pages qui suivent l'annonce ou le résumé d'une série d'entretiens qui eux-mêmes ne figurent pas dans ce volume.

tiplie, après le déluge, la voyons-nous se disperser, par la volonté du Ciel, et chacune de ses grandes fractions adopter une contrée particulière où sa postérité sera chez elle. Quand le Seigneur se choisit un peuple, une race privilégiée, pour lui confier l'entretien de la lumière crépusculaire accordée au matin du monde en attendant le lever du soleil de vérité, il lui promet en récompense un pays à posséder, une terre à aimer et à cultiver. « Je donnerai cette région à vos enfants, » dit-il à Abraham en la lui montrant d'avance. Et, depuis lors, les patriarches et leurs descendants ne soupirent plus qu'après la *Terre promise*.

Telle est l'origine antique et sacrée de ce noble sentiment qu'on appelle l'amour de la patrie, sentiment que les païens eux-mêmes ont si hautement professé, et qu'un de leurs poètes a heureusement rendu :

Nescio qua natale solum dulcedine cunctos
Ducit, et immemores non sinit esse sui (1).

Et le résultat presque immédiat de cet amour, c'est l'enfantement de l'histoire nationale, la première de toutes les histoires par rang de naissance. Qu'est-ce, en effet, que les plus anciens

(1) Ovide, *Epist. ex Ponto*, l. I, ep. III, v. 35, 36.

livres des Hébreux, sinon des annales dictées par un patriotisme inspiré ? Qu'est-ce que les productions primitives de la littérature profane, sinon des récits d'histoire locale, plus ou moins embellis par le mythe ou la légende ? Homère lui-même, s'il n'est pas un historien, croit l'être ou passe pour tel : il raconte les exploits d'une race, il chante les défenseurs d'une nationalité.

Mais ici commence justement le danger. La passion de la patrie a, comme toute passion, ses excès, ses déviations inévitables. Lorsqu'elle n'est pas contenue par l'instinct de la justice, par l'amour de l'humanité, par la notion d'une patrie céleste commune à tous les peuples et à tous les individus, elle engendre l'exagération d'abord, puis la partialité, puis la fausseté ; et la pire de toutes les faussetés, celle qui a conscience d'elle-même. C'est là l'écueil où vient se heurter l'antiquité païenne. Entraînée par l'admiration de ses héros, éprise de sa propre gloire, la Grèce ne connaît guère pour historiens que des panégyristes, exaltant à l'envi sa puissance, ses conquêtes, ses grands hommes, souvent bien petits, haïssant et rabaissant tout ce qui appartient aux autres nations, qu'elle traite dédaigneusement de barbares. La Grèce, en outre, a par-dessus tout le culte du beau, l'amour de la forme ; elle produit des artistes merveilleux, des écrivains d'une élégance inimitable; elle considère tout au point de vue artistique : elle est donc amenée à faire de l'histoire non une science, mais un art. Vous sentez la différence. Tout est sacrifié à l'effet, au lieu de l'être à la vérité. Qu'importe que nos historiens manquent de critique, de conscience même, pourvu que leurs narrations flattent notre amour-propre et que leurs périodes bien arrondies charment notre oreille délicate? Ainsi devaient parler les Grecs; car leurs annales ne sont ordinairement que des poèmes en prose, dont les auteurs subissent l'influence toute-puissante de l'épopée homérique. Un de leurs derniers écrivains l'avoue avec loyauté : dans son traité sur l'*Art d'écrire l'histoire*, livre instructif et trop peu connu, Lucien déclare que le sens historique était perverti chez eux par le goût des amplifications sophistiques et la passion des fables ; et il en cite des exemples curieux, pris jusque dans les événements de son temps (1). Hérodote lui-même ne fait pas exception, malgré ses recherches et ses voyages lointains; et si Thucydide se montre moins flat-

(1) Lucien, *op. cit.*, ch. XIV.

teur que les autres pour ses compatriotes, c'est que leur ingratitude et l'exil ont quelque peu refroidi son enthousiasme. Cela ne l'empêche pas, d'ailleurs, de farcir ses récits d'une quantité de harangues de son invention, qui serviront de modèles à Démosthène et plus tard à Tite-Live. Il faut que ce caractère dominant des annalistes grecs ait été bien saillant, puisque les Romains eux-mêmes, malgré leur admiration, refusent de les croire sur parole et rejettent avec scepticisme

> Quidquid Græcia mendax
> Audet in historiis (1).

Pourtant, nous ne voyons guère autre chose chez ces derniers. Quintilien, un de leurs meilleurs maîtres, dit expressément que l'histoire confine à la poésie ; il en fait presque un genre poétique (2). Cicéron, qui lui reconnaît simplement un caractère oratoire, émet bien cette maxime qu'elle ne doit rien avancer de faux, rien dissimuler de vrai (3). Mais que ne trouve-t-on pas dans Cicéron, avec un peu de bonne volonté ? Lorsqu'il faut descendre de la

(1) Juvénal, *Sat.* X, 174.

(2) « Est enim proxime poetis historia, *et quodammodo carmen solutum.* » (*De institutione oratoriâ*, X, 1.)

(3) Cicéron, *De Oratore*, II, 15.

théorie à la pratique, sa doctrine change singulièrement. Savez-vous ce qu'il écrit à Lucceius, à la nouvelle que celui-ci entreprend de retracer les événements de son temps? Il lui demande sans vergogne de le couvrir de fleurs, de ne pas s'arrêter aux lois de la stricte exactitude, et d'accorder à l'amitié plus que ne permettrait la vérité (1). C'est un trait qui peint l'homme ; mais cet homme n'est nullement inférieur, en fait de morale, à ses concitoyens ; bien au contraire. La plupart des Romains imitent trop servilement leurs devanciers et leurs maîtres pour ne pas partager leur faible. Depuis la conquête de la Grèce surtout, on n'entend plus à Rome que des dithyrambes en l'honneur des illustrations romaines, des armes romaines, de la grandeur romaine, le tout dans le goût hellénique ; car, phénomène curieux, les vaincus imposent aux vainqueurs leur mode et leur ton. L'on connaît à peu près aujourd'hui la valeur historique des bulletins de victoire de César, des admirables tableaux de Salluste, des discours savants de Tite-Live. La vérité s'y trouve si artistement combinée avec le mensonge, qu'il est très difficile d'établir la proportion de l'un et

(1) *Epist.*, V, 12.

de l'autre; mais on en sait assez pour juger du caractère général de ces compositions. En résumé, comme l'a dit Ozanam, toute l'histoire antique a pour objet l'apothéose d'un peuple. Elle intéresse, elle séduit, mais elle n'a pas cet accent sincère qui impose la conviction. Elle atteint aisément le beau, un beau relatif toutefois, car la beauté de la forme ne suffit pas : elle n'arrive point au beau absolu, parce qu'il lui manque le sens du bon et du vrai, qualité qu'il était réservé au christianisme de faire germer dans l'âme humaine (1).

(1) Cette appréciation des historiens anciens, qui n'ôte rien, du reste, à leurs qualités littéraires, peut effaroucher les admirateurs passionnés des maîtres grecs et romains. Elle repose néanmoins sur les travaux les plus approfondis de la critique contemporaine, dont la routine seule pourrait méconnaître les résultats. Je recommande entre autres aux esprits curieux l'ouvrage intitulé *Histoire du roman et de ses rapports avec l'histoire de l'antiquité grecque et latine*, par M. Chassang, maître de conférences à l'École normale (et, par conséquent, juge non suspect). Sa lecture fait toucher du doigt le mélange continuel et volontaire de l'élément romanesque et de l'élément historique chez un grand nombre d'écrivains de l'antiquité. « Loin de poursuivre la vérité historique, dit l'auteur, ces écrivains n'ont cherché dans l'histoire qu'un fond pour établir des fictions intéressantes ou pour édifier un système... Ainsi le roman historique des anciens, au lieu de se développer avec art à côté de l'histoire, comme dans les ingénieuses compositions de quelques modernes, s'établit vio-

L'histoire nationale, telle que la comprenait le paganisme, tombe avec l'empire romain. Nous ne la verrons reparaître chez aucun peuple, car une révolution profonde a transformé les esprits. L'Évangile a paru, et cette simple narration des actions de l'Homme-Dieu a ouvert une ère nouvelle, comme un autre récit, celui de la Genèse, avait inauguré le monde hébraïque. Aux premiers siècles de l'Église, si la critique historique n'est pas encore née, l'idée chrétienne a déjà considérablement agrandi le domaine étroit et l'horizon borné des annalistes. Les hommes ne se contentent plus de connaître ce qui regarde leur petit coin de terre; ils voient plus loin et de plus haut. Ils savent désormais qu'ils ont une autre patrie; ils appartiennent à une société beaucoup plus vaste que leurs nationalités respectives; ils comprennent

lemment au cœur de cette science ; ainsi l'histoire, dont les légendes populaires et les fables poétiques avaient si souvent forcé l'entrée, se trouva encore envahie par les fictions des philosophes et des rhéteurs. » Et il rappelle les principales causes de ces altérations : d'une part, l'intérêt, la vanité nationale, l'adulation, l'esprit de parti; d'autre part, l'ignorance, la superstition, l'amour du merveilleux (P. 8-11). Je n'en ai même pas dit autant, ni dans ce discours, ni dans l'essai quelque peu juvénile publié autrefois sous le titre d'*Histoire de l'histoire*.

que le monde ne doit pas se composer de peuples ennemis, de castes rivales toujours occupées à s'égorger. Ils ont un lien moral qui les réunit tous en une communauté de frères : ils s'intéressent donc aux faits et gestes de l'humanité entière, à ceux des chrétiens par esprit de famille, à ceux des païens dans une pensée de charité et de prosélytisme. Aussi les voit-on composer de préférence des histoires de l'Église ou des abrégés d'histoire universelle. Ces premiers historiens ecclésiastiques, Eusèbe, Socrate, Théodoret, sont, comme le dit M. Chassang, des écrivains instruits et graves, et Paul Orose est un des créateurs de la philosophie de l'histoire (1). L'amour de la vérité, l'amour du prochain illuminent en même temps le génie de la nouvelle école ; elle songe à donner à ses écrits un but pratique, plus élevé que la satisfaction d'une vanité ou d'une curiosité futiles ; elle cherche le profit des âmes, et, dans cette préoccupation du bien, il lui arrive de perdre le souci du beau. Est-ce un malheur? Oui, sans doute ; mais ce malheur est amplement compensé.

Voulez-vous une preuve de cette transformation radicale? Ouvrez un des historiens les plus connus

(1) Chassang, *op. cit.*, p. 172 et ss.

du quatrième siècle, Sulpice Sévère, et lisez ce qu'il écrit dans une de ses préfaces : « La plupart des auteurs qui ont retracé la vie des personnages illustres ont eu pour but de s'illustrer eux-mêmes. Mais à quoi leur a servi cette gloriole périssable ? Et quel profit la lecture des combats d'Hector ou des discussions de Socrate apporte-t-elle à la postérité, quand les imiter serait folie ? Ces écrivains n'ont eu en vue que la vie présente ; ils ont voué leur esprit aux fictions et leur âme au sépulcre. Mais le devoir de l'homme est de viser plutôt à la gloire éternelle et d'être utile à ses semblables en leur mettant sous les yeux des exemples salutaires. Pour moi, j'aimerais mieux briser ma plume que de raconter des mensonges (1). » Cette parole honnête sera, pour ainsi dire, le mot d'ordre des historiens chrétiens. Après les invasions barbares, après le morcellement de l'empire et la formation de nouveaux royaumes, les communications étant plus rares et les informations plus difficiles, l'histoire se localise ; elle devient la chronique. Mais ce nouveau genre d'annales particulières ne ressemble en rien à celles des temps anciens ; il en diffère encore par les mêmes caractères essentiels,

(1). *Vita sancti Martini*, c. I.

qui se perpétuent à travers toutes les révolutions politiques : le sentiment de l'unité, de la solidarité chrétienne, et la probité historique. L'histoire redevient nationale parce que l'univers, un moment réuni sous le même sceptre, se divise de nouveau en nations ; mais le lien moral subsiste, l'union est faite sous une autorité plus forte que celle des empereurs, celle de la foi, qui égalise les âmes au lieu de niveler les esprits. L'amour de la patrie inspirera toujours les écrivains, mais il ne les inspirera plus seul ; il aura son correctif nécessaire dans l'amour de l'Église, cette grande patrie spirituelle.

Ne croyez pas cependant que je veuille vous présenter les chroniqueurs du moyen âge comme des modèles. A côté de l'avantage considérable que je viens de signaler, ils offrent une quantité de défauts, et j'ai moi-même souffert trop souvent de ces défauts pour ne pas les reconnaître. On reproche avec raison aux uns leur sécheresse et leur laconisme obscur, aux autres leur désordre, leur diffusion, leur style ampoulé. En dehors même des vices de forme, quand ils sortent de leur sujet, de leur époque ou de leur pays, ils tombent dans mille erreurs involontaires, accréditées par la renommée. Quelques-uns, vers la fin de cette période surtout, se laissent encore entraîner par la passion. Comment en serait-il autrement, à l'époque des grandes guerres de la France et de l'Angleterre par exemple, quand chaque Français, grand ou petit, seigneur ou vilain, est obligé de prendre parti pour l'héritier des Valois ou pour celui des Plantagenets ? Froissart, Monstrelet et leurs pareils sont parfaitement excusables. Un seul chroniqueur important me paraît faire exception, parce qu'il écrit dans un temps moins troublé et qu'il paraît commettre à dessein des exagérations ou des fraudes historiques : c'est Mathieu Paris (ou de Paris), qui imite parfois les anciens dans leurs suppositions de discours, mais qui s'éloigne singulièrement d'eux par le dénigrement systématique de son siècle. Voyez, au contraire, les grandes chroniques monastiques, les récits des croisades, les biographies royales ou princières, Éginhard, Suger, Ordéric Vital, Villehardouin, Joinville : vous y trouvez parfois un esprit trop local, des éloges intéressés, et ce qu'on appelle aujourd'hui l'empire des préjugés ; mais, le plus souvent, quel honnête respect pour le droit, quelle liberté d'allure et de jugement, et, par-dessus tout, quelle bonne foi !

Le mouvement intellectuel de la Renaissance

ne fut pas, quoi qu'on en ait dit récemment (1), favorable à l'étude du passé de notre pays. Toutes les forces vives de l'esprit humain furent détournées vers l'antiquité ; c'est alors qu'on inventa ce nom de moyen âge, qui signifiait une transition entre deux ères de grandeur, une nuit froide entre deux jours brillants; c'est alors que les auteurs païens devinrent les maîtres de l'éducation, et furent appelés les *classiques* par excellence. L'imprimerie à son début fut presque uniquement employée à propager leurs œuvres. En effet, après les éditions primitives de nos principales chroniques, celles de Grégoire de Tours, d'Aimoin, de Froissart et deux ou trois autres, il s'écoule près d'un siècle avant la reproduction de ces éditions et les premières recherches sur l'histoire de France. Je ne vois donc pas du tout que le courant d'idées de la Renaissance ait produit la grande rénovation historique dont je parlerai tout à l'heure. Les héritiers de l'école du seizième siècle se retrouvent bien moins dans les rangs de l'érudition moderne que dans l'école bâtarde du dix-huitième, composée d'historiens littérateurs avant tout, à l'instar de ceux de Rome, dont l'exacte

(1) *Revue historique*, nº 1, p. 11 et ss.

imitation faisait leur gloire. Sous Louis XIV, Mézeray en est encore à mettre une harangue à la Tite-Live dans la bouche de Jeanne d'Arc sur le bûcher. Ses successeurs jusqu'au fameux Anquetil, à grand'peine détrôné dans la génération qui nous a précédés, n'entendent rien au moyen âge et ne se piquent point de le mettre en lumière. Mably ne voit que l'antiquité, et, s'il s'occupe de la France, c'est pour faire valoir par la comparaison les mœurs et les vertus de Sparte. C'est là, en effet, toute la pensée des philosophes: revenir au paganisme dans la littérature, dans les arts, dans la politique, dans les mœurs; ne tenir, par conséquent, aucun compte des âges chrétiens et les faire oublier; système qui s'est perpétué jusqu'à nos jours sous différentes formes, quoique rejeté par le monde érudit. L'abandon de notre histoire nationale, dans cette période, est dû encore à d'autres causes. Au seizième siècle, les chroniqueurs, les rédacteurs de mémoires, les savants même, enveloppés dans la grande lutte religieuse, ou bien n'ont pas le temps de remonter en arrière, ou bien, s'ils le font, ne songent qu'à tirer du passé des armes pour leur parti; aux deux suivants, les passions jansénistes, gallicanes, parlementaires, font à leur tour délaisser et mépriser le moyen âge. Mais heureusement, à ce moment même, commence dans l'ombre un mouvement de juste réparation; je dis dans l'ombre, parce que l'éclat jeté par ses promoteurs ne dépassa pas d'abord le cercle restreint des érudits et n'atteignit pas le grand public.

On devine aisément que je veux parler de l'école bénédictine. Par ces mots « l'école bénédictine, » il ne faut pas entendre seulement les travaux gigantesques de la congrégation de Saint-Maur, des Mabillon, des Martène, des Ruinart, des Montfaucon, des d'Achery, des Rivet, des Sainte-Marthe; il faut leur associer leurs émules de la Société de Jésus, les Sirmond, les Labbe, les Bollandus, et quelques savants laïques, comme les Ducange, les Duchesne, les Baluze, pléiade laborieuse et modeste, dont les Bénédictins sont le centre et le sommet. Ces hommes intelligents ne firent pas de l'histoire proprement dite; mais ils comprirent la nécessité de préparer le terrain aux historiens à venir par deux opérations aussi colossales que délicates : la publication et la critique des sources historiques, oubliées dans une foule de manuscrits dont on avait perdu l'intelligence. Quand eurent paru le *Recueil des historiens de France*, la *Gaule chrétienne*, les *Actes des Saints*, l'*Histoire littéraire*, le *Glossaire de la basse latinité*, le *Traité de diplomatique*, et tant d'autres monuments qu'une patience merveilleuse pouvait seule exécuter, on put dire qu'une nouvelle science était née. Leurs auteurs laissaient au dix-neuvième siècle le soin de la développer, de la perfectionner, de lui donner sa forme définitive; mais ils avaient déjà fondé une belle et grande chose: ils avaient fait, je le répète, une science de ce dont on avait fait jadis un art; œuvre d'autant plus méritoire qu'il leur fallut, pour la réaliser, rompre à la fois avec la tradition antique et avec les tendances de la masse de leurs contemporains.

Notre siècle n'a point failli à la tâche qui lui était léguée; il peut s'en enorgueillir à plus juste titre que de bien des conquêtes de l'esprit moderne. Oui, ce sera un des progrès les plus glorieux de cette époque de progrès, que la fixation et l'application des règles de la critique historique. Aujourd'hui, grâce aux continuateurs des Bénédictins et de leurs collaborateurs, grâce aux travaux incessants de l'Académie des inscriptions et belles-lettres, de l'École des chartes, qu'on a appelée une pépinière de Bénédictins civils, et d'autres institutions plus récentes dont elle a fourni l'idée, le modèle et jusqu'aux éléments (comme l'École des hautes études), grâce aussi au concours de l'érudition allemande, à la renaissance de la célèbre congrégation dans l'abbaye de Solesmes, à l'initiative de plusieurs sociétés savantes, telles que la Société de l'histoire de France, la Société bibliographique, et à la fondation de recueils spéciaux, créés et alimentés en grande partie par le zèle des catholiques, enfin à quantité d'efforts isolés, dont l'ensemble a produit une impulsion puissante, l'histoire de notre pays (je ne m'occupe que de celle-là) a été transformée par une série de découvertes. Je ne sais si la chimie, si les sciences positives, dont on vante la marche rapide, ont fait un aussi grand pas : c'est pourquoi l'on a pu proclamer déjà que le siècle de la vapeur et de l'électricité était avant tout le siècle de l'histoire. Pour se convaincre de cette vérité, il suffit de comparer ce qui s'écrivait il y a cinquante ans avec ce qui s'écrit actuellement. Un historien qui se respecte, et qui respecte le public, ne peut plus se borner à de beaux récits et à de belles phrases. Il faut fournir ses preuves; il faut citer des sources, des témoignages contemporains, et ces témoignages mêmes, il faut en peser la valeur, les analyser, les disséquer, non seulement à l'aide de la somme des notions acquises, mais en y ajoutant, autant que possible, des lumières nouvelles. C'est ce qu'ont fait entre autres Guérard, Pardessus, dom Guéranger, et, dans une mesure plus discutable, Augustin Thierry, Guizot, Ozanam, Montalembert. C'est ce que font (si l'on me permet de descendre jusqu'aux vivants) des hommes dont je m'honore d'être le disciple, ou l'admirateur, ou l'ami : le cardinal Pitra, MM. Natalis de Wailly, Léopold Delisle, de Rozière, Paris, Jourdain, Boutaric (1), Léon Gautier, etc., et derrière eux toute une jeune génération formée à leurs leçons. Toutefois (ces noms mêmes l'indiquent), ce sont plutôt des points particuliers, des questions ou des époques spéciales qui ont été l'objet de recherches profondes et d'éclaircissements lumineux. La nature des choses le veut ainsi ; l'histoire générale d'un pays comme le nôtre est un sujet beaucoup trop vaste pour être traité de cette façon par un seul homme. Aussi voyons-nous nos historiens les plus connus, les plus populaires, ceux qui ont voulu résumer en quelques volumes le passé si rempli de la

(1) Je ne puis me résigner à rayer du nombre des vivants cet éminent confrère, enlevé prématurément à la science depuis que ces lignes ont été écrites : il vit encore par ses œuvres.

France, rester dans une infériorité marquée, au point de vue du fond, sinon de la forme. La préoccupation littéraire, l'esprit de routine ou de système, et parfois, je dois le déclarer, des passions auxquelles une profession si noble devrait toujours rester étrangère, ont contribué à les maintenir presque tous en dehors du grand renouvellement de la science. Que dirons-nous, si nous en venons aux livres, plus répandus encore, que l'on met dans les mains de nos enfants, à ces manuels, à ces ouvrages illustrés, qui en sont restés aux préjugés et aux pauvretés du siècle dernier? Ces livres usuels, avouait Augustin Thierry, « réunissent d'ordinaire à la plus grande vérité chronologique (c'est déjà trop d'honneur) la plus grande fausseté historique qu'il soit possible d'imaginer. L'opinion publique, en histoire, est ou radicalement faussée ou entachée de quelque fausseté. » Où avons-nous puisé, tous tant que nous sommes, nos premières notions sur cette matière essentielle, sinon dans des abrégés et à l'aide de programmes basés sur ce principe des encyclopédistes, qu'il n'y a rien à retenir du passé de la France avant le règne d'Henri IV? La routine est encore la maîtresse de l'éducation classique. Quant aux publications populaires, sauf d'honorables exceptions, elles ne sont le plus souvent que des instruments de propagande politique : leur niveau scientifique est au-dessous de tout ce que l'on peut imaginer; mieux vaut ne point sonder ces bas-fonds.

Reconnaissons donc qu'il reste encore beaucoup à faire dans le domaine historique, surtout au point de vue des travaux d'ensemble. Les grands défrichements sont à peu près opérés, les instruments sont préparés, la méthode éprouvée. Nous avons des éléments qui manquaient à l'antiquité et au moyen âge : notre conception de l'histoire est infiniment supérieure à celle des païens; nos moyens d'information et notre goût sont beaucoup plus sûrs que ceux de nos pères. Que notre ardeur, que notre sincérité égalent la leur, et nous pourrons encore réaliser des progrès importants. C'est précisément de l'histoire générale de notre patrie que nous avons à nous occuper ici. Nous tâcherons d'y introduire l'esprit de critique et d'investigation qui lui a trop souvent manqué, en réunissant dans un même faisceau les lumières conquises jusqu'à ce jour par les études particulières des érudits, et en y joignant, s'il est possible, notre faible contingent.

Je dois répondre, à ce propos, à un singulier

raisonnement de l'école rationaliste (car le rationalisme militant a, vous le savez, fait de l'histoire un de ses camps retranchés), raisonnement qui consiste à refuser à ses adversaires la liberté d'esprit nécessaire pour juger sainement et froidement les événements passés. « Vous êtes catholiques, vous ne pouvez être impartiaux; » voilà ce que j'ai quelquefois entendu dire, ce que j'ai même vu écrire par des confrères fort estimables, dont je ne suspecte pas plus la bonne foi qu'ils ne suspectent la mienne. Eh bien! oui, nous sommes catholiques, nous le déclarons hautement. Mais vous tous, qui nous opposez cette fin de non-recevoir, n'êtes-vous pas philosophes, athées, protestants, libéraux? Est-ce que l'une ou l'autre de ces opinions ou toutes ensemble peuvent revendiquer le monopole de l'impartialité, de la justice, de la largeur de vues, à l'exclusion des seuls catholiques? Donnent-elles même l'exemple de la modération? et de quel côté voit-on les jugements les plus passionnés, les idées de parti les plus accusées? — Mais il ne faut pas de parti en histoire; nous voulons être indifférents à tout, pour prononcer dans une sereine équité. — Vous voulez être indifférents, mais vous ne le pouvez pas. L'indifférence, telle que vous la concevez, serait déjà de l'hostilité. « Celui qui n'est pas avec moi est contre moi, » a dit la Sagesse suprême. Je vous défie, d'ailleurs, d'écrire trois pages sur une question controversée sans laisser percer vos tendances. Une telle abnégation de soi-même n'est point donnée à l'homme, et moins que jamais en des temps aussi agités que le nôtre. Laissez donc les catholiques travailler comme leurs adversaires au grand édifice historique. Ce monument offre heureusement un grand nombre de faces où chacun peut mettre la main sans faire intervenir ses croyances, et qui ne prêtent point au choc des principes. Quant au reste, apportez vos pierres, ils apporteront les leurs; produisez vos textes, ils produiront les leurs; exposez vos arguments, ils exposeront les leurs. Les meilleurs finiront bien par triompher, et la vérité, but commun de nos efforts, brillera un jour d'un éclat sans nuage. Restons seulement dans les limites de la sincérité et de la charité; combattons les doctrines, non les individus, et surtout n'accusons personne, sans les motifs les plus graves, de violer sa propre conscience.

J'ai voulu retracer à grands traits ce qu'avait été l'histoire nationale dans le passé, ce qu'elle était actuellement chez nous, avant d'expliquer comment elle serait traitée ici. Il me reste à remplir cette dernière partie de ma tâche, à vous faire connaître le programme que nous suivrons ensemble, si vous le voulez bien. Appelé à une mission que je regarderais volontiers comme un sacerdoce, tant j'attache d'importance à l'enseignement, je me sentirais profondément incapable de supporter un pareil poids si le secours d'en haut, si votre propre indulgence ne venaient à mon aide. Une confiance presque gratuite, dont je me trouve honoré plus que je ne puis dire, a remis en mes mains ce fardeau. Pour ne pas le laisser tomber, j'ai pensé d'abord qu'il était nécessaire de le diviser. L'histoire de France, même envisagée d'une manière générale, est un domaine dont toutes les parties ne peuvent être exploitées à la fois, ni dans un ordre bien régulier. Ici, d'ailleurs, nous sommes dispensés de suivre la marche des temps. Nous prendrons donc pour sujet de nos premières études une de ces époques saillantes qui résument en elles un état de choses séculaire, qui sont l'expression synthétique d'une grande période. Ce sera le treizième siècle, point culminant du moyen âge, sommet de la montagne, après lequel on descend par une pente de plus en plus rapide vers notre régime actuel; et dans ce siècle important, ce sera spécialement le règne de saint Louis, de ce roi qui est lui-même le type le plus achevé de son temps, et dont le gouvernement est resté, comme l'a dit un de nos savants académiciens, « un modèle toujours proposé, jamais atteint. » Cette époque a été, je le sais, très étudiée, très fouillée déjà; elle a été l'objet de travaux fort sérieux, anciens et récents. Ces travaux viendront appuyer ma faiblesse, et nous essaierons de les fondre, de les concilier, de les compléter. Mais nous nous garderons de refaire ce qui a été fait tant de fois, le récit chronologique des actions du roi, de ses combats et de ceux des princes contemporains. D'ailleurs, l'histoire-bataille, comme on l'a définie par une syncope heureuse, n'est plus de mise aujourd'hui. L'esprit moderne, à l'opposé de l'antiquité, considère dans le passé autre chose que les conquêtes et les victoires. Il veut pénétrer dans la vie intime des sociétés éteintes, connaître la condition de leurs différentes classes, les mœurs et l'existence du peuple ; curiosité engendrée quelquefois par l'idée démocratique, mais plus conforme encore au principe chrétien, source de la véritable égalité. Nous exposerons donc l'*État social de la France au treizième siècle, particulièrement sous saint Louis ;* c'est là le titre adopté pour ce cours, titre que nous nous efforcerons de justifier dans ses différentes significations. Nous passerons en revue toutes les classes de la nation, depuis la plus élevée jusqu'à la plus humble, en examinant ce que chacune d'elles pouvait être en droit et en fait, et surtout quels furent ses rapports avec le prince dont l'imposante figure doit dominer un pareil sujet.

Et d'abord, à la tête de la société, nous trouvons l'Église. Alors plus que jamais, elle occupe une place considérable, la première sans contredit. Elle est arrivée, au treizième siècle, à l'apogée de sa puissance ; mais déjà elle est en butte, à l'intérieur comme à l'extérieur, à des animosités, à des attaques dont elle ne sortira pas toujours saine et sauve. La papauté exerce encore une prépondérance incontestée ; toutefois les germes de la désunion qui doit éclore au siècle suivant entre elle et la société temporelle commencent à se manifester. Des seigneurs, des légistes, des clercs même troublent un accord qui avait été longtemps la base essentielle de l'organisation sociale. En France, l'esprit d'opposition n'atteint pas la région du pouvoir, car le roi ne s'appelle pas encore

Philippe le Bel et ne s'appellera jamais Frédéric II. Cependant le rôle de saint Louis vis-à-vis de l'autorité pontificale a besoin d'être étudié et défini. Vous n'ignorez pas qu'il a été jugé de plusieurs façons différentes, qu'il a donné lieu à d'ardentes polémiques, dans lesquelles sont engagés des intérêts fort graves. La question est donc des plus délicates ; et cependant il semble que le caractère du roi, sa piété, ses relations cordiales avec les papes de son temps, les faveurs qu'il a reçues d'eux, doivent en rendre la solution facile. C'est, dans tous les cas, un de ces sujets attachants que notre époque recherche avec un empressement bien naturel, et qui ont le don de passionner la critique ; nous tâcherons de le traiter avec la mesure qui convient en pareille matière. La situation des évêques et du clergé en général, leurs rapports officiels ou officieux avec la papauté d'une part, avec la royauté de l'autre, sont aussi des points d'une haute importance. L'Église ayant consacré la mémoire de saint Louis, l'ayant par là proposé comme modèle à ses successeurs, il est on ne peut plus intéressant de constater quels principes, quelle ligne de conduite elle a entendu approuver dans sa personne ; il est nécessaire de savoir si définitivement il a été le précurseur du système appelé plus tard du nom assez impropre de gallicanisme.

En dehors du clergé séculier, nous aurons à considérer les ordres monastiques, alors si nombreux et si florissants, la décadence et le relâchement des uns, la naissance et la prospérité des autres. Avec les richesses dont la piété séculaire des princes et des fidèles les avait comblés, beaucoup de monastères avaient laissé pénétrer chez eux le luxe et l'indiscipline. Les prescriptions des papes et des conciles devenaient impuissantes à maintenir la barrière salutaire qui séparait le cloître du monde. Une réforme était indispensable, et les hérétiques allaient peut-être s'emparer de ce mot de réforme, comme ils le firent trois cents ans plus tard, pour s'en fabriquer un drapeau; ils l'arboraient même déjà: mais Dieu ne permit point qu'un Luther surgît à côté de saint Louis, et il suscita deux réformateurs d'un tout autre genre. Le réveil du véritable esprit monastique, de l'esprit de pauvreté et de sacrifice, l'impulsion donnée à la prédication, aux missions lointaines, à l'enseignement, furent les premiers résultats de la double fondation de saint François et de saint Dominique. Le roi de France encouragea de toutes les manières les efforts de leurs disciples ; il s'entoura de Frères Prêcheurs et de Frères Mineurs, au point de faire dire un jour de lui qu'il n'était bon qu'à porter le capuchon. Nous verrons si cette imputation était fondée, et quelles furent les raisons ou les conséquences de cette faveur extraordinaire. L'inquisition, dont on a voulu faire l'attribut capital des Dominicains, ne sera pas un épouvantail capable d'arrêter nos recherches ; nous entreprendrons à notre tour une inquisition, c'est-à-dire une enquête, sur cette institution si décriée, et nous saurons en proclamer le résultat quel qu'il soit.

Après l'Église, la royauté tient le premier rang parmi les puissances de ce monde. La royauté ne forme pas, il est vrai, une classe sociale, ou du moins c'est une classe qui ne comprend qu'un individu. Mais elle a tous les droits à figurer à cette place dans notre programme, puisqu'elle dirige et gouverne tout le reste de la société. Dans quelle mesure, précisément, gouvernait-elle ? Quelles étaient la nature, l'étendue, les attributions du pouvoir royal? Chapitre préliminaire à traiter, avant d'aborder le caractère particulier de la royauté de saint Louis et les modifications apportées par lui à son exercice. Les expéditions militaires nous préoccuperont moins, je l'ai déjà annoncé, que la législation et l'administration intérieure. Nous aurons cependant à suivre les agrandissements ou les diminutions de territoire produits par la politique royale, ses luttes pour la centralisation du pouvoir souverain, ses heureux empiétements (il faut dire le mot) sur les autorités locales ou seigneuriales, et en même temps ses rapports diplomatiques avec les pays voisins. La personnalité du roi, ses mœurs, ses habitudes, son esprit, qui influèrent considérablement sur les événements de son temps, au point que l'on pourrait appeler son gouvernement le modèle des gouvernements personnels, attireront à bon droit notre attention, et leur examen nous fera comprendre comment on put voir tant de vertu sur le trône, tant de volonté chez un saint. Ce sont là, en effet, les deux caractères saillants de cette étonnante physionomie. Avec un scrupuleux respect des droits d'autrui, une conscience d'une délicatesse admirable, le pieux roi tend à exercer, non la justice relative des coutumes de son temps, mais la justice absolue; il met l'équité au-dessus de la légalité; il fait progresser la loi. S'il consulte son conseil, ce n'est pas toujours pour en suivre l'avis; il fait prévaloir ses vues contre la routine féodale des barons, et il lui arrive, en promulguant une charte qui pouvait leur déplaire, de laisser échapper, dans le texte même, cette parole typique : « S'ils ne veulent pas, nous les y contraindrons (1). »

Au-dessous du souverain, la noblesse et la chevalerie forment une caste privilégiée, moins isolée qu'on ne le croit des classes inférieures, car l'accès ne leur en est plus absolument fermé. Il faut, du reste, les distinguer soigneusement l'une de l'autre : la première tient généralement à la naissance ; la seconde s'acquiert, car nul ne naît chevalier. Mais, dans la vie journalière, la noblesse et la chevalerie se confondent ; leurs mœurs, leurs fonctions sont les mêmes ; nous ne pouvons donc diviser deux institutions aussi étroitement unies. Toutes deux commencent à décliner au moment que nous avons choisi. La féodalité perd graduellement la cohérence de son organisation, grâce aux efforts combinés de la royauté et du peuple. La chevalerie n'a plus cette ardeur des premiers jours qui faisait d'elle, conformément à la pensée de ses fondateurs, le rempart de la chrétienté contre les infidèles. Déjà l'épopée cède le pas aux romans de la Table-Ronde, le chevalier de fer au chevalier de plâtre, suivant l'expression mordante

(1) *Ordonnances des Rois*, I, 51.

d'un prédicateur contemporain. Un autre signe de cette tendance, c'est la défaveur où tombe, vers la fin du règne de saint Louis, la grande idée des croisades, que nous ferons rentrer dans ce chapitre, comme n'étant autre chose que la chevalerie en exercice. Des critiques timides s'élèvent contre ces expéditions trop souvent désastreuses. La dernière surtout rencontre une opposition marquée chez les seigneurs, et le fidèle compagnon d'armes du roi, son ami et son conseiller, Joinville lui-même, refuse de retourner avec son maître au pays inhospitalier des mécréants. Évolution curieuse de l'esprit humain, dont nous aurons à rechercher les causes et les conséquences.

En descendant d'un échelon dans la hiérarchie sociale, nous rencontrons la bourgeoisie; la bourgeoisie déjà riche et honorée, mais aussi déjà gonflée de prétentions. Elle prend une part considérable à l'administration locale, et sait, au besoin, défendre ses droits par les armes. On a jusqu'ici considéré trop exclusivement, dans les communes, la somme de libertés qu'elles apportaient au peuple; il faut placer en regard les libertés qu'elles supprimaient, ou plutôt les petites tyrannies, les taxes, les vexations qu'elles imposaient. Elles jetaient parfois un tel germe de discorde, que l'on vit certaines populations demander la suppression de leur charte communale. Néanmoins, il est certain que la classe moyenne prit alors un développement remarquable. Il sera intéressant d'en suivre les phases et d'étudier dans quelle mesure la royauté s'y associa.

Toutes les conditions inférieures peuvent être réunies sous la dénomination de classe populaire. Dans cette catégorie, les hôtes, les vilains, les serfs sont autant de variétés à distinguer; les artisans seront réservés pour une division ultérieure. Par suite de la multiplication des affranchissements, les serfs, au treizième siècle, sont réduits à un assez petit nombre, et parmi eux il y a encore bien des différences à constater. Certaines provinces, comme la Normandie, ne comptent plus un seul serf. Dans les autres, l'intervention du roi et celle de l'Église généralisent de plus en plus l'affranchissement. En même temps que la position légale des diverses fractions du peuple, il nous faudra envisager leur état moral et intellectuel, leurs idées, leurs croyances, leurs superstitions, les moyens employés par la charité pour adoucir leur sort; et comme la grande majorité d'entre elles se composait d'habitants des campagnes, nous jetterons aussi un coup d'œil sur les travaux rustiques et sur la situation générale de l'agriculture.

L'agriculture nous conduit par une transition facile à l'industrie et au commerce. Les corporations ouvrières sont un sujet d'étude assez à la mode aujourd'hui; nous pénétrerons, autant que possible, dans leur organisation, dans leur vie intime, et nous reconnaîtrons que l'activité industrielle, sinon le perfectionnement des procédés, progressait rapidement. Le commerce extérieur, favorisé par les croisades, prenait une extension lointaine. Le commerce intérieur, encore paralysé par une quantité de péages et d'impôts particuliers, se développait cependant, grâce à la protection officielle accordée aux foires et marchés, et grâce aussi à des moyens moins dignes d'approbation, car les marchands pratiquaient parfois la fraude avec un art si ingénieux et si naïf en même temps, que notre époque demeure, sous ce rapport au moins, dans une infériorité marquée. A cette matière se rattache naturellement l'usure, pratiquée surtout par les juifs : la doctrine de l'Église et la rigueur bien connue de saint Louis sur ce point sont des questions qui méritent une attention particulière.

Après avoir parcouru les divers degrés de l'échelle sociale, il nous restera encore à traiter deux sujets importants, qui sont le complément nécessaire des précédents. Le premier, c'est la famille et la vie privée, envisagées d'une manière générale et dans toutes les classes ; sous cette rubrique il convient de ranger ce qui se rapporte à la condition des femmes, au mariage, au costume, au luxe, aux habitudes domestiques. Le second, c'est l'enseignement et la vie des écoles : bien que recrutés dans tous les rangs, les écoliers forment encore, momentanément du moins, une population à part, ayant ses règlements et ses privilèges spéciaux. L'instruction publique, sous l'impulsion de l'Université et des ordres mendiants, gagne également en profondeur et en étendue, quoique le cadre des études reste toujours à peu près le même. Pour mieux nous rendre compte de ses progrès, nous examinerons en dernier lieu, si nous avons la possibilité d'embrasser un horizon aussi vaste, l'état des lettres, des sciences et des arts, qui, comme on le sait, s'élèvent sous saint Louis au plus haut point de splendeur qu'ils aient connu dans tout le moyen âge. La théologie et la philosophie scolastiques atteignent alors leur apogée. L'éloquence n'est peut-être pas plus brillante qu'au siècle précédent ; mais la prédication populaire prend avec les premiers disciples de saint François et de saint Dominique un accroissement si prodigieux, que leur âge pourrait se nommer sans injustice le siècle des sermons. La poésie, l'histoire, la géographie, les sciences naturelles sont cultivées par quelques personnalités d'un mérite fort inégal, mais dont les efforts sont pour nous pleins d'intérêt. Quant à l'architecture, vous savez que le règne de saint Louis offre le type le plus complet, le plus élégant de l'art chrétien. C'est alors que la France possède véritablement un style national, style merveilleux, dont elle a depuis perdu le secret. Mais à qui ai-je besoin de parler de la magnificence de nos cathédrales ou de la beauté de nos cloîtres si improprement appelés gothiques ? La sculpture et la peinture sont moins avancées ; toutefois l'idéal de certaine école moderne serait de nature à nous faire presque regretter les statues les plus raides et les dessins les plus incorrects des écoles primitives. D'ailleurs, la miniature et l'ornementation des manuscrits sont traitées avec un soin, avec une richesse qui nous dédommagent de bien des imperfections. Je voudrais, si j'atteins ce terme de notre programme, vous faire connaître sommairement, avec les chefs-d'œuvre des enlumineurs, ceux des simples scribes, dont la calligraphie arrive quelquefois à l'art à force de patience, et vous initier, à cette occasion, aux éléments de la paléographie, science trop peu répandue. Mais aurons-nous le loisir d'aller jusque-là ?

Je dois avertir qu'une partie de notre temps sera prise par l'explication et le commentaire des sources historiques. En consacrant chaque semaine un de nos entretiens à l'étude des chroniqueurs contemporains de saint Louis, nous aurons le double avantage de pouvoir contrôler les résultats de l'autre par les textes originaux correspondants, et entremêler facilement à ceux-ci des observations de détail dont la place serait difficile à trouver dans un programme méthodique. Il n'est pas, du reste, de meilleure méthode pour se bien pénétrer de l'histoire d'une époque. Nous commencerons naturellement ces explications par Joinville, le plus fécond, le plus sûr et le plus attachant des biographes. Bien que son livre soit généralement connu, il a besoin d'être interprété, et il reste toujours quelque chose à glaner dans un champ aussi riche. Geoffroi de Beaulieu, Guillaume de Chartres, le confesseur de la reine Marguerite pourront ensuite nous introduire dans la vie intime du saint, et jusque dans sa conscience. Les chroniques ont besoin d'être à leur tour contrôlées par les chartes : nous demanderons à ces documents officiels un dernier tribut de renseignements. C'est ainsi que nous compléterons le portrait d'un grand règne, et que nous dirigerons à la fois sur sa physionomie toutes les lumières dont nous pouvons disposer.

Ne vous attendez cependant pas, d'après ces mots, à me voir admirer tout sur notre chemin. Nous ne sommes pas ici pour faire de l'apologie, mais de l'histoire. Tout brillant tableau a ses ombres, et la critique la plus bienveillante n'a nul intérêt à les dissimuler, car elles font mieux ressortir les parties lumineuses, et le blâme des unes ne donne que plus de valeur à l'éloge des autres. D'ailleurs l'Église elle-même, comme on l'a dit depuis longtemps des papes, l'Église n'a besoin que de la vérité, et celui qui voudrait trouver tout parfait à l'époque de sa domination serait un défenseur bien maladroit. Le treizième siècle, s'il nous offre des aspects admirables, nous montre aussi bien des misères morales ou matérielles ; la violence y règne à côté de la charité, le scepticisme à côté de la foi, l'ignorance à côté de la science, la satire à côté de l'enthousiasme religieux. C'est un temps de grandes luttes, et en cela encore il est le fidèle résumé du moyen âge entier ; car pendant mille ans la société nouvelle a eu toutes les fougues, tous les emportements de la jeunesse. Une double transfusion avait été pratiquée, pour ainsi dire, dans ses veines : elle portait en elle le sang du Christ et le sang des barbares ; de là des tendances diamétralement opposées, des combats, des chutes lamentables et des relèvements superbes.

Permettez-moi, à ce propos, d'évoquer un souvenir personnel, et, puisque nous en sommes au règne de saint Louis, de finir comme finissaient les orateurs d'alors, par un trait anecdotique. Il y a quatre ans, j'étais allé en Italie pour remplir une mission scientifique, et, en passant par Rome, j'eus le désir bien naturel, quoique présomptueux peut-être, d'obtenir une audience du Père commun des fidèles. Sans que je pusse faire valoir d'autres titres à cet insigne honneur que d'être Français et de me livrer à des recherches historiques, Pie IX me l'accorda avec cette inépuisable bonté qui n'a jamais calculé la fatigue. Il daigna m'interroger sur la nature de mes travaux et me demander de quelle époque je m'occupais. « Du moyen âge, lui répondis-je. — Ah ! s'écria le Saint-Père, le moyen âge, c'est une période qui vit beaucoup de bien et beaucoup de mal ! » Cette parole si simple, tombée d'une bouche habituée aux grandes vérités, est presque une définition; elle résume d'une manière aussi concise que possible les ouvrages les plus complets sur la matière.

Au moment où je le quittais, le vénérable pontife prononça encore une de ces phrases frappantes dont il avait le secret, et qui pénétraient comme une lame jusqu'au cœur de ses auditeurs. Cette phrase renferme le corollaire le plus juste et la conclusion la plus pratique de toutes les réflexions que m'a suggérées le coup d'œil rétrospectif jeté sur notre histoire nationale. J'exprimais au Saint-Père le vœu que Dieu le conservât de longues années à la France. « Et que la France, répliqua-t-il avec un regard inspiré, se conserve, de son côté, à l'Église ! »

L'avenir comme le passé de notre pays se trouvent dans cet appel fait à sa fidélité. L'union de la France à l'Église est la force de la première encore plus que de la seconde; elle a été le motif providentiel de la fondation de sa puissance, elle est sa raison d'être. Dieu qui, par une ingénieuse et paternelle délicatesse, fait semblant d'avoir besoin des hommes pour l'accomplissement de ses desseins éternels, Dieu, dès les premiers siècles du christianisme, a voulu associer nos pères à son œuvre et les a chargés tout spécialement d'en assurer le succès. Le sol des Gaules une fois préparé par la conversion de ses anciens habitants, il y a introduit la race franque, plus jeune et plus ardente, et de ces deux éléments réunis il a fait bientôt un seul et même peuple, dont les chefs se sont reconnus eux-mêmes pour les soldats du Christ. Comme autrefois avec les Hébreux, il a signé avec ce peuple, par l'organe des souverains pontifes, un contrat synallagmatique, lui promettant tacitement la grandeur en échange de ses services. Il a fiancé la France à l'Église le jour du baptême de Clovis, et dans cette union volontaire chacune des deux parties s'est constitué un apport, apport inégal, il est vrai, mais destiné à fructifier pour l'avantage commun. Déjà le prologue de la loi salique, rédigé dans la ferveur d'une alliance récente, nous fait entendre, pour ainsi dire, le chant des accordailles : « Vive le Christ, qui aime les Francs ! qu'il protège leur royaume, qu'il affermisse leur foi, qu'il leur donne la paix et la félicité, etc. ; car ce sont eux qui ont honoré les corps des martyrs mis à mort par les Romains, et qui les ont enchâssés dans l'or et l'argent. » Et en retour de cette profession éclatante, la puissance est donnée aux Francs. Plus tard, Charlemagne inscrit sur ses monnaies :

Christus vincit, Christus regnat! Et son empire s'étend à tout l'Occident. Plus tard encore, saint Louis se déclare le sergent de Jésus-Christ; et son royaume devient le plus florissant de l'Europe, et ce royaume, « le plus beau après celui du ciel, » comme l'appelaient nos ancêtres, est assuré pour de longs siècles à sa postérité. Notre histoire, on peut le dire, n'offre pas autre chose qu'une longue série de dévouements récompensés, et plus encore, hélas! d'infidélités punies.

Eh bien! que le passé nous serve d'exemple, et, selon la parole de l'oracle de la chrétienté, que la France demeure unie à l'Église, si elle ne veut pas périr! Pour nous, qui ne devons point sortir du cercle des études paisibles, nous nous garderons de séparer dans nos travaux les deux patries que Dieu nous a données à aimer, et dont il voudra, espérons-le, rendre le mariage indissoluble, en dépit de tous les efforts tentés pour le rompre. Ne soyons pas assez téméraires pour diviser ce qu'il a uni : *Quod Deus conjunxit, homo non separet!* Étudions l'Eglise, étudions la France; que notre programme se résume tout entier dans ces deux grands mots, et qu'il soit la mise en pratique de la vieille devise nationale : *Pro aris et focis!*

II

ÉTAT MATÉRIEL ET INTELLECTUEL

DE LA SOCIÉTÉ (1).

Avez-vous jamais gravi, dans les Alpes, un de ces pics mystérieux, tout verts à la base, tout blancs au sommet, au flanc desquels serpente un étroit sentier, qui semble devoir vous conduire en quelques instants, en une heure au plus, jusqu'au point culminant? Il est là devant vous, ce sentier: vous en mesurez du regard le long ruban, qui se détache en clair sur la masse des sapins noirs; vous calculez votre temps, et vous entreprenez bravement l'ascension. Mais, à mesure que vous montez, la route s'allonge, s'allonge sous vos yeux étonnés: chaque détour du chemin engendre de nouveaux détours que vous ne soupçonniez pas; chaque rocher, chaque pli de terrain vous fait dépenser — je ne dirai pas d'une façon inutile, car vous avancez toujours, et à chaque pas vous

(1) V. la note ajoutée au bas de la page 1.

grossissez le trésor de vos impressions, — mais du moins d'une façon fort imprévue, une quantité considérable de minutes. Pendant ce temps-là le jour s'écoule; bientôt le soleil vient à baisser : et vous montez, vous montez sans cesse; si bien que le soir, qui tombe plus brusquement dans la région des montagnes,

Majoresque cadunt altis de montibus umbræ (1),

vous surprend au moment où vous atteignez à grand'peine la borne qui marque la moitié du trajet. Alors vous vous résignez à faire halte, et, choisissant un gîte pour la nuit, vous remettez sagement au lendemain la suite de cette excursion féconde en découvertes.

Ce phénomène, bien facile à expliquer, c'est l'histoire de notre première année d'études. En développant devant vous, au début, un vaste programme, embrassant tout l'état social de la France au treizième siècle, j'espérais naïvement faire rentrer dans le cadre d'une année les questions nombreuses et complexes renfermées dans ce magnifique sujet. Nous partîmes ensemble d'un pied léger pour cette exploration attrayante ; mais, en

(1) Virgile, *Églogue* I, v. 84.

avançant, nous vîmes de bonne heure la voie tracée s'allonger sous nos pas et nos horizons s'élargir dans des proportions inattendues. Nous ne pouvions cependant laisser de côté les graves problèmes ni les détails piquants, instructifs qui s'offraient à nous tout le long de la route. Nous avons dû suivre notre sentier dans tous ses méandres ; et ceux d'entre vous qui ont été du voyage ont défié la fatigue jusqu'au bout avec une constance dont je suis heureux d'avoir à les féliciter. Aussi le soir est venu nous surprendre; les vacances ont interrompu notre marche en avant et coupé en deux un programme trop chargé. Mais ces heures de repos, cette nuit bienfaisante, durant laquelle l'esprit se recueille dans le silence, ont dû retremper nos forces et surexciter notre ardeur. Voici le réveil, voici le jour ; reprenons notre course, poursuivons notre investigation, et, après nous être recommandés, comme le faisaient nos pères, à l'ange des voyageurs, dirigeons-nous avec courage, sans nous laisser rebuter par les ronces du chemin, vers le but proposé.

Toutefois, avant d'aller plus loin, profitons de notre halte forcée pour jeter un rapide coup d'œil sur le trajet parcouru et sur celui qui nous reste à parcourir : nous y verrons plus clair, et nous

3.

comprendrons mieux l'ensemble de notre sujet.

De même que l'homme à l'état individuel offre à l'étude de l'observateur un corps et une âme, la société, ou l'homme à l'état collectif, offre un aspect matériel et un aspect immatériel. Le côté matériel, ce sont les lois, les mœurs, la condition effective de chaque classe sociale, ainsi que leurs modifications, leurs progrès ou leur décadence. C'est, en un mot, le fait extérieur et tangible sous toutes ses formes. L'étude de cette première face est du domaine de l'histoire proprement dite. Le côté immatériel à envisager dans la société, ce sont les manifestations et les œuvres de l'esprit humain ; c'est l'état spéculatif, c'est la vie intérieure de ces milliers d'âmes qui composent une nation; c'est la production intellectuelle. L'étude de cette seconde face appartient à ce qu'on appelle, d'un nom beaucoup trop étroit dans son acception propre, l'histoire littéraire (il faudrait dire plutôt l'histoire intellectuelle). Eh bien ! l'état matériel de la société, c'est ce qui nous a occupés toute l'année dernière; l'état des intelligences, voilà ce qui va maintenant concentrer notre attention. Ainsi, tout en traitant du même sujet et de la même époque, je ferai passer sous vos yeux des tableaux d'un ordre tout différent, qui seront le complément naturel et nécessaire des précédents ; car celui qui scrute les corps sans scruter l'esprit, soit chez un individu, soit chez un grand peuple, ressemble à l'anatomiste incrédule qui fouille un cadavre avec son scalpel : il cherche le secret de la vie, et il ne le trouve pas, parce que l'essence de la vie, Dieu merci, ne réside ni dans les muscles ni dans les tendons. La vie résulte de l'union de l'âme et du corps ; et le peintre ou l'historien qui néglige un de ces éléments essentiels ne fera jamais une œuvre vivante.

Nous avons étudié le monde contemporain de saint Louis sous tous ses aspects matériels : et, en effet, le divisant par grandes catégories sociales, nous avons successivement passé en revue l'Église, la royauté, la noblesse, la bourgeoisie, les vilains et les serfs, la population agricole, industrielle et commerciale. Que de grandes questions se sont présentées à nous au cours de cette enquête minutieuse ! Presque toutes celles qui ont été discutées de nos jours, presque toutes celles qui ont ému et passionné la critique moderne et qui, en se rattachant à l'histoire du moyen âge, sont cependant avant tout des questions actuelles, des questions contemporaines, intéressant notre état social à nous (*de te fabula narratur*), nous les avons rencontrées sans les chercher, mais aussi sans les éviter. C'est ainsi que notre histoire tout entière peut tenir dans l'histoire d'un siècle ou même d'un seul règne; c'est ainsi qu'en approfondissant une période assez courte, pourvu toutefois qu'elle offre une certaine importance et des événements caractéristiques, on peut acquérir le sens et la compréhension des âges qui ont précédé ou suivi. Voilà comment l'étude que nous faisons est vraiment une étude d'histoire générale, et peut convenir même aux personnes qui ne portent aucun intérêt particulier à l'époque de saint Louis : pour être ici, en somme, il suffit d'aimer la France et d'être de son temps.

La lumière des textes à la main (car nous nous sommes constamment efforcés de remonter aux sources et de ne pas nous contenter des appréciations émises par des historiens souvent fidèles, mais toujours faillibles, et n'ayant pas tous disposé des matériaux ou des éléments de critique dont nous disposons aujourd'hui), nous avons cherché à donner toutes les solutions possibles, ou du moins à les préparer en dissipant les obscurités et en rectifiant les erreurs. Certes, je ne puis me flatter de n'avoir pas commis à mon tour des inexactitudes; mais vous me rendrez, je l'espère, cette justice que je n'ai rien négligé pour m'éviter et pour vous éviter ce désagrément. Une méthode sévère doit présider à tous nos travaux: il est temps de prouver à nos adversaires qu'ils n'en ont pas le monopole, et il faut qu'on en arrive à reconnaître l'école catholique, non seulement comme la plus ferme dans ses principes, mais encore comme la plus rigoureuse dans sa critique.

Considérant d'abord l'Église, mère et maîtresse de la société, nous avons établi, d'après des témoignages formels, sa domination effective et la suprématie universelle de son chef, le pape. Mais cette suprématie est toute morale, et, quoique revendiquée hautement par les souverains pontifes, elle n'implique nullement une immixtion dans le gouvernement temporel de l'État. Dans le concert d'hommages que la papauté reçoit de la France chrétienne, de légères dissonances se produisent déjà, il est vrai: au fond de quelques châteaux, surtout dans le Midi, sous l'influence de l'hérésie, la satire ose élever timidement la voix. Mais ces fausses notes restent sans écho, et le mérite personnel des Innocent III, des Grégoire IX, des Innocent IV, des Clément IV, ferme la bouche à ceux qui seraient tentés de s'attaquer au principe. Les légats apostoliques participent eux-mêmes au prestige, à l'inviolabilité de celui dont ils tiennent la place, et l'influence des conciles demeure considérable. Le pouvoir royal entre-t-il dès lors en lutte avec ce pouvoir tout spirituel du pape et de ses représentants? Non, à aucun point de vue, malgré le violent désir de certains historiens, qui n'ont pas craint de donner des entorses à l'histoire pour appuyer leurs théories gallicanes. L'esquisse des relations de saint Louis avec la cour de Rome, depuis son avènement jusqu'à sa mort, vous l'a suffisamment prouvé, je l'espère. Cette fameuse pragmatique sanction, qu'on a voulu encore, depuis la dernière démonstration de M. Gérin, soutenir dans son esprit, sinon dans sa lettre, nous l'avons réfutée à nouveau, quant à la forme et quant au fond. Et dans la fameuse querelle de Frédéric II avec le Saint-Siège, où l'on a prêté à saint Louis une attitude douteuse, que nous ont montré les documents authentiques? Le roi de France cherchant à ramener la concorde par la soumission de l'empereur, et mettant la main sur la garde de sa catholique épée le jour où le tyran menace l'apôtre désarmé. Ici le successeur de Charlemagne n'est plus en Allemagne : il est en France; et désormais elle ne sortira plus de chez nous, cette glorieuse prérogative de défendre le vicaire de Jésus-Christ, cette couronne de fille aînée de l'Église, qui peut chanceler à certaines heures sur la tête de la nation privilégiée, mais que personne ne pourra jamais lui arracher, car elles tomberaient en même temps toutes les deux!... Qu'il y ait eu, pendant un règne de quarante-quatre ans, quelques petits tiraillements entre la puissance spirituelle et la puissance temporelle, quelques légères et inévitables difficultés d'administration, dont vous avez vu le peu de conséquence et de durée, cela ne saurait altérer le caractère d'union intime qui présida, dans toute cette période, aux rapports des deux cours. La belle figure de notre saint roi est sortie de notre examen avec une expression complètement homogène et purement catholique. Ce n'est pas là, je le sais, la physionomie convenue du grand politique chrétien. Je ne me défends pas de m'être écarté quelque peu du type reçu de nos jours. Mais entre les appréciations des écrivains postérieurs qui voudraient faire penser à saint Louis ce qu'un poète fait dire à Louis XI :

Honorez beaucoup Rome, et ne lui cédez rien (1),

entre ces écrivains, dis-je, et les témoignages

(1) Casimir Delavigne. *Louis XI*, acte V, scène XV.

contemporains qui nous enseignent que le modèle des princes fut en même temps l'enfant soumis de l'Église personnifiée dans son chef, l'hésitation, il me semble, n'est pas permise. Après une étude consciencieuse des textes et des faits, il faut déclarer hautement que, s'il y eut sous son règne, soit parmi les légistes, soit parmi la noblesse, une tendance naissante vers ce qu'on a pu appeler beaucoup plus tard le gallicanisme, personnellement du moins, saint Louis retarda plutôt qu'il ne favorisa l'éclosion de ce mouvement.

Passant ensuite à l'épiscopat, nous avons vu comment se recrutait cette puissante aristocratie de l'Église : les rangs inférieurs de la nation aussi bien que la caste féodale lui fournissaient des sujets éminents. L'élection de l'évêque se faisait encore par le chapitre diocésain ; mais déjà le pape et le roi commençaient à intervenir, à des titres inégaux, dans la confirmation de l'élu ou dans la présentation du candidat. La grande situation des prélats, leur place importante dans la féodalité, leurs richesses ouvraient la porte, chez plusieurs d'entre eux, au luxe et au relâchement : nous ne nous sommes dissimulé aucune des plaies qui rongeaient alors le haut clergé. Mais, à côté de cela, d'admirables exemples sont venus restreindre à nos yeux la portée de ces défaillances partielles, et nous faire comprendre que, suivant une métaphore du temps, les taches du soleil n'altèrent point la lumière du jour. Guillaume d'Auvergne, évêque de Paris, Philippe Berruyer, archevêque de Bourges, Eudes Rigaud, archevêque de Rouen, nous ont offert des types de science, de sainteté, de vigilance, dignes des plus beaux jours de l'Église. Ici encore, s'est présentée la question des relations des deux puissances. Un certain nombre de seigneurs formaient des ligues contre la juridiction épiscopale, rivale souvent heureuse de leurs propres justices, et plus populaire, parce qu'elle était plus équitable. Le roi, si jaloux de l'autorité ecclésiastique d'après la tradition moderne, s'est-il associé d'une façon quelconque à ces démonstrations? Son nom ne figure point dans les actes des seigneurs confédérés. Sans doute la couronne, surtout durant la minorité de saint Louis, a eu des différends de plus d'un genre avec certains prélats : les difficultés quotidiennes d'une administration encore mal établie le voulaient ainsi, je le répète. Mais, soit dans la restitution des régales, soit dans la collation des bénéfices, soit dans les conflits de justice, nous avons trouvé le roi aussi favorable, aussi bienveillant que possible envers l'autorité épiscopale, poursuivant sans cesse le droit strict, et cependant mettant le droit des églises au-dessus des autres.

Dans le clergé inférieur, nous avons reconnu des privilèges importants correspondant à des charges et à des obligations rigoureuses, des vices et des travers d'un autre genre correspondant à des dévouements et à des vertus sublimes. La composition et le rôle des chapitres, l'organisation des paroisses, la pluralité des bénéfices, la perception de la dîme nous ont également fait constater et des abus et des réformes salutaires, comme cette ordonnance de saint Louis rendue pour faciliter le retour à l'Église des dîmes inféodées (1). Toujours le bien à côté du mal, toujours la lutte; mais aussi presque toujours le triomphe du bien, à cette époque de foi et de virilité.

De même, dans le clergé régulier, nous avons vu la faiblesse et la décadence des ordres anciens, combattues d'une manière insuffisante par l'institution des chapitres généraux et des visiteurs, rachetées et effacées complètement par la ferveur primitive des nouveaux ordres mendiants, par l'apostolat héroïque des enfants de Saint-François

(1) *Ordonnances des Rois*, I, 102.

et de Saint-Dominique. Quel beau spectacle que celui de ces légions pacifiques, lancées sur l'univers par deux pauvres moines qui s'étaient embrassés un jour dans une même pensée, au milieu de la Ville éternelle, et arrachant la chrétienté au double péril qui la menaçait, qui l'entraînait déjà : au péril intérieur, provenant de l'ignorance et du relâchement de la discipline ; au péril extérieur, engendré par la grande invasion hérétique, qui recélait déjà dans ses flancs les germes du protestantisme et même ceux de la *révolution* ! Nous avons contemplé ce tableau, nous avons vu ces mendiants conquérant le monde à la façon des premiers prédicateurs de l'Évangile, et comblés des faveurs de saint Louis, qui voyait en eux les sauveurs de la civilisation chrétienne. Et là, nous avons rencontré sur notre chemin cet épouvantail tant de fois exploité par les ennemis du catholicisme, l'inquisition. Pour expliquer ce remède héroïque, il fallait d'abord sonder la profondeur du mal. Aussi, recueillant les dépositions des contemporains, particulièrement les révélations toutes nouvelles d'Étienne de Bourbon, qui jettent un jour si précieux sur les origines des Vaudois et des Albigeois, nous avons étudié leurs doctrines, leurs pratiques, leurs tendances, et nous en avons vérifié la nature antisociale. L'inquisition fut donc établie, ou plutôt réorganisée (car le treizième siècle ne l'a point inventée), pour parer à un danger réel, à un danger imminent. Mais l'inquisition elle-même, en substituant une procédure régulière à la répression par les armes, la maturité à la précipitation et, dans bien des cas, des peines légères à une condamnation rigoureuse, constituait un progrès dans la législation civile et dans la législation religieuse (car l'hérésie était frappée par l'une et par l'autre). L'inquisition occasionna plutôt qu'elle ne commit des excès regrettables, auxquels l'avidité de certains princes, de certains seigneurs ne fut pas étrangère. Mais les mandements des papes et les ordonnances de saint Louis adoucirent graduellement sa pratique ; et, dans tous les cas, ce fameux système d'épuration, auquel parfois elle dut recourir, les adversaires de l'Église l'ont appliqué de leur côté, et à maintes reprises, sur une échelle infiniment trop vaste pour qu'ils puissent logiquement en condamner le principe. Ce principe est très discutable, et il a été discuté dans l'Église même ; mais ce n'est point aux partisans de la révolution qu'il appartient de l'anathématiser.

Tels sont les principaux résultats de notre étude

du monde religieux. Celle de la royauté n'a pas été moins féconde. Qu'était le pouvoir royal en droit? qu'était-il en fait? Nous avons répondu à la première de ces questions par l'exposé des opinions du temps, qui veulent que la monarchie, sans être absolument de droit divin dans le sens qu'on prête aujourd'hui à ce mot, soit une sorte de délégation de l'autorité suprême, mais à la condition d'être légitimée par le sacre d'une part, et par l'exercice raisonnable du pouvoir de l'autre. Des textes fort curieux nous ont permis de comprendre la véritable idée qu'on se faisait de la royauté, qui devait être héréditaire, moins encore en vertu d'un principe absolu que parce qu'on y trouvait le plus avantageux des modes de gouvernement, et qui devait, sans être cependant une royauté parlementaire, associer, dans une certaine mesure, ses sujets à la gestion des affaires publiques. Que de sage libéralisme dans toutes ces théories, et que de préjugés dissipés par ce court examen!

A la seconde question, nous avons répondu en retraçant la situation matérielle de la royauté au moment de l'avènement de saint Louis, les progrès qu'elle avait réalisés, les dangers qui l'environnaient, afin de montrer ensuite à quel degré de splendeur cette puissance, tombée aux mains d'une femme et d'un enfant, s'était élevée par le seul effet du règne de la sainteté et de la justice. Une série de tableaux particuliers nous a présenté successivement les détails de cette métamorphose, qui est un des plus beaux phénomènes de l'histoire et qui fait de saint Louis le véritable créateur de la grandeur et de l'influence françaises. Sous le rapport du territoire, nous l'avons vu donner au domaine royal et au royaume lui-même une extension considérable sans avoir besoin de la moindre conquête : par le traité de 1229, il a préparé l'annexion de tout le Languedoc, de toute la moitié méridionale de la France, et fondé virtuellement l'unité de notre patrie; par le traité de 1259, si mal compris et si mal jugé par plusieurs historiens, il a consolidé les précieuses conquêtes de son aïeul, embrassant la Normandie, la Touraine, l'Anjou, le Poitou, et fait rentrer dans la suzeraineté de la couronne le vaste duché de Guyenne, qui s'en était détaché, réduisant ainsi, au prix de l'abandon de quelques fiefs, le roi d'Angleterre au rôle de vassal, par un coup de bonne politique, où l'habileté le dispute à la loyauté.

Au point de vue de l'administration intérieure,

nous avons suivi la marche des grandes réformes qui répondent à la correction des baillis et sénéchaux, à la réorganisation de la prévôté de Paris, à l'institution des *enquesteurs* royaux, ces inspecteurs, ces réparateurs extraordinaires qui, renouvelés des fameux *missi dominici* de Charlemagne, avaient pour mission de parcourir la France en punissant toutes les fautes des fonctionnaires et en restituant toutes les sommes injustement perçues par eux (opération rarement pratiquée, je crois, par nos inspecteurs des finances). Quel beau tableau l'on pourrait faire en décrivant uniquement les réparations et les restitutions opérées par saint Louis ! Jamais prince ne s'est appauvri autant pour rendre le bien d'autrui (il rendait même ce qu'il ne devait pas), et pourtant jamais prince n'a autant enrichi son royaume et sa dynastie. Au point de vue de l'exercice de la justice, les améliorations sont peut-être plus sensibles encore. La réforme des prévôts et baillis introduit une intégrité absolue et toute nouvelle dans les juridictions du premier et du second degré La juridiction supérieure reçoit une consistance définitive par la régularité donnée aux sessions du parlement, par la fixation de son siège principal à Paris, par la création des *Olim*, et surtout par la multiplication des appels à la cour du roi, qui, remplaçant avec avantage la barbare coutume du duel judiciaire, étendent au loin et la domination du souverain et le règne de la stricte équité. Dans les *plaids de la porte*, le prince, rendant la justice en personne, apparaît au monde comme la vivante incarnation du droit; et c'est là surtout, c'est dans le jardin du palais de Paris ou sous les ombrages de Vincennes que le moderne Salomon acquiert cette auréole de grand justicier avec laquelle sa figure a traversé les siècles. En même temps l'organisation de l'armée se perfectionne par l'introduction des premières troupes régulières soldées, celle des finances par l'établissement de la Chambre des comptes. L'abolition des guerres privées, la modération des impôts, la réduction des dépenses générales, attestée par la modicité du budget royal, complètent ces heureux changements et répandent le bien-être parmi toutes les classes de la nation.

Est-ce tout? Non; il faut encore qu'à l'extérieur, et jusque dans les contrées les plus lointaines, le rayonnement de la sainteté couronnée communique au nom français un éclat qui ne pâlira plus. En Europe, le roi de France est l'arbitre des princes et des grands. Il contient l'ambition menaçante de l'empereur d'Allemagne; il est appelé comme médiateur entre le roi d'Angleterre et ses barons. La papauté prend dans sa famille un roi pour la Sicile; l'Aragon lui donne son héritière pour son fils aîné. L'empire latin de Constantinople est gouverné par ses conseils et par ceux de sa mère (pas encore assez, malheureusement) et devient presque une succursale du royaume de France. En Orient, vaincu par la malignité d'une terre meurtrière, il subjugue les hommes par l'ascendant de ses vertus et de sa générosité. « Il est large, le Franc ! » s'écrie avec admiration le chef des Sarrasins, tandis que ceux-ci songent en secret à lui offrir le trône d'Égypte (1). Jusqu'au fond de la Tartarie, où le sens chrétien lui révèle les adversaires suprêmes de la civilisation européenne, il fait pénétrer l'influence française dans les plis de la robe de ses missionnaires, qu'il envoie tenter des conquêtes impossibles. Là aussi, il paraît échouer; mais là aussi son insuccès devient, pour parler le langage de Bossuet, une de ces défaites « triomphantes à l'envi des plus belles victoires. » « Quel est le plus grand prince de l'Occident? demande un

(1) Joinville, éd. de Wailly, n° 343.

jour le khan des Tartares à un de ces hardis voyageurs de l'Évangile? — C'est l'empereur, répond-il. — Vous me trompez, reprend le barbare; c'est le roi de France (1)! » Tel était alors le prestige de notre pays; telle était la renommée de son souverain.

Et après tous ces spectacles merveilleux, nous sommes rentrés dans le palais de saint Louis pour nous donner le spectacle plus modeste, mais plus étonnant encore, d'un roi humble, mortifié, studieux, chaste, ne concevant pas d'autres plaisirs, au sein de la puissance suprême, que celui de converser avec les hommes de Dieu ou de nourrir de sa main des troupes de malheureux. Son unique souci est de faire le bien et de fuir le mal. Vous vous rappelez tous la parole fameuse de sa mère, qui lui enseignait à préférer la mort au péché mortel. Eh bien! une parole beaucoup moins connue, que je retrouvais dernièrement, perdue au milieu d'un glossaire contemporain, nous apprend que cette maxime exprimait ses propres sentiments. Dans une de ses maladies, lorsque ses trois fils éplorés entouraient sa couche, il dit tout à coup aux assistants: « Vous voyez ces enfants;

(1) Rubruquis, ch. 17.

vous savez que celui qui les étranglerait sous mes yeux m'offenserait cruellement. Eh bien! sachez aussi que celui qui les induirait à pécher mortellement m'offenserait encore davantage (1). » Admirable corollaire des splendeurs d'un grand règne, que ce luxe de vertus privées, qui contraste si étrangement avec la pénurie des plus opulents monarques! En vérité, le siècle de saint Louis nous offre bien des ombres à côté de ses clartés; mais à la figure même de saint Louis, à cette figure énergique et douce, grandiose et touchante à la fois, on cherche vainement une ombre. Cet homme éclipse tout ce qui l'entoure; il est réellement supérieur à son siècle, et c'est bien à lui que ce siècle doit sa plus grande gloire.

L'étude de la noblesse et de la chevalerie nous a offert aussi des problèmes et des surprises. Nous avons vu qu'une noble origine était loin d'être considérée alors comme le mérite suprême. « La vraie noblesse, c'est celle de l'âme, » s'écrient les contemporains. Et cette noblesse-là, les barons féodaux ne la possédaient pas toujours. L'organisation de la féodalité, dont nous avons recherché les origines et le caractère véritable,

(1) Bibl. nat., ms. lat. 7693; *Hist. litt.*, XXII, 19.

leur conférait une puissance dont ils abusaient souvent. Mais un double frein fut mis à leurs excès : la chevalerie, avec ses cérémonies religieuses, avec ses lois morales et civilisatrices, fit de ces guerriers barbares des soldats chrétiens, jusqu'au jour prochain où l'exagération des idées de galanterie devait la conduire elle-même à la décadence ; d'autre part, la main ferme du roi restreignit de plus en plus les privilèges exorbitants de la féodalité primitive, et fit de ces anciens rivaux de la couronne des vassaux fidèles. En même temps, principalement vers la fin du règne de saint Louis, la grande idée de la croisade, à laquelle la noblesse devait son principal prestige, commençait à tomber en défaveur : nous avons suivi les progrès et l'affaiblissement de cet élan universel qui entraînait les chevaliers en Terre Sainte. Or, le jour où ils ne se croisèrent plus fut la veille du jour où leur influence se perdit.

Au-dessous de la caste noble, et en franchissant quelques échelons intermédiaires, représentés par un petit nombre d'individus, nous avons rencontré une immense classe d'hommes libres, de *francs hommes* ou d'hommes *de pooté*, formant la grande majorité de la nation et parvenue depuis un certain temps déjà à la vie civile, aux affaires, à la propriété, à la richesse : à la ville, ils s'appellent les bourgeois ; à la campagne, ils s'appellent les vilains. Les bourgeois ont des droits considérables ; ils constituent encore une caste privilégiée. En revanche, ils paient la taille, ils paient le cens, ils contribuent même à leur façon au service militaire : mais ils ont assez d'aisance pour n'en point souffrir, et ils pratiquent assez grandement l'usure pour ne pas mériter d'être épargnés. Nous n'avons pas trouvé leurs associations communales aussi favorables à la vraie liberté qu'on le pense généralement, et nous n'avons pas non plus trouvé le roi fort empressé d'encourager les communes : ce sont là deux points de vue nouveaux, qui, j'en suis sûr, ont attiré légitimement votre attention. Les vilains partageaient les charges des bourgeois sans en partager tous les droits ; mais, malgré les vexations dont ils pouvaient être l'objet, ils étaient encore bien au-dessus des serfs, et par leur condition civile, et par leur instruction, et par leur moralité. Ils administraient leurs villages, ils avaient des maires, ils avaient des écoles ; ils faisaient même des élections : que peut-on souhaiter de plus pour le bonheur du peuple ? Ils avaient cependant quelque chose de mieux encore : ils avaient la foi, l'amour de leur clocher et de leur seigneur, la protection de l'Église et celle du saint roi, qui ne laissait aucune faiblesse sans appui, aucune violence sans châtiment; car l'abolition des guerres privées, la répression des petits tyrans féodaux n'avaient d'autre but, vous le savez, que le bien-être du paysan.

Avec les serfs, placés au dernier degré de l'échelle sociale, d'autres questions, souvent débattues, se sont imposées à notre examen : l'origine du servage, ce reste odieux de l'antique servitude païenne; sa nature et ses obligations, graduellement adoucies sous l'influence des idées chrétiennes; et particulièrement ce trop fameux droit du seigneur, qui n'a jamais rien offert d'aussi licencieux que l'imagination de ses interprétateurs, puisqu'il ne consistait qu'en redevances pécuniaires ou en formules comminatoires. Puis nous avons assisté au grand mouvement émancipateur qui a hâté la disparition du servage et qui, parti à la fois de l'autel et du trône, s'est propagé, comme le feu mis à une traînée de poudre, jusqu'aux extrémités du royaume. Déjà, à l'avènement de saint Louis, il n'y avait plus qu'un petit nombre de serfs : à sa mort, on eût pu les compter.

Enfin nos recherches sur les travaux agricoles, sur l'état de l'industrie et du commerce nous ont permis d'ajouter les derniers traits au tableau des classes populaires. L'agriculture, favorisée par d'immenses défrichements, par l'esprit curieux et entreprenant de nos pères, ne s'est point trouvée inférieure à ce qu'elle est aujourd'hui ; le laboureur, dont la profession était en honneur, jouissait d'un meilleur sort que dans la plupart des siècles suivants. L'industrie était infiniment moins développée que de nos jours, malgré les merveilleux progrès des arts industriels : toutefois elle se distinguait par la qualité et le sérieux des produits ; mais surtout la condition de l'artisan, protégé par la confrérie et la corporation, alors à l'apogée de leur splendeur, était plus douce et offrait plus d'avenir que celle des ouvriers de notre siècle humanitaire. Quant au négoce, les restrictions apportées à son principe, ou plutôt à ses abus, par la législation civile et religieuse ne l'empêchaient point de prospérer : certains marchands ne connaissaient même que trop l'art de le rendre extrêmement productif. Mais le spectacle des marchés, des grandes foires provinciales, et de l'activité des ports du Midi donnent encore une plus haute idée du degré d'avancement atteint à cette époque par le commerce intérieur et par le commerce extérieur. Il n'est pas jusqu'au commerce de l'argent qui, d'abord anathématisé par les théologiens, ne s'acclimate peu à peu dans des conditions honnêtes et raisonnables, grâce à la tolérance des chefs de l'Église. Ainsi, partout nous avons eu à constater le progrès, partout la réforme, partout la résistance au mal et l'effort vers le bien : grande époque, après tout, que celle dont on peut dire une telle parole !

Voilà le point où nous en sommes. Nous avons passé en revue la condition sociale de toutes les classes de la nation. Il nous reste, comme je vous le disais, à envisager le côté intellectuel, l'état des lettres, des sciences et des arts. Cette seconde partie, si essentielle et si intéressante, au lieu d'être simplement un appendice de la première, comme je l'avais pensé d'abord, formera la matière de toutes les leçons de cette année : on ne saurait trop donner d'extension à l'étude des œuvres de l'esprit, pour se faire une juste idée d'une société si féconde en ce genre. Toutefois, avant d'entreprendre nos travaux d'histoire littéraire, j'aurai encore à vous présenter les contemporains de saint Louis à trois points de vue généraux, regardant non plus telle ou telle classe, mais toutes les classes à la fois. Ces trois tableaux d'ensemble, qui forment le complément des esquisses détachées de l'an dernier, sont ceux de la famille, de la vie privée et de l'enseignement. Je vous les avais annoncés déjà : je dois tenir ma promesse ; et, d'ailleurs, je ne saurais omettre des éléments de jugement d'une importance aussi capitale que les lois et les usages qui régissaient le mariage, la puissance maritale et la puissance paternelle, le rôle de la femme dans la société, où elle tient une si grande place depuis que le christianisme l'a tirée de l'abjection, l'éducation de l'enfance, les habitudes journalières relatives à l'habitation, à l'habillement, à la nourriture, enfin le développement de l'instruction primaire et secondaire, et la vive impulsion donnée à l'enseignement supérieur dans ces grandes universités, dont nous sommes les héritiers directs. Ce dernier sujet, d'un intérêt si actuel, nous servira de transition pour aborder le domaine des lettres et des sciences, qui n'en sera que l'extension naturelle. Nous commencerons donc par les trois études dont je viens de vous parler ; mais nous passerons rapidement, pour entrer, dès notre quatrième entretien, dans le cœur de notre programme.

Quel ordre adopterons-nous pour parcourir ce vaste royaume des intelligences, dont les provinces sont plus nombreuses, sinon plus prospères, au moyen âge qu'à aucune autre époque ? La littérature, l'art, la science, ne sont que des formes différentes d'une seule et même chose, et peuvent, par conséquent, être réunis dans une classification unique. Les deux premiers sont l'effort de l'esprit vers le beau : le poète, comme l'artiste, se fait un idéal et le poursuit. C'est ce que semblent avoir voulu dire les hommes du dix-septième siècle, quand ils les ont rapprochés l'un de l'autre par les dénominations également justes et justement égales de belles-lettres et de beaux-arts. La science, elle, est l'effort de l'esprit vers le vrai : le savant cherche avant tout la vérité. Ces trois genres sont donc l'expression sensible du beau et du vrai, qui ne font qu'un en Dieu ; ce sont trois rayons de ce même soleil divin, dont la manifestation complète ne nous sera donnée que le jour où les ombres de cette vie auront fui. Aussi, le moyen âge ne les avait pas distingués, ou du moins ne les avait pas séparés. Dans le fameux cadre du *trivium* et du *quadrivium*, qui s'est imposé à tant de générations, les arts se confondent avec la littérature, et la musique est rangée parmi les sciences. Certains encyclopédistes (car cet âge est par excellence celui des encyclopédies, et il les conçoit généralement mieux que le dix-huitième siècle, parce qu'il a le regard plus vaste et le jugement plus sain) établissent une autre division. Richard de Cluny, par exemple, fait tout rentrer dans la philosophie, comme d'autres, en plus grand nombre, font tout rentrer dans la théologie : la science de Dieu et la sagesse humaine peuvent, en effet, embrasser les connaissances les plus diverses. La philosophie, suivant lui, comprend quatre parties : une partie théorique, renfermant la théologie, la physique, les mathématiques ; une partie pratique, renfermant la morale, la politique et l'économie sociale ; une partie mécanique, renfermant l'agriculture, la médecine, l'industrie, la navigation, et même le théâtre ; enfin une partie logique, c'est-à-dire relative à l'expression de la pensée (λογός), renfermant la grammaire, la dialectique et la rhétorique. L'auteur de l'*Imago mundi*, qui eut une vogue durable, et qui suit le même plan que Vincent de Beauvais dans son *Speculum naturale*, prend pour idée mère la description de l'univers et étudie successivement la cosmographie, la physique, la météorologie, la physiologie, la zoologie, l'histoire, la chimie, l'arithmétique, la géométrie, l'astronomie (1). Mais ce cadre est incomplet et ne s'applique guère qu'aux sciences proprement dites. Tous ces efforts, toutes ces tentatives plus ou moins heureuses témoignent néanmoins d'une louable préoccupation et d'un noble désir, le désir de tout savoir et de tout apprendre dans un ordre rationnel. Et nous retrouvons la trace de cette curiosité insatiable dans le programme des universités, dans la carrière des étudiants et des professeurs : partout l'on veut acquérir par degrés des notions complètes *de omni re scibili et quibusdam aliis.* C'est cette ambition, cette recherche universelle du savoir qui arrachait dernièrement l'aveu suivant à un académicien de l'école rationaliste : « Je trouve quelque chose de bien particulier au moyen âge, dit M. Hauréau dans un mémoire relatif aux sermonnaires; c'est d'avoir eu tant de passion pour la science et de l'avoir néanmoins tant maudite (2). » Ne retenons pour le moment que la première partie de cette proposition. Le redressement

(1) *Max. bibl. Patrum*, XX, 963 et ss.; *Hist. littér.*, XII, 174.

(2) *Mémoire sur les récits d'apparitions dans les sermons du moyen âge*, p. 4 (Extrait des Mém. de l'Acad. des inscriptions, tome XXVIII, 2e partie).

de la seconde nous entraînerait beaucoup trop loin. M. Hauréau confond sans doute ici la vraie science avec la fausse, la science utile avec la science dangereuse ; car je ne saurais le croire capable de l'injustice affichée par son prédécesseur Daunou, qui en était encore à déclamer, dans l'*Histoire littéraire de la France*, contre l'ignorance grossière et générale du treizième siècle (1). Mais la passion pour la science, voilà un mot vrai, voilà une des caractéristiques les plus saillantes du moyen âge. Que nos pères n'aient point cultivé aussi heureusement que nous telle ou telle branche, qu'ils n'aient point possédé notre expérience, qu'ils n'aient pas fait nos grandes découvertes, tout cela doit leur être pardonné, car ils ont beaucoup su, ils ont beaucoup étudié, ils ont surtout beaucoup aimé et recherché la science ; et en cela, du moins, ils ont été supérieurs à un trop grand nombre de nos contemporains.

J'en reviens à notre classification. Les systèmes des encyclopédistes du treizième siècle, bien qu'ils aient du bon, m'ont semblé cependant un peu trop compliqués, un peu trop arbitraires pour servir de base à notre programme ; et le désir que

(1) *Hist. littér.*, XVI, 14, 21, etc.

j'avais nourri d'abord d'examiner les connaissances du moyen âge dans l'ordre établi par lui m'a paru devoir le céder à un intérêt capital, à l'intérêt de la clarté, et à la nécessité de se plier aux habitudes intellectuelles de notre époque pour être facilement compris. Je suivrai donc tout simplement l'ordre qui nous paraît le plus naturel aujourd'hui et qui est le plus usité ; il repose, du reste, sur une gradation parfaitement logique aussi.

Une étude préliminaire sera d'abord consacrée à la langue du temps, à son origine, à ses caractères, à ses dialectes ; car la langue est l'instrument nécessaire de tous les travaux de l'esprit, et l'on doit comprendre avant de lire. A ce sujet nous rattacherons la culture des langues mortes et des langues vivantes.

En tête des lettres, ou même avant elles, se place la théologie, la science de Dieu, qui domine tout au treizième siècle, et dont les autres sciences sont les humbles servantes, comme la lune sous les pieds de la femme lumineuse de l'Apocalypse, dit un docte chancelier de Paris. Elle jette alors un éclat incomparable, que les grands noms de saint Thomas, d'Albert le Grand, de saint Bonaventure suffisent à expliquer. Nous ne nous lancerons point, profanes que nous sommes, dans son étude approfondie : il faut laisser le soin d'apprécier les doctrines du temps à ceux qui ont reçu de Dieu la mission de le faire (*sancta sanctis*). Nous nous contenterons donc de constater les faits et les opinions ; et à la théologie proprement dite nous joindrons une étude sommaire de la liturgie, des fêtes religieuses et des modifications que leur liste subit à cette époque. La science de Dieu a son appendice nécessaire dans la science du culte.

Au second rang arrive la philosophie, qui alors se confond, à beaucoup d'égards, avec la théologie. La branche la plus cultivée de cette science, c'est la dialectique ; et, malgré les abus très regrettables produits par l'influence excessive d'Aristote, il faut reconnaître que nos pères n'avaient pas tort d'accorder tant d'importance à l'art de raisonner et de discuter : ils faisaient des penseurs au lieu de faire des rhéteurs, et dans cette différence gît peut-être le secret de l'abîme qui sépare leur temps et le nôtre.

La rhétorique, qui vient ensuite, n'était pourtant pas complètement négligée. Nous en aurons la preuve en écoutant successivement les discours adressés aux clercs et les sermons familiers prononcés devant le peuple. Et puis nous accorderons une petite place à cette branche de l'éloquence, si généralement oubliée de nos jours, dont un grand évêque, l'évêque Guillaume de Paris, a rédigé un curieux manuel, et qu'il appelle *Rhetorica divina* (1). Cette rhétorique divine, ce n'est pas, comme vous pourriez le croire, celle qui parle de Dieu : non, c'est, au contraire, celle qui s'adresse à Dieu ; en un mot, c'est l'art de prier, l'art de composer et de réciter ses prières. Voilà une idée bien singulière, a-t-on dit ; je dis, moi, que c'est une idée grande et belle, et qu'elle jette un flot de lumière sur l'esprit de l'époque.

Après l'éloquence, la poésie, qui est une éloquence superlative. D'abord la poésie latine, liturgique et extra-liturgique ; puis la poésie française, épique, lyrique, dramatique, légère. A côté d'un commencement de décadence (car cet âge n'est déjà plus aussi héroïque, aussi jeune que ceux qui l'ont précédé, et ne possède plus au même degré le génie poétique), nous rencontrerons cependant des œuvres remarquables, des hymnes, des chansons de geste, des mystères pro-

(1) *Guillelmi Alvernensis, episc. Paris., opera*, Orléans, 1674, in-fol., t. II.

fondément empreints du sentiment de la foi, qui est la source de la meilleure poésie ; et nous jetterons aussi un rapide coup d'œil sur ces chansons, sur ces fabliaux dont la licence grossière n'est pas toujours rachetée par l'élégance, mais qui, nous le montrerons, n'étaient point si répandus parmi le peuple qu'on a bien voulu le dire et qui ne renferment pas plus des portraits que des modèles.

L'histoire et la géographie, que l'on classe ordinairement parmi les lettres, mais qui ont et surtout doivent avoir un caractère scientifique, nous offriront une transition entre les branches précédentes et ce que nous appelons plus proprement les sciences. L'histoire, comme je vous l'ai déjà fait pressentir, n'est plus traitée alors à la manière antique : elle n'est plus un art, et, si elle n'est pas encore une science, elle présente au moins un cachet de sincérité et d'authenticité dû certainement à l'empire des idées chrétiennes. Nous aurons à considérer d'une part les chroniqueurs, et de l'autre les historiens véritables, c'est-à-dire ceux qui ont écrit autre chose que les annales de leur temps ou de leur petit coin de terre, et qui se sont servis des monuments antérieurs pour les coordonner, les commenter ou les compléter ; ces derniers sont en petit nombre. Les relations de voyage de Plancarpin, de Marco Polo et d'autres missionnaires, les récits des pèlerins, les descriptions des savants nous donneront une idée de l'état des connaissances géographiques, qui, très arriérées encore, tendent pourtant à se développer.

Pénétrant alors dans le domaine des sciences matérielles, nous examinerons où en étaient la cosmographie, l'astronomie, les mathématiques, la physique, la chimie, l'histoire naturelle, puis la médecine, qui s'y rattache directement. Ici aussi, nous trouverons bien des notions fausses, moins qu'on ne le croit cependant. Il est telle découverte moderne dont vous serez bien surpris de rencontrer l'application ou le germe six cents ans avant le siècle des lumières. Et d'ailleurs, tous nos progrès scientifiques ne découlent-ils point des premiers tâtonnements, des premiers essais tentés alors, et avec quelle ardeur ! par des savants moins heureux que les nôtres, il est vrai, mais infiniment plus avancés (on l'a reconnu déjà) que ceux de l'antiquité ? Ceci a produit cela, comme le ruisseau produit la rivière, et comme le fleuve produit l'Océan.

En dernier lieu viendront les arts ; riche terrain, sur lequel le siècle de saint Louis ne connaît guère de rivaux. Tout a été dit sur les splendeurs de son architecture; mais nous descendrons à l'analyse, nous rechercherons les origines et les caractères précis de ce style si improprement appelé gothique, qui devrait s'appeler le style français, car il a rayonné de chez nous sur l'Europe entière, et nous l'étudierons non seulement dans l'église, le chef-d'œuvre des architectes d'alors, mais aussi dans le château du baron féodal et dans la maison du simple bourgeois. La sculpture et la peinture de ce temps sont moins connues : nous verrons cependant qu'elles ne méritent point d'être laissées dans l'ombre, que les statues de la cathédrale de Chartres, par exemple, confinent de bien près à l'art de la Renaissance, et que les grands peintres des quinzième et seizième siècles procèdent directement des modestes enlumineurs du treizième. En tout cas, les artistes du treizième, s'ils rendent moins bien la forme, savent rendre supérieurement l'expression, et c'est là un mérite qui ne le cède à aucun autre. Nous le retrouverons également, ce mérite, dans la musique sacrée et dans la musique profane. On revient assez volontiers aujourd'hui aux chants du bon vieux temps : il ne faudrait pas, pour y revenir, négliger les conquêtes de l'art moderne; mais il importe de montrer que ce mouvement de retour est fondé sur quelque chose de réel, et que les compositeurs du moyen âge se rapprochaient précisément de l'école actuellement en faveur, dont la tendance est de traiter surtout la musique comme une science.

Là s'arrêtera notre longue revue du monde intellectuel. Je ne crois pas avoir laissé de côté une seule de ses dépendances, et je m'efforcerai, comme je l'ai fait pour le monde matériel, d'être à la fois complet et précis. Les amplifications ne sont plus de notre époque, et nous n'avons pas le temps de nous y livrer. Mais je me préoccuperai, dans notre enquête sur la matière que je viens de délimiter, d'apporter, comme l'on dit, les pièces à l'appui. Pour les lettres et les sciences, je produirai des textes et vous communiquerai même d'assez longs fragments des auteurs les plus importants, afin que vous puissiez juger par vous-mêmes. Pour les arts, je me ferai un devoir de faire également passer sous vos yeux quelques échantillons, reproduits soit par la gravure, soit par la photographie, soit par le moulage; et il ne tiendra pas à moi que vous ne voyiez revivre ici, d'une manière aussi palpable que possible, tout ce qu'a enfanté le génie du siècle que nous étudions.

Enfin, vous n'avez pas oublié que, chaque semaine, dans une leçon supplémentaire, mais nullement secondaire, nous devons lire et commenter une série de documents contemporains. Nous avons commencé, l'an dernier, par les chroniqueurs, et par le roi des chroniqueurs, le fécond, l'inimitable Joinville, dont votre esprit est encore tout imprégné, j'allais dire tout parfumé. Cette année, nous passerons à l'examen des chartes ou des actes officiels du règne de saint Louis. L'histoire ne peut se faire à l'aide des seules chroniques : les hommes qui les composent, même lorsqu'ils écrivent ce qu'ils ont vu, sont toujours plus ou moins entraînés par leur impression personnelle, plus ou moins trompés, et plus ou moins trompeurs. Il faut à leurs témoignages le contrôle de la vérité sèche, des actes publics; il faut à leurs voix, quelquefois discordantes, le contre-poids de la grande voix des chartes. C'est là ce qui donne tant d'intérêt à la connaissance de ces vieux parchemins, si délaissés naguère, et que l'on s'arrache maintenant avec raison. Nous les examinerons, comme le porte notre programme, au point de vue historique, c'est-à-dire dans leurs rapports avec les événements, au point de vue diplomatique, c'est-à-dire dans leurs formules, et au point de vue paléographique, c'est-à-dire dans leur forme intrinsèque, dans leur écriture, leurs marques de validation, leurs signatures, leurs sceaux.

Je tenais à rendre cette leçon technique abordable à tous et aussi attrayante que possible, afin de vous inculquer, sinon la science (ce serait beaucoup trop ambitieux de ma part), au moins le goût de ces sciences spéciales, trop peu répandues encore, et la méthode pour les acquérir ; et voici ce que j'ai imaginé. Je n'avais pas de recueil de chartes à vous mettre dans les mains ; je n'en avais pas même pour moi, dans les conditions qu'il fallait. Qu'ai-je fait ? J'en ai tout simplement constitué un. J'ai transcrit avec soin, collationné sur les originaux de nos archives et fait imprimer pour votre usage particulier trente pièces authentiques, concernant à peu près tous les grands événements du règne de saint Louis. J'ai même eu la bonne fortune de retrouver, au cours de ce petit travail, un exemplaire contemporain de la grande ordonnance de 1254 sur la réforme générale de l'administration du royaume, acte dont on n'avait jusqu'à présent qu'une version altérée et défigurée dans la collection imprimée des *Ordonnances des rois* (1), et que j'ai rétabli d'après ce texte inédit. Je suis heureux de vous offrir la primeur de cette restitution importante, et nous ferons ensemble une étude critique de l'ancienne version et de la nouvelle, ainsi que des autres documents compris dans le même recueil. J'ai fait plus encore. Pour vous initier aux éléments essentiels de la paléographie, les textes imprimés ne pouvaient suffire : il fallait des reproductions figurées; il fallait des fac-similé. Je me suis procuré vingt exemplaires de plusieurs pièces très intéressantes, reproduites avec une exactitude admirable par l'héliographie, un procédé tout nouveau et bien supérieur aux autres pour ce genre d'opération: ces pièces comprennent des types de diplômes royaux et de lettres patentes, et le dernier codicille de saint Louis. Le recueil de chartes ou un des fac-similé seront distribués à chaque leçon aux auditeurs présents; et ainsi vous pourrez, je l'espère, suivre les explications avec plus de facilité et plus d'amour.

Car il faut les aimer, ces vénérables monuments de notre histoire nationale. Il faut les aimer comme les temps dont ils sont la vivante expres-

(1) Tome Ier, pages 65 et ss.

sion, et pour les mêmes motifs. Quels sont-ils, ces motifs? Ah! j'en connais un, pour moi, qui peut dispenser de tous les autres, et dont l'énonciation sera la conclusion de tout ce que j'ai dit et de tout ce qu'on dira jamais sur l'état social et intellectuel de la France de saint Louis. Pourquoi, en définitive, aimons-nous le moyen âge? N'offre-t-il pas une quantité d'abus, de fautes, de misères égale à la somme de ses vertus et de ses progrès? Notre sympathie à son égard ne doit-elle pas être mêlée de rancune? Peut-être; mais le moyen âge séduira toujours ceux qui ont une âme et qui pensent, parce qu'en principe il a mis constamment l'esprit au-dessus de la matière, le fond au-dessus de la forme, le droit au-dessus du fait. Pourquoi cette suprématie éclatante universellement reconnue à la papauté? Parce que la papauté est un pouvoir moral, supérieur par là même à la puissance temporelle. Qu'est-ce, en particulier, que le règne de saint Louis? C'est, d'un bout à l'autre, le triomphe du droit sur le fait; voilà sa définition en un mot. Pourquoi le soldat devient-il le chevalier? Parce que la force qui n'est pas au service de la justice et de l'honneur est devenue odieuse. Pourquoi la théologie a-t-elle le pas sur toutes les sciences? C'est qu'elle s'occupe des choses de l'âme. Pourquoi la dialectique tient-elle une si grande place ? C'est qu'elle apprend à penser et à raisonner. Pourquoi la poésie épique, la Chanson de Roland, par exemple, inférieure peut-être à l'Iliade au point de vue de l'esthétique, lui est-elle supérieure au point de vue des idées ? Parce que les poètes s'inquiètent plus de dire juste que de rimer juste. Pourquoi les sciences naturelles, dont on est loin de médire cependant, sont-elles relativement moins avancées que les autres ? Parce qu'elles représentent la science du corps et de la matière.

Et dans l'art enfin, pourquoi les personnages peints ou sculptés ont-ils les membres si raides et le visage si expressif ? Parce que l'artiste prend moins de souci de la forme extérieure et s'attache avant tout à rendre le sentiment, la note de l'âme. D'autres après lui feront palpiter la chair : c'est un tour de force assurément. Mais lui, il fait parler la physionomie, et lui-même parle ainsi bien davantage au peuple qu'il a la mission d'enseigner. Cela ne signifie pas que la beauté de la forme fasse absolument défaut. A ceux qui le prétendraient, je n'aurais qu'à dire : Regardez nos églises, regardez nos cathédrales, et voyez si, pour les yeux comme pour le cœur, elles ne réalisent pas le type parfait de la demeure de la

Divinité. Leurs constructeurs ont fait encore mieux que d'animer le corps humain: ils ont donné des ailes à la pierre ; ils l'ont courbée dans l'attitude de l'adoration ; ils ont fait prier la pierre ! — Mais je voulais dire seulement que le beau moral est le premier objectif de l'art du temps.

Eh bien ! ce caractère dominant qui me frappe partout au moyen âge, dans les événements, dans les lois sociales, dans les monuments, il a un nom : il s'appelle le spiritualisme. J'ai lu quelque part que la Renaissance fut la revanche du corps opprimé et méprisé. Cette vérité est peut-être encore plus vraie qu'elle n'en a l'air. Mais le moyen âge avait été lui-même la revanche de l'âme humaine, étouffée sous le matérialisme, amoindrie dans sa dignité et dans sa liberté. Il lui rendit sa souveraineté légitime ; et toutes les violences, toutes les brutalités commises par lui, quel que soit leur nombre, ne seront jamais que des accidents à côté de la règle universelle, à côté du principe invariable qu'il a proclamé et appliqué: la prééminence de l'esprit sur la matière. Voilà pourquoi nous l'aimons.

Mais ce spiritualisme, à son tour, il a un autre nom, un nom plus précis, plus significatif, plus juste. Et ce nom, il est sur vos lèvres à tous ;

il est sur vos lèvres comme il est dans vos cœurs, comme il sera, espérons-le, sur les lèvres et dans les cœurs de vos descendants jusqu'à la dernière génération : c'est le christianisme.

Oui, le moyen âge a été réellement l'âge chrétien par excellence, pour la raison que je viens de dire. C'est le souffle du Christ qui a régénéré alors l'humanité tombée, qui lui a refait une âme, comme le souffle du Créateur lui en avait fait une aux premiers jours du monde ; c'est lui qui a repoussé victorieusement le flot de la barbarie matérialiste et païenne, comme il le repoussera encore avant qu'elle nous submerge de nouveau. C'est lui, enfin, qui a inspiré les plus beaux génies de ces temps reculés, et ce sont ses œuvres que je vous convie à étudier avec moi.

III

LA COUR ET L'OPINION PUBLIQUE

Le grand saint dont la majestueuse physionomie domine tout le treizième siècle est à peu près connu aujourd'hui sous les différents aspects que l'histoire ou la chronique ont l'habitude d'envisager. Mais on sait moins comment la personne du roi, comment la famille royale et la cour en général étaient considérées dans l'opinion publique du temps ; et cependant c'est là un des points de vue les plus propres à nous éclairer sur l'état réel de la société. A côté des récits des chroniqueurs, qui nous retracent les événements du règne de saint Louis et reproduisent les grandes lignes de sa magistrale figure, à côté des chartes ou des actes officiels qui nous le font voir dans l'exercice des divers attributs du pouvoir souverain, il existe un ordre spécial de sources historiques, d'un caractère plus intime, et qui n'a pas encore été mis en pleine lumière. Dans les chroniques, on a le portrait du prince tel que l'ont pu juger les grands de son entourage; dans les chartes, le roi se montre tel qu'il veut être vu, avec cette pose toujours un peu affectée qui est inséparable du cérémonial des cours et des chancelleries. Mais veut-on connaître l'homme tel qu'il apparaissait aux yeux de son peuple, comme le comprenait et l'appréciait l'opinion de ses sujets? il faut nécessairement se reporter au genre de documents dont nous voulons parler.

Ces documents sont les anecdotes qui circulaient de bouche en bouche du vivant même de saint Louis, et dont un certain nombre nous a été conservé par les sermonnaires contemporains, trop heureux d'avoir à citer, pour réveiller l'attention fatiguée de leur auditoire, des exemples dont l'actualité augmentait l'intérêt. On a là, pour ainsi dire, l'équivalent du *fait divers* ou de la nouvelle qui tient une si grande place dans nos journaux modernes. Jusqu'à quel point chacune de ces anecdotes est-elle historiquement vraie? Dans quelle mesure a-t-elle été embellie, amplifiée par les orateurs qui l'ont répétée, et qui étaient à peu près obligés d'orner leurs narrations de détails apocryphes? C'est ce qu'il est presque impossible de déterminer d'une manière positive. Mais il y a trois faits certains à considérer pour se rendre compte de la valeur de ces récits en général. En premier lieu, les manuscrits où nous les retrouvons n'en contiennent que la substance ou le canevas; le scribe les a traités comme le corps même du sermon; il s'est contenté d'en reproduire l'ossature, laissant aux prédicateurs à venir le soin de revêtir de chair ce squelette et de lui donner la vie : par conséquent, les fioritures sont absentes, et il ne nous reste que la partie solide, essentielle. D'un autre côté, il est certaines anecdotes qui, par leur aspect intrinsèque, par leur précision dans la désignation des lieux ou des personnages, par leur rapport étroit avec des faits historiques, par leur accord complet avec des éléments connus d'autre part, offrent un incontestable caractère d'authenticité. Celles qui ont rapport à saint Louis appartiennent généralement à cette catégorie, et elles se recommandent de plus par la contemporanéité du narrateur et des auditeurs, qui eût empêché ceux-ci d'accepter et celui-là de débiter, sur le prince régnant ou sur les siens, des histoires invraisemblables ou forgées à plaisir : en effet, c'est exclusivement dans les manuscrits du treizième siècle que nous les prenons. Enfin, pour celles qui ont une apparence banale, et qui, faisant partie du patrimoine antique de l'esprit humain, ont été seulement appropriées à l'époque du saint roi (cette classe est nombreuse, il faut l'avouer, mais elle est assez facile à reconnaître), il y a toujours un enseignement à en tirer : elles nous représentent au moins une des faces de la littérature populaire. Toutefois, nous les laisserons de côté, pour nous en tenir ici à l'histoire véritable, ou, du moins, à ce qui lui ressemble.

Les souvenirs d'enfance des contemporains de saint Louis pouvaient aisément remonter au siècle précédent, et les traditions du règne de Louis VII, bisaïeul de leur souverain, pouvaient leur être parvenues par un seul intermédiaire. C'est là, effectivement, la limite la plus reculée à laquelle remontent les anecdotes des prédicateurs de l'époque. Par exemple, Étienne de Bourbon, qui écrivit son grand recueil vers 1250 (1), était lié avec un petit-neveu de saint Bernard, Calon, seigneur

(1) *Tractatus de diversis materiis prædicabilibus*, collection d'exemples à l'usage des orateurs sacrés, dont la meilleure partie vient d'être éditée par la Société de l'Histoire de France, sous le titre d'*Anecdotes historiques, légendes et apologues tirés du recueil d'Étienne de Bourbon.*

de Fontaines, et par lui connut de première main différents traits de la vie de l'illustre abbé (1). C'est ainsi qu'il a pu nous raconter les détails de la conversion de son père, et cette autre scène charmante, où le fondateur de Clairvaux est représenté vieux et malade, recevant, à l'infirmerie de son monastère, la visite de son roi. Celui-ci, qui vénérait Bernard, et qui le savait très affaibli, lui avait envoyé un peu auparavant de superbes poissons, pensant qu'il n'y avait rien de plus réconfortant pour un homme à qui la règle monastique interdisait toute espèce de viande. Les messagers chargés de ce royal présent trouvèrent le saint à table, ayant devant lui les restes d'un chapon rôti. Louis, à qui la chose fut répétée, refusa d'y croire. Il arrive à son tour, et, au milieu d'une conversation familière avec l'abbé, il le questionne à ce sujet. Bernard avoue humblement qu'il s'était épuisé, dans sa jeunesse, par des abstinences immodérées, et que son supérieur lui avait récemment imposé la mortification de violer sa règle, c'est-à-dire d'user de viande (2).

Dans un autre récit, le même auteur prête au roi Louis le Jeune une physionomie quelque peu

(1) Bibl. nat., ms. lat. 15970, fol. 155.
(2) *Ibid.*, fol. 588.

différente de celle que lui ont attribuée les historiens. Le père de Philippe-Auguste a gardé jusqu'à nos jours une réputation, assez justifiée d'ailleurs, d'homme violent et irréfléchi. Ici, au contraire, c'est l'homme « simple et bon, » l'arbitre judicieux et sage. « L'évêque de Paris (Pierre Lombard) étant mort, les chanoines, qui avaient à faire l'élection de son successeur, voulurent, avant de se décider, consulter le roi Louis. Quels sont les meilleurs clercs de votre église ? leur dit-il. Ils en désignèrent deux qui éclipsaient tous les autres par leur science et leur renommée : l'un s'appelait maître Maurice, l'autre maître Pierre le Mangeur. Le roi demanda lequel des deux était le plus zélé pour le salut des âmes, le plus occupé de la prédication et des intérêts spirituels. Ils répondirent que Maurice était plus ardent à prêcher la parole de Dieu, plus empressé de gagner les âmes, et Pierre plus versé dans la connaissance des Écritures. — Eh bien ! dit le monarque, mettez le premier à la tête du diocèse, et chargez le second de la direction des écoles. Ainsi firent-ils, et tout le monde s'en trouva bien (1). »

En dehors du caractère de Louis VII et de la

(1) Bibl. nat., ms. lat. 15970, fol. 576 v°.

démarche faite auprès de lui par les chanoines de Paris, cette anecdote a une véritable importance historique. Elle dément catégoriquement le bruit accrédité par Césaire d'Heisterbach au sujet de l'élection de Maurice de Sully, qui, suivant la légende, se serait élu lui-même, après avoir obtenu des chanoines la concentration de leurs pouvoirs dans ses mains. Plusieurs érudits avaient déjà révoqué en doute cette étrange version ; mais ils étaient forcés d'ajouter qu'ils n'avaient aucun témoignage précis à lui opposer (1). Ils en auront un désormais, et émanant d'une source plus digne de foi que la compilation de Césaire, dont l'excessive crédulité a été reconnue depuis longtemps.

La figure de Philippe-Auguste n'a pas non plus, dans les échos de l'opinion publique, tout à fait les mêmes traits que dans l'histoire. C'est le prince aux vives et joyeuses reparties, c'est le malin plaisant auquel on prête les vieux jeux de

(1) V. *Histoire littéraire de la France*, XV, 149 ; *Bibl. Patr. Cisterc.*, II, 173. Le récit de Césaire d'Heisterbach a été adopté par Du Boulay (*Hist. univ. Paris.*, II, 324), et reproduit dans la *Gallia Christiana* (VII, 70). Un critique sérieux, Oudin, l'a rejeté en qualifiant sévèrement la simplicité de ce compilateur, *in credendo et scribendo fabulas facilis, atque in plerisque suis historiis absurdi et insulsi.* (*Comment. de script. eccles.*, II, 1581.)

mots et les saillies séculaires qui sont la monnaie courante de l'esprit gaulois. Quand il est consulté sur une élection canonique, il procède tout autrement que son père : il parcourt les rangs des chanoines, tenant à la main la crosse pastorale, et, quand il aperçoit un sujet bien maigre, bien délicat : « Tiens, dit-il, prends ce bâton, afin de devenir aussi gras que les autres (1). » Ou bien encore, le roi Philippe a la fièvre; il meurt de soif, il demande du vin, et son médecin ne veut lui donner que de l'eau rougie. « Au moins, dit-il, permettez-moi de boire le vin d'abord, et l'eau ensuite. » Le *physicien* consent; et le prince de s'écrier, après avoir bu le vin : « A présent, je n'ai plus soif (2). » Les jongleurs sont ses amis et pullulent à sa cour, quoique l'on ait prétendu qu'ils fussent moins en faveur sous son règne qu'au commencement de celui de saint Louis (3). Mais il sait riposter habilement à leurs mauvaises plaisanteries et remettre à leur place les bouffons trop effrontés. Un d'eux l'aborde en lui demandant un secours, sous prétexte qu'il est son parent. « De quel côté, demande-t-il, et à quel de-

(1) Bibl. de Tours, ms. 468, fol. 112 v°.
(2) *Ibid.*, fol. 113 v°.
(3) *Hist. litt.*, XXIII, 90 et s.

gré? — Sire, du côté d'Adam; mais l'héritage a été mal partagé. — C'est bien; reviens demain matin. » Et, le lendemain, Philippe lui remet une obole, en disant : « Voici ta part légi-« time; car, si j'en donnais autant à chacun de « ceux qui sont mes frères comme toi, il ne m'en « resterait pas même autant (1). » Un autre, de basse origine, vient lui offrir une poésie (car le jongleur et le trouvère se confondaient parfois dans la même personne), et, pour mieux se recommander au roi, qui lui demande quel est son père, il répond qu'il a pour oncle maternel un noble seigneur, plein de talent et d'esprit. « Cela me « rappelle, dit Philippe, la fable du mulet que l'on « interrogeait sur sa naissance. Il ne voulait pas « avouer que son père était un âne. Je suis, ré-« pondit-il, une créature de Dieu; puis, sur une « question plus précise : je suis le neveu d'un « noble destrier. Enfin, donnons quelque chose à « ce jongleur; car il est fils de vilain, et il ne « ment pas à sa race (2). »

Plus rares sont les traits de piété attribués à Philippe-Auguste. Cependant on met dans sa bouche

(1) Étienne de Bourbon, ms. cité, fol. 357; ms. de Tours, fol. 113 v°.

(2) Ms. de Tours, fol. 358.

deux paroles édifiantes qui méritent d'être citées. En naviguant vers la Terre Sainte, il se voit menacé, au milieu de la nuit, de faire naufrage. A chaque instant, il demande l'heure qu'il est. Enfin on lui annonce qu'il est minuit. « Nous sommes sauvés, « dit-il à l'équipage : à partir de cet instant, une « foule de religieux vont se lever et prier pour « nous dans le royaume de France; ensuite ce « seront les séculiers; puis les messes des cou- « vents commenceront, et ensuite les messes des « paroisses. Ne craignez plus rien. » Et la tempête s'apaise en effet (1). Plus tard, au moment de quitter ce monde, Philippe s'écrie : « Combien « avais-je, dans ma cour, de chevaliers intrépides, « prêts à obéir à mon moindre signe, à courir où « je les envoyais! En trouverais-je un seul au- « jourd'hui qui eût le courage d'aller me préparer « mes logements (2)? »

Il est plus singulier de voir prêter au même prince l'acte de justice que voici. Un bourgeois de Paris passe avec son fils sur le grand pont de sa ville; le jeune homme lance un blasphème : aussitôt un chevalier, qui se trouve là, lui donne

(1) Ms. de Tours, fol. 111 v°. *Le Ménestrel de Reims* rapporte le même trait (n° 70).
(2) *Ibid.*

un soufflet. Les bourgeois, irrités, traînent devant le roi Philippe l'infracteur de leurs privilèges : le chevalier se défend en disant qu'il a vengé l'injure de son maître céleste, et qu'il eût vengé de même un outrage fait à son souverain terrestre. Le roi ne peut s'empêcher de lui donner raison, et lui permet de punir ainsi tous les blasphèmes qu'il entendra (1). Ce curieux jugement conviendrait bien mieux à saint Louis, dont on connaît le zèle contre les blasphémateurs. Il est très possible qu'Étienne de Bourbon, à qui nous l'empruntons, ait mis un nom pour un autre; car Jacques de Vitry, qui le premier a raconté l'anecdote (2), ne nomme aucunement le prince, et comme, à l'époque où il écrivait son recueil, saint Louis avait environ vingt ans, le fait, s'il est réel, a bien pu se passer sous son règne. Nous trouvons, d'ailleurs, une confusion analogue au sujet d'un mot devenu célèbre. Un jour, d'après un recueil d'exemples auquel nous avons déjà fait plusieurs emprunts, le peuple se portait en masse dans une église, où l'on assurait qu'on venait de voir Jésus-Christ (ou le sang de Jésus-Christ) ap-

(1) Étienne de Bourbon, ms. cité, fol. 435 v°.
(2) Bibl. nat., ms. 17509, fol. 133.

paraître dans une hostie. Le roi Philippe, prié par ses courtisans d'y entrer aussi, leur dit simplement : « Je le crois sans y aller voir (1). » Quelques auteurs ont cité cette éclatante marque de foi comme ayant été donnée par saint Louis (2), et, à la vérité, elle serait plutôt dans son caractère que dans celui de son aïeul. Mais cette attribution provient d'une mauvaise interprétation d'un passage de Joinville, où l'historien répète ce que le pieux roi lui avait raconté d'Amaury de Montfort, alors que ce seigneur était gouverneur du Languedoc; et c'est de Montfort lui-même que le prince tenait le fait (3). Ainsi, l'on peut seulement hésiter entre Amaury et Philippe; pourtant le double témoignage de Joinville et de son héros doit faire pencher la balance en faveur du premier.

En général, Philippe-Auguste apparaît dans nos récits comme un souverain d'une justice assez inégale. S'il écoute la plainte du pauvre, c'est parce qu'il est menacé par lui de la vengeance divine. S'il rend l'argent prêté qu'on lui réclame, ce n'est

(1) Ms. de Tours, fol. 112.

(2) Raynaldi, an. 1256; Tillemont, V, 376.

(3) Joinville, édition de la Société de l'histoire de France, p. 18.

qu'après avoir reçu du prêteur une bonne leçon. Un plaignant, jugé et condamné sommairement par son tribunal, le remercie avec effusion. « Et « de quoi? demande le monarque. — De ce que « vous avez terminé mon affaire d'un mot, au « lieu de me faire consumer tout mon bien comme « aux autres (1). » De semblables traits touchent à la satire. Philippe passait également pour un prince sans scrupule à l'égard des biens ecclésiastiques dont il pouvait avoir besoin (2). Aussi, après sa mort, il se forme une curieuse légende sur le sort qui lui est réservé dans l'autre monde. Sa belle-sœur elle-même, Sibylle, dame de Beaujeu, raconte à Étienne de Bourbon qu'un mourant a vu, à Rome, saint Denis l'Aréopagite aller délivrer l'âme du roi, que les démons entraînaient, et qui eût été infailliblement perdue, à cause de ses péchés, sans l'intervention de ce puissant protecteur, honoré par lui de son vivant (3).

(1) Ms. de Tours, fol. 111 v°, 114.

(2) *Ibid.*, fol. 112 v°.

(3) Bibl. nat., ms. lat., 15970, fol. 386. Sibylle était la sœur d'Isabelle de Hainaut, première femme de Philippe-Auguste, et avait épousé Guichard IV, sire de Beaujeu. Il est surprenant que Tillemont ait nié, sans preuves, l'existence de cette princesse. (*Vie de saint Louis*, I, 86. Cf. *l'Art de vérifier les dates*, X, 508.)

Louis VIII ne laissa dans les souvenirs populaires qu'une trace éphémère comme son règne. Il n'est question de lui que dans la tradition relative au siège d'Avignon : cette ville, attaquée par lui, aurait été sauvée de la destruction par les prières des habitants catholiques et l'intervention de la sainte Vierge; il se serait contenté, après sa victoire, de renverser les remparts et d'emmener captifs les principaux citoyens (1). Nous savons d'autre part que ces représailles furent exécutées, mais avec un peu plus de rigueur : deux cents otages furent emmenés, et bon nombre de maisons rasées (2). Le père de saint Louis est qualifié, dans ce récit, de prince *beatæ memoriæ*, formule qui sort un peu de l'ordinaire, et qui semble un hommage rendu à ses vertus. Quant à son épouse, l'illustre Blanche de Castille, elle paraît seulement dans une anecdote que nous aurons l'occasion de reproduire tout à l'heure, et sous un jour assez favorable. Ni les épigrammes lancées par les écoliers de l'Université contre l'ardente protectrice des Dominicains, les rivaux de leurs maîtres, ni les médisances, fort peu accréditées, relatives à sa

(1) Étienne de Bourbon, ms. cité, fol. 381 v°.
(2) V. Tillemont, I. 405.

liaison avec Thibaud de Champagne (1), n'ont été répétées par les échos populaires.

Arrivons à la personne de saint Louis. Comme nous l'avons dit, les récits qui le concernent tiennent beaucoup moins de la légende. Comment, par exemple, refuser de voir une réalité dans ce trait ignoré de sa jeunesse, si bien d'accord avec l'éducation que lui avait donnée sa mère et avec les habitudes que lui reconnaissent tous ses historiens, quand un auteur grave affirme le tenir d'un des acteurs mêmes de la scène? « Le roi Louis de France, celui qui règne actuellement, rapporte Étienne de Bourbon, dit un jour une excellente parole, que m'a répétée un religieux qui était là et qui l'entendit de sa bouche. Un matin, alors qu'il était encore tout jeune, une quantité de pauvres étaient rassemblés dans la cour de son palais et attendaient l'aumône. Profitant de l'heure où chacun dormait, il sortit de sa chambre, seul

(1) V. *Hist. litt.*, XXIII, 160. M. Victor Le Clerc émet, à ce propos, l'opinion que l'histoire des amours de Blanche et de Thibaud a dû avoir pour origine les petites rancunes des étudiants de l'Université. Nous ne parlons pas de l'anecdote racontée par le *Ménestrel de Reims* sur la reine mère et le cardinal Romain, qui n'est qu'un conte grivois, ayant également sa source dans une inimitié particulière. (V. l'édition de M. de Wailly, nos 185, 187.)

avec un serviteur chargé d'une grosse somme en deniers, et, sous le costume d'un écuyer, il se mit à distribuer le tout de sa propre main, donnant plus largement à ceux qui lui semblaient les plus misérables. Cela fait, il se retirait dans son appartement, lorsqu'un religieux, qui avait aperçu la scène de l'embrasure d'une fenêtre où il s'entretenait avec la mère du roi, se porta à sa rencontre et lui dit : « Sire, j'ai parfaitement vu vos méfaits. — Mon très cher frère, répondit le prince « tout confus, ces gens-là sont mes soudoyers (*stipendiarii nostri*) : ils combattent pour moi contre mes adversaires et maintiennent le royaume « en paix ; je ne leur ai pas encore payé toute la « solde qui leur est due (1). » Louis, d'après notre auteur, voulait parler de ses adversaires spirituels. Peut-être aussi cette phrase renfermait-elle une pensée politique : en nourrissant des bandes de malheureux affamés, ne les détournait-on pas du bri-

(1) Étienne de Bourbon, ms. cité, fol. 659. L'auteur du *Speculum morale*, attribué à tort à Vincent de Beauvais, a emprunté ce trait à Étienne, mais en le défigurant de telle façon que le lecteur ne sait plus à quel prince il se rapporte; c'est ce qui fait qu'il a échappé aux divers historiens de saint Louis. (V. *Script. ord. Prædic.*, I, 219.) Sur les habitudes de ce prince en fait d'aumônes, cf. Lenain de Tillemont, *Vie de saint Louis*. V, 332.

gandage auquel se livraient alors, sur une grande échelle, une foule de leurs pareils? Mieux valait des mendiants que des *pastoureaux* (une insurrection prochaine allait le démontrer), et c'est dans ce sens que l'on pouvait dire qu'ils maintenaient la tranquillité du royaume : la charité remplaçait avec avantage les gendarmes. Quoi qu'il en soit, cette scène si naturelle et si vivante, ce jeune roi se déguisant pour faire l'aumône, comme on vit plus tard un de ses augustes descendants distribuer des secours aux pauvres de Paris sous un habit populaire, cette reine mère et ce moine indiscret le contemplant, à son insu, du haut d'une fenêtre et surprenant le secret de sa sortie matinale, tout cela forme un tableau touchant, bien digne de tenter le pinceau d'un artiste. Il n'y a là rien de merveilleux, rien de légendaire; on reconnaît l'accent de la vérité.

Plusieurs anecdotes du même genre peuvent servir à montrer combien était grande la notoriété des vertus du saint roi. On ne parlait de lui à ses contemporains que pour louer sa charité, sa simplicité, sa piété; et ce fait est d'autant plus remarquable, qu'il régnait alors dans la chaire une liberté de critique, une vivacité d'allure qui n'épargnait aucun personnage, grand ou petit, ecclésiastique ou laïque (nous venons d'en avoir des preuves). On aimait à citer aux fidèles les paroles du monarque étendu sur la cendre, désespéré des médecins, dans cette grave maladie qui précéda sa première croisade : « Moi qui étais le plus riche « et le plus noble du monde, dont la puissance « était sans bornes, les trésors et les amis sans nom« bre, voilà que je ne puis extorquer à la mort un « sursis, à la souffrance un répit d'une seule heure. « A quoi donc servent tous ces biens(1)? » D'autres fois on rappelle la grande assemblée des barons qui se croisèrent avec lui, en 1245, la prédication du cardinal Eudes de Tusculum, l'élan des chevaliers, qui, dans leur impatience d'arborer l'emblème sacré, se faisaient à la hâte une croix de feuillage (2). On suit le roi en Égypte; on raconte non seulement ses victoires, mais les conversions opérées par ses exemples chez les Sarrasins. Au dire d'un chevalier de sa suite, un de ces païens s'était présenté aux lices des croisés après la prise de Damiette, en criant qu'il voulait se faire chré-

(1) Étienne de Bourbon, ms. cité, fol. 178 v°. Les historiens parlent bien d'une allocution faite par saint Louis malade à ses officiers; mais ils ne la reproduisent pas. (V. Tillemont, III, 59.)

(2) Même ms., fol. 213.

tien. On le reçut et l'on vérifia la sincérité de ses dispositions; puis on le baptisa. Peu après, le néophyte fut fait prisonnier avec saint Louis. Ses anciens coreligionnaires, chez lesquels il avait occupé un rang élevé, essayèrent de le ramener à leur foi : promesses, flatteries, rien n'y fit. Alors ils employèrent la menace, puis les coups; ils le promenèrent nu à travers leur camp, en le battant de verges : il refusait toujours de renier le Christ. Ils arrosèrent son corps de graisse bouillante; enfin ils l'attachèrent à un arbre et le percèrent d'une grêle de flèches : la louange du Christ sortit de sa bouche jusqu'au moment suprême. Sanglante leçon donnée aux chrétiens de naissance, dont la sensualité faisait parfois des renégats (1)! Cette histoire n'est, d'ailleurs, nullement invraisemblable : on sait qu'après la défaite et la prise du roi, les Sarrasins tentèrent d'abord de séduire leurs captifs et les soumirent ensuite à d'atroces tourments; on sait aussi que plusieurs des vainqueurs furent métamorphosés par la compagnie des vaincus et subirent leur ascendant jusqu'au baptême inclusivement (2).

(1) Même ms., fol. 133.

(2) V. Lenain de Tillemont, *op. cit.*, III, 260, 314. Étienne de Bourbon, ms. *cité*, *passim*. Un petit-fils de

Un des traits du caractère de saint Louis qui frappaient le plus ses sujets, c'est, comme nous venons de le voir, son amour de la simplicité. Il voulait une certaine magnificence dans son entourage; mais, pour sa personne, il avait adopté, dès l'âge de vingt ans, une mise plus humble que celle de la plupart de ses officiers. Robert de Sorbon, son conseiller et son chapelain, ne brillait pas, s'il faut en croire Joinville, par la même modestie; et cependant c'est lui qui, à propos de cette qualité de son maître, nous a conservé l'historiette suivante. Certain prince s'habillait simplement, et cette tenue déplaisait à sa femme, qui aimait le luxe et l'ostentation; aussi se plaignait-elle souvent de lui à sa famille. A la fin, le mari se fatigua de ses remontrances : « Madame, dit-il, il « vous plaît que je me couvre de vêtements pré- « cieux? — Oui, certes, et je tiens à ce que vous « le fassiez. — Eh bien! soit, j'y consens, puis- « que la loi conjugale veut que l'homme cher- « che à plaire à son épouse. Mais la récipro- « que est juste, et cette même loi vous oblige à « vous conformer aussi à mes désirs : vous allez

Saladin et ce héros lui-même, d'après la légende, avaient embrassé la foi chrétienne. (Cf. les *Récits d'un Ménestrel de Reims*, nº 212.)

« donc me faire le plaisir de porter le costume le « plus humble ; vous prendrez le mien, et moi le « vôtre. » La princesse, on le pense bien, n'entendit point de cette oreille, et se garda bien, à l'avenir, de soulever la question (1). Robert de Sorbon ne nomme pas le prince dont il s'agit ; mais il avoue qu'il tenait l'aventure de la bouche du roi. Est-ce donc à saint Louis et à la reine Marguerite qu'elle serait arrivée ? Cela paraît peu probable, à la vérité, si l'on songe à l'affection réciproque des deux époux. Pourtant Robert insinue que son maître eût dû agir de cette façon envers sa femme. Il ne faut pas oublier que Marguerite, habituée aux élégances et au luxe des Provençaux, résista aux tendances d'un mari qui voulait pousser l'humilité jusqu'à prendre l'habit religieux, et que, d'un autre côté, l'esprit jaloux et dominant de sa belle-mère la reine Blanche, qui avait conservé un grand empire sur le roi, devait quelquefois produire de petites mésintelligences conjugales. Mais n'allons pas plus loin dans le champ des hypothèses, et contentons-nous de ce fait, déjà fort curieux, que saint Louis manifestait, dans ses confidences intimes, et d'une façon quelque peu

(1) Bibl. nat., ms. lat. 15034, fol. 108.

satirique, son aversion pour la toilette somptueuse des princesses de son temps (1).

Le fondateur de la Sorbonne a consigné dans un de ses sermons inédits un autre trait du caractère de son bienfaiteur, emprunté sans doute à ses souvenirs personnels. Cet exemple révèle chez le monarque, à côté du chevalier et de l'administrateur, un véritable théologien. « Un clerc savant prêchait devant le roi de France. Il vint à dire ce qui suit : Tous les apôtres, au moment de la passion, abandonnèrent le Christ, et la foi s'éteignit dans leur cœur; seule, la Vierge Marie la conserva depuis le jour de la Passion jusqu'à celui de la Résurrection; en mémoire de quoi, dans la semaine de pénitence, aux matines, on éteint les unes après les autres toutes les lumières, sauf une seule, réservée pour les rallumer à Pâques. Un autre ecclésiastique, d'un rang plus éminent, se leva alors pour le reprendre et pour l'engager à n'affirmer que ce qui était écrit : les apôtres, sui-

(1) Ce fait concorde singulièrement avec celui que raconte Geoffroi de Beaulieu (*Histor. de France*, XX, 33). Du reste, l'affection de saint Louis pour son épouse n'empêchait pas celle-ci de s'exprimer parfois d'une façon quelque peu singulière sur son compte. (V. Joinville, édition de Wailly, p. 317.)

vant lui, avaient abandonné Jésus-Christ de corps, mais non de cœur. L'orateur allait être obligé de se rétracter publiquement, lorsque le roi, se levant à son tour, intervint. La proposition n'est point fausse, dit-il; on la trouve écrite bel et bien dans les Pères : apportez-moi le livre de saint Augustin. On obéit, et le roi montra un passage des commentaires sur l'Évangile de saint Jean, où, en effet, l'illustre docteur s'exprime en ces termes : *Fugerunt, relicto eo corde et corpore* (1). » Ici encore, le nom de saint Louis n'est pas prononcé; mais comment douter qu'il s'agisse de lui, quand on considère l'intimité qui l'unissait au narrateur et la parfaite concordance d'un tel récit avec les notions que nous possédons d'ailleurs sur sa familiarité avec les textes sacrés? Geoffroi de Beaulieu nous dit qu'il se plaisait à expliquer l'Écriture devant ses courtisans. Son assiduité aux sermons, sa profonde connaissance des ouvrages des Pères nous sont également attestées par ses biographes, et, par une coïncidence curieuse, celui qu'ils nomment comme son auteur de prédilection est précisément saint Augustin : il se le faisait lire souvent, il prescrivit même de recher-

(1) Bibl. nat., ms. lat. 16530, *in fine*.

cher ses écrits authentiques dans les abbayes, pour les faire copier et les placer dans le trésor de la Sainte-Chapelle (1). Il serait bien difficile, après cela, d'attribuer le fait à un autre roi. Et à quel autre pourrait-on l'attribuer? Robert l'a, du reste, implicitement désigné en disant « le roi de France » tout court. S'il eût parlé d'un de ses prédécesseurs, il l'eût nommé, ou au moins il eût écrit « le feu roi, » ou le roi « de bonne mémoire, » suivant la règle absolue de l'époque; mais, telle qu'elle est, sa phrase signifie clairement « le roi régnant ». L'interruption du prince au milieu d'un sermon ne doit pas plus étonner que sa science théologique : un pareil fait se produisait assez fréquemment; il constitue même (le lecteur le verra plus loin) une des plus remarquables singularités de l'histoire de la prédication au treizième siècle.

Quant aux actes politiques de saint Louis, ils sont généralement restés en dehors du domaine de nos anecdotiers, parce qu'ils étaient peu connus des masses et les frappaient moins que les vertus de l'homme privé. Toutefois, il est un de ces actes dont la haute portée ne leur a pas échappé. Le

(1) *Historiens de la France*, XX, 15; Lenain de Tillemont, V, 365-367.

mariage d'Alphonse de Poitiers avec l'héritière de Toulouse était le dépouillement anticipé du comte Raymond VII ; il procurait à la France un agrandissement pacifique et presque certain. C'est ainsi qu'il est envisagé dans les racontages populaires, et l'appréciation qui en est faite n'est pas exempte d'une légère pointe de malice à l'adresse de la simplicité du malheureux comte, qui signait lui-même sa ruine. Écoutons ce récit, tiré d'un recueil anonyme. Raymond était poursuivi en justice, par-devant le roi de France, par certain prieur dont il détenait les biens. C'était au moment où il venait de conclure avec Louis un accord en vertu duquel sa fille devait épouser le frère de ce prince, Alphonse, comte de Poitiers, à la condition que, si les deux époux mouraient sans enfants, le comté de Toulouse appartiendrait à la couronne. Le jour même où fut terminé cet arrangement, Raymond traitait le roi à sa table, quand, au milieu du repas, on entendit frapper violemment à la porte. Un écuyer du comte vint voir ce que c'était et reconnut le prieur, qui demandait à entrer. Il retourna dire à son maître : « Seigneur, c'est ce prieur que vous savez. — « C'est bon, cria Raymond ; réponds-lui qu'il « compte les clous de la porte. Je dîne avec le roi ! »

La commission fut faite aussitôt. « Ah ! c'est « ainsi ? dit alors le religieux. Eh bien ! je te « charge à mon tour de porter cette réponse à ton « seigneur : dis-lui qu'il mange le plus qu'il « pourra, car il n'aura bientôt plus rien à se « mettre sous la dent ; il a vendu aujourd'hui l'hé« ritage de ses pères. » A ce propos, qui lui fut répété, le comte faillit étouffer de rage (1).

La même source nous fournit plusieurs anecdotes d'une autre nature, qui nous font pénétrer dans l'entourage intime de saint Louis. Elles éclairent tout particulièrement le rôle joué à sa cour par un prélat dont le nom est bien connu, mais dont l'influence politique n'a pas encore été suffisamment étudiée : nous voulons parler de Guillaume d'Auvergne, évêque de Paris de 1228 à 1249 (2). L'origine de ce célèbre docteur était assez humble. On lui prêtait même quelquefois le trait attribué par Guillaume de Nangis, Vincent de Beauvais et d'autres à Maurice de Sully, son

(1) Bibl. de Tours, ms. cité, fol. 72.

(2) Une étude aussi intéressante qu'approfondie sur ce prélat et ses œuvres vient d'être présentée comme thèse à l'École des chartes par M. Valois : nous espérons que la publication de ce travail comblera bientôt le *desideratum* signalé ici.

prédécesseur, lorsque, mendiant son pain, dans son enfance, il rencontra une femme du peuple qui lui offrit l'aumône à condition qu'il ne deviendrait jamais évêque : une sorte de pressentiment le poussa à refuser (1). Une élévation rapide, l'éclat de son mérite lui valurent de bonne heure une place éminente dans les conseils royaux. Dès la régence de la reine Blanche, on le voit prendre aux affaires une part prépondérante : il résiste avec cette princesse aux prétentions de la puissante Université de Paris et favorise les nouveaux ordres mendiants. La maison de Saint-Jacques, dont les commencements furent très difficiles, lui fut redevable d'un service important, s'il faut ajouter foi à l'un des plus jolis de nos récits. L'évêque Guillaume de Paris savait que les Frères Prêcheurs étaient endettés et qu'ils ne pouvaient satisfaire à leurs obligations. Il s'en alla trouver la reine Blanche, dont il était le confesseur ; et comme elle devait partir en pèlerinage à Saint-Jacques de Compostelle, qu'elle avait fait des préparatifs considérables et fort coûteux, il lui demanda si tout était bien prêt. « Oui, sei-

(1) *Spec. hist.*, liv. XXX, ch. XXI ; *Hist. litt.*, XV, 149 ; Bibl. de Tours, même ms., fol. 73.

« gneur, répondit-elle. — Eh bien ! madame, vous « avez fait beaucoup de dépenses inutiles pour « être glorifiée aux yeux du monde, pour étaler « votre faste au pays d'où vous êtes sortie. Tout « cela ne pouvait-il pas trouver un meilleur em- « ploi ? — Parlez, seigneur, fit la reine ; je suis « disposée à suivre vos conseils. — Je ne vous en « donnerai qu'un, mais un bon, et je m'engage à « répondre pour vous, sur ce point, au tribunal « du Juge suprême. Voilà nos Frères Prêcheurs « qui sont appelés les frères de Saint-Jacques et « qui ont pour près de quinze cents livres de « dettes. Prenez la gourde et le bâton, et rendez- « vous à Saint-Jacques (de Paris) : là, vous leur « remettrez la somme. C'est moi qui modifie ainsi « votre vœu, et qui prends l'entière responsabilité « de la chose. Croyez-moi ; vous vous en trou- « verez mieux que de l'appareil superflu dont vous « vouliez vous entourer. » Et la reine, en femme très sage, acquiesça au désir du saint homme (1).

La docilité de Blanche égalait, on le voit, la liberté de l'évêque. Cette grande influence de Guillaume d'Auvergne ne fit que s'accroître sous le gouvernement de saint Louis : c'est à elle que recourait le pape pour obtenir du roi les ré-

(1) Bibl. de Tours, ms. cité, *ibid.*

formes qu'il souhaitait; elle fut assez forte pour ébranler un moment la résolution prise par le chef de l'État, en 1244, de partir en croisade (1). Le prudent conseiller n'aimait pas plus les pèlerinages d'outre-mer que ceux d'Espagne, semblable en cela à beaucoup de membres du clergé, qu'effrayaient les abus commis dans ces expéditions lointaines. Quelques années plus tôt, l'évêque de Paris s'entremit heureusement pour faire accepter une déception amère à son jeune souverain, dont la Providence voulait sans doute éprouver la résignation. La reine Marguerite était sur le point d'avoir son premier enfant. On attendait avec impatience un héritier du trône : elle mit au monde une fille. Il s'agissait de porter la fâcheuse nouvelle au père. La mission était délicate : personne à la cour ne voulut s'en charger. A la fin, on appela le bon évêque Guillaume, et on le pria de la remplir lui-même, en usant de ménagements. « J'en fais mon affaire, » dit-il. Et entrant aussitôt dans la chambre du prince, il lui tint ce petit

(1) V. Lenain de Tillemont, III, 61, 144. Notons, en passant, que, dans la table alphabétique jointe à l'édition de cet auteur, Guillaume d'Auvergne a été confondu, pour plusieurs renvois, avec deux de ses homonymes, Guillaume de Seignelay, son prédécesseur, et Guillaume, comte d'Auvergne.

discours : « Sire, réjouissez-vous ; je vous annonce « un heureux événement. La couronne de France « vient de s'enrichir d'un roi, et voici comment : si « le ciel vous avait donné un fils, il vous eût fallu « lui céder un vaste comté ; mais, ayant une fille, « vous gagnerez, au contraire, en la mariant, un « autre royaume. » Le roi sourit : il était consolé (1). On ne sait ce qu'il faut le plus admirer dans cette courte harangue, de l'habileté déployée pour amener insensiblement l'auditeur à supporter la vérité, ou de la noble familiarité dont le prélat usait envers le monarque. Ce premier enfant de saint Louis, dont toute la France avait imploré la naissance, et qui reçut le nom de Blanche, ne causa pas un long chagrin à la famille royale : il mourut au bout de trois ans. L'année d'après, en 1244, Guillaume d'Auvergne prenait sa revanche en baptisant le fils aîné du roi, qui fut nommé Louis comme son père, et qui, du reste, ne vécut lui-même que seize ans (2).

L'évêque de Paris était renommé parmi les prédicateurs pour l'originalité de ses figures et l'énergie de ses critiques. Parlait-il du népotisme des prélats, un des sujets qui excitaient le plus

(1) Lenain de Tillemont, III, 71.
(2) *Ibid.*, II, 393 ; III, 61. C'est sur ce jeune prince,

son indignation? il les peignait venant au chapitre comme des poules entourées de leurs poussins et forcées de céder à leurs cris aigus. Prêchait-il contre la sensualité? il comparait les amants à deux ribauds ivres, qui se prendraient à bras-le-corps pour se battre et se précipiter mutuellement dans l'abîme. La liberté de langage qui régnait alors dans la chaire autorisait même dans sa bouche des hardiesses plus grandes, que l'on pourrait difficilement reproduire aujourd'hui. Sa vivacité le faisait quelquefois sortir du calme qui lui convenait. Or, un jour, après avoir précisément recommandé dans son sermon de ne payer les remontrances et les corrections que par la patience, il fut repris, pour quelque vétille, par un religieux, et l'endura mal. « Souvenez-vous, lui dit le frère, que vous « me devez la patience. — C'est vrai, répliqua-t-il, « mais je n'ai pas prétendu qu'il fallût payer « comptant. — Comment donc, lui demandait-on, « avez-vous appris à dire tant de bonnes choses?

enlevé à la fleur de l'âge, qu'une plume contemporaine et inconnue composa l'épitaphe suivante :

« Moribus angelicum, mundum, vitiis inimicum,
« Verbis mellificum, locus iste capit Ludovicum.
« Hic, si vixisset, regni diadema tulisset,
« Francos rexisset, fidei tutela fuisset. »

(Ms. 468 de Tours, fol. 188.)

« — C'est que jamais je n'en ai entendu une seule « sans la mettre en réserve, soit sur le parchemin, « soit dans ma tête (1). »

Mais, pour nous borner aux rapports de Guillaume d'Auvergne avec la cour, citons un dernier trait de l'esprit à la fois sérieux et mordant du célèbre docteur. Il avait à sa table du vin excellent, et il en buvait. A côté du vin, il avait un vase rempli d'eau; mais il n'en versait jamais dans son verre. Donc, sire Jean de Beaumont, grand conseiller du roi, dînant un jour avec l'évêque, lui fit cette remarque: « Cette eau, qui est sur la table, à quoi vous sert-elle, puisque « vous n'en mêlez pas à votre vin? — Cette eau, « dit le prélat, a justement sur ma table la même « utilité que vous à la cour du roi. — Est-ce à « dire que je ne suis bon à rien? — Non, certes, « et vous êtes très utile, au contraire; car si, « dans les assemblées du palais, un prince ou un « comte veut élever la voix, aussitôt vous l'admo- « nestez sévèrement et lui imposez silence; si un « chevalier ou tout autre parle avec trop de har- « diesse, vous le rappelez à l'ordre, et il se tait « tout à coup. Eh bien! si j'ai devant moi du bon

(1) Bibl. nat., ms. lat. 15970, fol. 491, 503; Bibl. de Tours, ms. 106, fol. 72 v°, 73.

« vin de Saint-Pourçain ou d'Angers ou d'Auxerre, « et qu'il veuille me faire le moindre mal, je « l'arrête au moyen de l'eau, et sa violence tombe « instantanément (1). » Les vins dont parle ici Guillaume n'inspireraient pas aujourd'hui la même estime; pourtant, nous les trouvons justement comptés au nombre des meilleurs dans deux poésies de l'époque, la *Bataille des vins*, par Henri d'Andeli, et le *Vin et l'eau*, par un rimeur anonyme (2). Quant aux relations de l'évêque avec Jean de Beaumont, chambrier de saint Louis, relations que la seule position des deux personnages met hors de doute, on en découvre la trace positive dans quelques documents. Ils se rencontrèrent plus d'une fois auprès de la personne du roi, et notamment lors de la confirmation de la vente du comté de Mâcon à la couronne, dont l'acte, signé à Paris au mois de février 1241, les mentionne tous deux comme présents (3). Jean de Beaumont

(1) Ms. de Tours, fol. 72. Saint Louis faisait de même à sa table, d'après Joinville. Le sénéchal de Champagne trempait le vin de ses valets et de ses écuyers ; mais, pour ses chevaliers, le vin et l'eau étaient servis à part. (V. Joinville, édition de Wailly, p. 13 et 277.)

(2) Méon, *Fabliaux*, I, 152-158 ; Jubinal, *Nouveau recueil*, I, 293, 311.

(3) V. Lenain de Tillemont, II, 356.

remplissait, d'après ce qu'on vient de lire, un rôle désagréable auprès des seigneurs de la cour : c'est là peut-être une des causes qui contribuèrent à les indisposer contre lui ; on reconnaît, en effet, dans les passages où le sire de Joinville parle de cet officier, une sorte de dépit mal dissimulé contre l'autorité qu'il exerçait (1).

Un autre conseiller du saint roi, revêtu également de la dignité épiscopale, est encore assez populaire dans les récits du temps : c'est Eudes Rigaud, promu au siège de Rouen en 1248. Les procès-verbaux de ses visites diocésaines, qu'il était quelquefois forcé d'interrompre pour se rendre à l'appel de Blanche de Castille ou de son fils, l'ont déjà fait connaître comme un réformateur sévère des abus qui s'étaient introduits dans le sein du clergé. Aussi passait-il pour un homme rigoureux et quelque peu hautain. On le représente visitant un couvent de religieuses et reprenant durement l'abbesse, qui implore en vain son indulgence, puis finit par lui répondre vertement. On lui prête aussi quelques bons mots, bien usés aujourd'hui. « Quelle différence y a-t-il, lui de-« mande un mauvais clerc qui dînait avec lui,

(1) Lenain de Tillemont, III, 262, 264, etc.

« entre *Rigaud* et *Ribaud?* — Il y a la distance « d'une table. » Il s'en va supplier le pape de ne pas ratifier son élection à l'archevêché de Rouen ; mais on lui enjoint au contraire d'accepter, et alors un dominicain de la cour pontificale lui donne cet avis : « Prends garde de te bien con- « duire, Rigaud, car te voilà tombé entre les « dents des Frères Prêcheurs et Mineurs, qui te « mordront si tu agis mal. — Au moins, riposte « le prélat, qui appartenait lui-même à l'ordre de « Saint-François, je ne craindrai pas d'être mordu « par vous, qui avez la bouche si bien ouverte. » Enfin l'on raconte, en l'attribuant à une sorte de pieuse intuition, la réponse qu'il fit à un de ses gens, étonné de ne pas le voir s'incliner en passant devant une église, comme il avait l'habitude de le faire par dévotion pour l'Eucharistie : « Le Saint-Sacrement n'est pas dans cette église, » dit-il. Le serviteur entra aussitôt pour s'assurer du fait, et se convainquit par lui-même que son maître avait deviné juste (1). Toutefois, dans tous les souvenirs laissés par Eudes Rigaud, il n'en est point qui aient rapport aux fonctions remplies par lui auprès de saint Louis.

(1) Ms. de Tours, fol. 49 v°, 71.

En terminant cette revue rapide des échos de l'opinion publique, recueillis et propagés par la chaire, il importe de formuler une conclusion qui s'en dégage d'elle-même. Tandis que la malignité de la critique s'exerce indistinctement sur toutes les classes de la société, et sur les individualités les plus marquantes de chaque classe, la personne seule de saint Louis reste hors de toute atteinte. Les prélats, les grands, les rois eux-mêmes sont l'objet d'une censure qui tend plutôt à l'exagération qu'aux ménagements : saint Louis ne prête aucune prise aux médisances, ni même aux plaisanteries ; on ne parle pas de lui avec la même désinvolture que de son grand-père, qui pourtant s'était rendu assez redoutable. C'est que le respect est plus fort que la crainte, et que la bonté exerce plus d'empire que la force. L'auréole qui devait, sitôt après sa mort, ceindre le front du pieux roi, on la lui décernait déjà de son vivant, et sa canonisation ne fit que ratifier le cri de tout un peuple. Dans les prières publiques du prône, on recommandait son âme à Dieu, « quoiqu'elle n'en eût pas besoin, » et nous voyons ce tribut de légitime vénération payé, par extension, à toute sa famille, à la reine Blanche, « dont les aumônes méritent une éternelle reconnaissance, » à la reine Marguerite, « à qui l'on doit le trésor du royaume » (les jeunes princes), même à Charles d'Anjou, le champion de l'Église, dont la chevaleresque renommée couvre les exactions et les rigueurs, plus sévèrement jugées depuis (1).

En vain voudrait-on opposer aux manifestations de l'opinion que nous avons signalées deux contes latins cités dans l'*Histoire littéraire*, et qui n'ont guère de valeur dans la question. Le premier, recueilli par Thomas de Cantimpré, met en scène un courrier du comte de Gueldre qui raconte à son maître, à son retour de France, qu'il a vu « ce roi papelard, le cou tors et le capuchon sur l'épaule (2). » C'est une lourde charge d'Allemand, qui trahit un sentiment d'hostilité assez naturel, ou bien c'est une de ces caricatures comme la haute piété en a inspiré aux esprits forts de tous les siècles. D'après le second, reproduit aussi dans une publication allemande, saint Louis aurait défendu de retirer, un dimanche, certain juif de Paris de la fosse où il était tombé (3). On pourrait tout au plus voir là une allusion à la sévérité du roi en-

(1) Bibl. nat., ms. lat. 16481, nos 55, 105, 124, etc.

(2) *Bon. univ. de Apibus*, liv. II, ch. 57.

(3) Mone, *Anzeiger für Kunde*, col. 133 : *Hist. litt.*, XXIII, 160.

vers les usuriers juifs, en même temps qu'un vestige de l'animosité de ses sujets contre cette malheureuse race; car le sens général de la légende, telle qu'elle est racontée, est moins défavorable au souverain qu'au juif lui-même.

Quelle autre dissidence pourrait-on signaler? Une chanson sur les *Établissements de saint Louis*, exprimant la plainte amère d'un seigneur vexé par la juste sévérité des *enquesteurs* royaux? « J'aime bien rester maître de mon fief, » s'écrie-t-il (1). Ce mot trahit toute sa pensée; on ne doit donc prendre sa critique que pour la récrimination intéressée d'un particulier. Quoi encore? L'insulte d'une femme de Paris, qui, au dire du confesseur de la reine Marguerite, reprocha à son souverain de n'être que le roi des moines et des clercs (2)? C'est un outrage gratuit et isolé, auquel Louis ne répondit que par un bienfait. Quant aux contes reproduits par le Ménestrel de Reims, ils n'atteignent en rien la personne royale, et, s'ils la font intervenir, leur savant éditeur a pris soin de démontrer que c'était le plus souvent sans respect pour l'histoire authentique, et même pour la

(1) *Bibliothèque de l'École des chartes*, I, 370-374.
(2) V. le recueil des *Historiens de France*, XX, 106.

vraisemblance (1). D'ailleurs, ils étaient récités et ils ont été rédigés pour la distraction de quelques châtelains, et ne représentent nullement l'opinion générale. Ce n'est point dans des écrits de ce genre qu'il faut chercher l'expression du véritable sentiment de la nation à l'égard de son prince. Il faut bien plutôt la demander à ces anecdotes réellement populaires, que les fidèles entendaient journellement dans la bouche de leurs orateurs favoris, et que ces orateurs eux-mêmes empruntaient souvent au répertoire fécond des bruits publics. C'est ce que nous avons essayé de faire, et le résultat de cette enquête, en donnant un couronnement nécessaire aux nombreux travaux dont le règne de saint Louis a été l'objet, ne peut qu'ajouter une autorité nouvelle au touchant accord de ses historiens.

(1) *Récits d'un Ménestrel de Reims*, édit. de Wailly, préface, p. LXIII et suiv.

IV

L'OUVRIER

Après avoir envisagé la société dans ce qu'elle offrait de plus haut et de plus respecté, descendons aux rangs inférieurs ; étudions, dans la personne de l'ouvrier, une des grandes questions sociales d'hier et d'aujourd'hui. La qualité du gouvernement et la condition du peuple, telles sont les deux préoccupations dominantes des politiques sérieux ; là est le siège du double malaise dont souffre actuellement notre infortuné pays. Les pages qui précèdent ont pu jeter quelque lumière sur le premier de ces problèmes redoutables, en montrant au moins que la vertu du gouvernant et le bon esprit des gouvernés en rendaient la solution facile. Je voudrais essayer maintenant de faire comprendre que le second ne serait pas plus insoluble, si l'on voulait seulement ne pas entraver l'action de l'idée religieuse sur les masses.

Au treizième siècle, la population ouvrière et industrielle appartient tout entière à la vaste classe des hommes libres ou hommes de *poeté*, qui forme la grande majorité de la nation. Elle appartient de plus à la bourgeoisie; car l'industrie habite surtout les cités, et, même aux époques de décentralisation, elle ne se rencontre à la campagne qu'à l'état d'exception, parce qu'elle exige toujours, tant pour la confection que pour l'écoulement de ses produits, une réunion d'hommes et de matériaux assez considérable. Les industriels du temps de saint Louis sont donc des bourgeois, nom attribué aux hommes libres des villes, comme celui de vilain (*villanus*) était attribué aux hommes libres des villages. Tous, ouvriers ou patrons, sont membres jurés de leur commune, quand il y a une commune établie au lieu de leur résidence. Il est même à remarquer qu'en général la bourgeoisie et la commune se composent presque uniquement de gens de métier : non pas que la révolution communale ait favorisé l'émancipation des ouvriers et l'établissement des corporations, comme on l'a cru quelquefois, car elle leur est postérieure; mais, au contraire, parce que les industriels et les commerçants profitèrent de la liberté acquise pour se grouper en associations protectrices et maintenir leurs privilèges. Je ne veux pas, du reste, examiner en détail leur situation civile, puisqu'elle n'est autre que celle de la bourgeoisie, dont on connaît assez la puissance au moyen âge. Je me bornerai à reconnaître les conditions particulières que leur profession venait ajouter à leurs droits et à leurs devoirs de citoyens, en un mot, à les étudier en tant qu'ouvriers. Je diviserai cette étude sommaire en deux points : les industriels et l'industrie, ou, si l'on veut, les ouvriers et leurs ouvrages; car il n'est pas non plus sans intérêt de savoir ce que pouvait être la production à une époque où elle rencontrait tant de difficultés matérielles.

En tête de cette esquisse, il faut faire connaître la pensée de l'Église et du clergé contemporain sur le métier de l'artisan; car l'opinion d'un corps si influent a de grandes chances pour être l'expression de l'opinion générale. Or, cette pensée, on la devine d'avance. L'Église a l'habitude d'intervenir en faveur de toutes les faiblesses, de relever toutes les humilités, de sanctifier tous les côtés profanes de la vie. Son action tutélaire apparaît partout : nous devons la saluer partout. De même qu'elle disait au chevalier : Tu seras saint, quoique soldat; au bourgeois : Tu seras bon et généreux, quoique riche; au laboureur : Tu seras libre, et tu seras fier de ta profession, qui est la plus belle; elle vient dire à l'artisan, courbé sur sa tâche quotidienne : Relève la tête, toi aussi, car tes pères ont été esclaves, et tu ne l'es plus; car ton métier est également des plus respectables et des plus salutaires, si tu l'exerces honnêtement. « *Labores manuum tuarum quando manducabis, benè tibi erit* (1); » telle est la parole prêchée sous toutes les formes à l'ouvrier du siècle de saint Louis, et ses pasteurs l'appellent en même temps à cet autre honneur, d'une nature plus relevée, auquel sont associés, de leur côté, les cultivateurs, l'honneur de faire le bien et de secourir la misère d'autrui. Il doit s'honorer lui-même, dit Jacques de Vitry, en prélevant sur le fruit de ses sueurs la dîme du pauvre, en travaillant pour eux gratis. Les cordonniers sont tenus, aussi bien que les médecins, d'offrir aux indigents leurs services, comme les couturières habiles sont tenues de décorer conve-

(1) Psaume CXXVII, vers. 2.

nablement les autels et les tabernacles sacrés (1). C'est ainsi que le christianisme s'efforce de relever l'ouvrier à ses propres yeux et aux yeux des autres hommes. Il ne lui répète pas tous les jours : Tu es digne de la grandeur, tu es digne de la richesse ; mais : Tu es digne de mieux que cela, tu es digne de pratiquer la charité, et, par conséquent, de ceindre la plus belle couronne du chrétien. Le paganisme s'écriait, par la voix de Cicéron et de Platon (deux de ses plus profonds penseurs cependant) : « Le travail mercenaire est dégradant; la pratique des arts manuels appartient aux plus vils esclaves (2). » Et voilà une religion nouvelle qui renverse la proposition, qui met sur ses autels un charpentier, saint Joseph, un homme ayant collaboré à la fabrication des tentes de l'armée romaine, saint Paul, qui fait de l'éternelle loi du travail la première obligation des moines, les plus parfaits d'entre ses fidèles, et qui enfin proclame sur tous les tons : Le travail est saint, le travail est noble, et l'homme qui travaille de ses mains est celui qui remplit le mieux sa mission sur la terre. C'est là plus que le redressement d'une er-

(1) Bibl. nat., ms. lat. 17509, fol. 127, 128.
(2) Platon, *Républ.*, 6, 9; Cicéron, *De Officiis*, 112.

reur : c'est le plus ingénieux et le plus efficace des systèmes politiques et sociaux ; c'est la plus salutaire et en même temps la plus véritablement radicale de toutes les révolutions passées et futures.

Non seulement l'Église met l'ouvrier en honneur ; mais elle lui applique la première le principe si fécond de l'association, dont on s'est fait depuis une arme contre elle et contre la société tout entière. Au moyen âge, l'association, la solidarité des castes est la règle universelle : le peuple chrétien marche par compagnies ; il se dirige par groupes distincts vers le ciel, son but suprême. C'est la variété dans l'unité ; c'est, pour ainsi dire, la reproduction des armées célestes, composées de corps différents, mais animés tous de la même pensée et du même amour. Il n'y a pas, si l'on veut, une société ; il y a plusieurs sociétés existant côte à côte, ayant chacune ses privilèges, sa vie propre, mais rattachées entre elles par des liens puissants. Les clercs forment une association d'ordre supérieur, subdivisée en plusieurs autres ; les nobles forment une compagnie particulière, la chevalerie ; les francs hommes forment la bourgeoisie et les communes ; les artisans et les marchands forment de plus des corporations et des confréries. La corporation pourrait s'appeler la chevalerie des ouvriers, et cette autre chevalerie a aussi son élément religieux, nettement accusé dans la confrérie. La première de ces deux institutions populaires est parfaitement distincte de la seconde : la corporation ouvrière est une société purement civile, et la confrérie est une réunion pieuse ; elles sont indépendantes, mais elles coexistent, et elles se complètent l'une par l'autre. Or, de ces deux éléments, c'est la confrérie qui est née la première. La corporation ne se montre guère qu'au onzième siècle, et encore à l'état d'embryon, car elle n'apparaît bien organisée et dans des textes formels que dans la seconde moitié du douzième. Elle dérivait, suivant une opinion récemment formulée, des groupes d'artisans de condition servile créés dans les domaines des grands propriétaires sous les deux premières races; mais elle venait plus probablement, ou du moins plus directement, des réunions d'ouvriers de toute espèce occasionnées autour des églises et des cathédrales, après l'an mil, par la reconstruction presque générale de ces édifices. La confrérie, au contraire, existait auparavant, et il y a, à cet égard, un fait qui me semble probant ; c'est celui-ci : la liste des patrons des différents métiers est déjà presque complète et arrêtée au dixième siècle. Le culte d'un protecteur commun étant une des principales occupations de la confrérie, son choix étant ordinairement fait par les confrères à la suite d'une délibération, il y a tout lieu de croire que ces institutions pieuses fonctionnaient déjà antérieurement, au moins dans un certain nombre de localités. On peut même dire qu'elles contribuèrent, elles aussi, à l'établissement des corporations civiles. L'Église prit d'abord les ouvriers par la main pour les conduire au pied d'un même autel : là, ils se virent, ils s'entretinrent, et peu à peu ils prirent l'habitude de discuter leurs intérêts, de se concerter, de se communiquer de bouche en bouche les traditions des anciens du métier, qui étaient le germe des statuts futurs ; il ne leur restait plus qu'à se procurer un local et à tenir des assemblées fixes. Ainsi se fondèrent, sous l'influence de l'idée religieuse, et les confréries et les corporations, que nous trouvons en pleine vigueur au treizième siècle.

Examinons un instant leur fonctionnement. D'intéressants et solides travaux, une petite histoire des corporations ouvrières, par notre savant ami Léon Gautier, pleine de bonnes idées, et une étude sur l'industrie parisienne, publiée tout dernièrement par M. Fagniez, pleine de faits et de détails, puisés surtout dans le fameux *Livre des métiers*, d'Étienne Boileau, dont la rédaction fut le plus grand service rendu par saint Louis à la classe industrielle et commerçante, abrégeront nos recherches en nous servant de guides (1). M. Fagniez n'est pas un historien catholique; mais il proclame la vérité telle qu'il la rencontre, et son livre est par cela même un témoin plus précieux que le plus habile apologiste. Il s'est renfermé dans les treizième et quatorzième siècles, sans distinguer entre ces deux époques, pensant avec raison que la stabilité qui caractérise les institutions du moyen âge permet, en pareille matière, de généraliser les conclusions, et qu'un texte de 1350 peut aussi bien prouver l'état des choses en 1250, par exemple. Les renseignements que nous lui emprunterons devront donc être rapportés à cette double période.

La composition de la confrérie formée par chaque métier n'est pas toujours exactement la même que celle de la corporation. Tantôt elle ne comprend qu'une partie de cette dernière; tantôt, au

(1) Gautier, *Histoire des corporations ouvrières*, Paris, 1877, in-18; Fagniez, *Études sur l'industrie et la classe industrielle à Paris*. Paris, 1877, in-8.

8.

contraire, elle admet dans son sein quelques membres étrangers à la profession du reste. A Paris, certains métiers, plus développés que les autres, se répartissent en plusieurs confréries : les orfèvres, notamment, forment à eux seuls celle de Saint-Éloi, celle de Saint-Denis, celle de Notre-Dame du Blanc-Mesnil, et d'autres encore. Généralement, toutefois, il y a une confrérie unique par corps d'état, et tout le corps d'état entre dans cette confrérie. Qu'y fait-il? Il s'y occupe de célébrer des offices en l'honneur du patron, de développer l'assistance mutuelle, de faire des œuvres de charité et des repas de corps. Quelques confréries ont une chapelle particulière à elles; mais la plupart du temps leurs cérémonies ont lieu dans une église paroissiale, devant l'autel ou l'image de leur saint : et ce n'est pas seulement le jour de sa fête qu'elles font dire des messes, c'est beaucoup plus souvent, quelquefois tous les mois, ou même toutes les semaines. Le culte de leur protecteur céleste se manifeste aussi dans leurs processions, sur leurs bannières, toujours recouvertes de sa figure vénérée, accompagnée de l'attribut qui désigne le métier. On voit ainsi l'effigie de simples artisans proposée aux hommages de la foule, et c'est encore là, comme je le disais, un moyen de rehausser les arts manuels dans l'estime publique. Souvent le saint n'a qu'un rapport très éloigné avec la profession de ceux qui l'ont choisi : sainte Catherine patronne les charrons, simplement parce qu'elle a été suppliciée sur une roue ; sainte Marie-Madeleine patronne les parfumeurs, parce qu'elle répandit des parfums sur les pieds de son divin Maître. Mais, dans ce cas, le trait d'union, le point de contact qui unit le protecteur et les protégés est clairement indiqué dans la représentation figurée, et ceux-ci sont d'ailleurs au courant de la légende du saint et de ses moindres faits et gestes.

L'assistance mutuelle des confréries consiste, indépendamment des secours temporels, à rendre les derniers devoirs aux membres défunts : c'est là une des formes les plus touchantes et les plus chrétiennes de la confraternité, et à Paris elle est si scrupuleusement pratiquée, que celui qui n'assiste pas aux obsèques d'un confrère est mis à l'amende; tout au plus est-il autorisé à se faire représenter. La confrérie fait ordinairement les frais de l'enterrement de ses membres les plus pauvres, et quelquefois ceux du baptême de leurs enfants. Elle tient une assemblée solennelle chaque année, de préférence le jour de la fête patronale, et là elle élit son bâtonnier, qui est installé de la manière suivante : au moment où l'on chante le *Magnificat*, à la fin des Vêpres, et où l'on arrive au verset *Deposuit potentes de sede*, le bâtonnier en exercice remet le bâton à son successeur, qui le prend aux mots : *Et exaltavit humiles*. C'est ce qu'on appelle faire le *Deposuit*. Ainsi les artisans, comme les chevaliers, aiment à mêler leurs cérémonies particulières à celles de la religion, et se plaisent à mettre en action le texte des chants sacrés. Cette solennité se termine par une agape fraternelle, où chacun paie son écot, et sur laquelle on a soin de prélever la part du pauvre. La confrérie de Saint-Paul pousse même la charité plus loin : elle réserve à son banquet annuel quinze places pour les indigents, les y fait asseoir, les sert les premiers, et les traite avec des égards de toute sorte. La confrérie des drapiers, l'une des plus riches de la capitale, distribue à cette occasion d'abondantes aumônes en nature aux pauvres de l'Hôtel-Dieu et aux nouvelles accouchées de cet établissement, aux prisonniers du Châtelet, aux maladreries de la banlieue, aux Jacobins, aux Cordeliers ; enfin, à tous les malheureux qui veulent se présenter, elle remet un pain ou une petite pièce de monnaie. Parmi les prisonniers, il se trouve parfois des gentilshommes : ceux-là reçoivent deux plats au lieu d'un. Quelle éloquence dans ce simple trait, et comme cette aumône, faite par des artisans à un enfant de la noblesse, qui l'accepte avec gratitude, en dit long sur la fraternité établie par l'esprit de l'Évangile ! Des secours réguliers sont alloués en outre aux confrères malades, et, quand on le peut, de véritables hospices sont fondés pour leur usage.

Mais ce n'est pas assez de donner à ses semblables; il faut donner à Dieu lui-même, suivant la belle formule usitée dans les chartes : *Do Deo et sanctis;* c'est-à-dire qu'il faut enrichir et embellir les églises. Les confréries connaissent aussi ce devoir sacré, et elles jettent à profusion sur la nudité de l'épouse de Jésus-Christ les vitraux, les peintures, les pierreries, les métaux précieux. Les auteurs de la *Monographie des vitraux de Bourges* l'ont pleinement démontré : la plupart de ces magnifiques verrières, que nous admirons dans nos vieilles cathédrales, sont dues à la générosité des corps de métiers; chaque confrérie ou chaque corporation en donnait une; plus tard, quand le goût de la peinture sur verre se perdit, elle donna à son église un tableau, peint par un des grands artistes du temps, et cette coutume, on le sait, a laissé des traces jusqu'à notre époque. Ainsi la charité conseillée par le prêtre aux ouvriers n'est pas un vain mot; ils la pratiquent réellement sous toutes ses formes.

La confrérie subvient à ses dépenses au moyen d'une caisse alimentée par les droits d'entrée de ses membres, les amendes, les cotisations, les donations et les legs. Le droit d'entrée varie depuis 12 deniers jusqu'à 5 sous; la cotisation annuelle est souvent d'une valeur égale, et l'on paie de plus, chez les corroyeurs de robes de vair (ou de fourrure), une cotisation particulière d'un denier par semaine, ayant pour but de venir en aide aux confrères que la maladie réduit au chômage, ce qui constitue une véritable société de secours mutuels. Les fonds sont confiés à des administrateurs élus pour un an, comme le bâtonnier, et tenus de rendre leurs comptes en sortant de charge : ce n'est que beaucoup plus tard que des conflits d'attributions ont fait remettre l'administration de la confrérie à la jurande ou à la corporation, dont j'ai maintenant à parler.

La corporation, au treizième siècle, est parvenue à sa complète organisation. Elle constitue une personne morale, indépendante de l'État jusqu'à un certain point, nommant ses chefs, réglant ses statuts et les faisant seulement homologuer par l'autorité publique, capable de vendre et d'acquérir, exerçant une sorte de juridiction professionnelle ; elle forme, en un mot, comme une petite république, ou comme une cité dans la cité. Elle possède des revenus composés de loyers, de cens, de rentes, de droits de réception, d'amendes, etc. ; et lorsque ces revenus ne suffisent pas à ses besoins, elle peut obtenir l'autorisation de s'imposer. Ses dépenses ont pour objet l'entretien d'une maison commune, la rétribution d'un conseil administratif, des services religieux et différentes cérémonies, des repas, des œuvres pies, indépendantes de celles de la confrérie, car la charité se glisse partout. Non seulement la corporation a une vie civile, une existence intime, mais elle prend part, dans beaucoup de villes, à l'administration municipale ; elle contribue à l'élection des magistrats locaux, et très souvent le peuple vote par corps de métiers. Lorsque la cité est régie par un officier seigneurial ou par un prévôt royal, comme à Paris, le rôle public de la corporation se borne à prendre part à l'assiette des impôts (elle représente en cela nos modernes répartiteurs), à maintenir l'ordre, à contribuer à l'éclat des fêtes. La taille, levée quelquefois par métiers, est répartie par un ou plusieurs de ses membres. La milice bourgeoise, chargée du guet et d'une partie de la police urbaine, se recrute dans son sein : ce service est fourni, dans la capitale, par les vingt ou vingt-cinq métiers principaux, parmi lesquels les changeurs, les orfèvres, les drapiers, les taverniers; il consiste en une nuit de garde, montée à tour de rôle, en différents postes fixes, par un certain nombre de guetteurs (quarante-huit en temps ordinaire). Mais, dès le temps de Philippe-Auguste et de la reine Blanche, on voit les maîtres coutеliers et les maîtres cordonniers admis à se faire remplacer par leurs ouvriers. D'autres corps se rachètent du guet et s'en acquittent au moyen d'une prestation pécuniaire. D'autres même se prétendent exempts de toute charge de ce genre, sous prétexte qu'ils travaillent principalement pour le clergé et la noblesse : ce sont les imagiers ou sculpteurs, les chapeliers de paon, les lapidaires, les fabricants de tapis orientaux, les tailleurs de robes, en un mot, toutes les industries de luxe; et cette prétention est admise pour quelques-uns d'entre eux. Ainsi, à tous les points de vue, le service du guet comporte plus de tolérance que celui des gardes nationales qui lui ont succédé. Dans les cérémonies publiques, la corporation, officiellement convoquée, anime le coup d'œil par sa bannière éclatante, par ses insignes, par son uniforme distinct, réglé par le prévôt et toujours en étoffe de prix. Elle défile à son rang en grand appareil. Elle donne à la foule, avide de spectacles, des représentations de Mystères, des jeux, des divertissements variés : c'est une façon honnête de s'amuser en amusant les autres, et mille fois préférable pour l'artisan aux dangereuses distractions du cabaret ou de l'émeute. Plus tard, les corps de métiers joueront un rôle actif dans les révolutions politiques ; dès le quatorzième siècle, ils se jetteront avec ardeur dans la mêlée des partis, au point que Philippe le Bel et ensuite Charles VI se verront obligés de les dissoudre en bloc, pour les laisser peu à peu se reconstituer séparément moyennant finance, ce qui procurera à l'État un double profit. Cette fatale déviation sera la source de bien des maux : toutefois, à l'époque où nous en sommes, nous ne voyons encore rien de tel, et nous nous sentons à l'aise pour reconnaître les bienfaits de la corporation.

Mais nous n'avons pas encore pénétré dans l'intérieur de cette assemblée d'ouvriers ; nous n'avons regardé que son rôle extérieur, et ce n'est pas le plus important. Elle est instituée avant tout pour exercer une industrie sous le régime du privilège et dans les limites d'un règlement établi par elle. Voyons donc en quoi consistent ce régime et cette discipline, quels avantages ou quels inconvénients ils offrent, quel sort ils font aux travailleurs. L'enfant ou le jeune homme qui veut entrer dans un métier est présenté par ses parents à un maître, à un patron, qui conclut avec eux un contrat d'apprentissage, verbal au treizième siècle, plus tard écrit et même passé par-devant notaire. Ce contrat stipule équitablement les droits et les devoirs mutuels des deux parties. L'apprenti doit avoir un âge raisonnable, sans toutefois qu'il y ait de limite précise, et être d'une famille honnête : l'illégitimité de la naissance est ordinairement un cas rédhibitoire; l'exemple cité par M. Fagniez (1) d'une fille naturelle admise comme apprentie chez une tisseuse de soie de Paris, en 1402, paraît bien un fait exceptionnel, puisque le jeune savant n'en a pas trouvé d'autre à alléguer contre cette règle, et dans tous les cas il ne saurait rien prouver pour les siècles antérieurs, où la morale était plus sévère. Il y avait, sans doute, un grave inconvénient à empêcher les bâ-

(1) *Op. cit.*, p. 57.

tards d'apprendre un métier; mais il y avait un avantage plus grand, peut-être, à empêcher la bâtardise de se multiplier en lui refusant d'avance toute espèce d'encouragement. De son côté, le patron doit être majeur, d'une moralité reconnue, possesseur d'un atelier ou d'une boutique, assez riche pour entretenir l'apprenti, assez habile pour lui enseigner son art. Il ne peut avoir à la fois plus d'un apprenti; rarement les statuts lui en concèdent deux, trois au plus: mais dans ce chiffre ne sont pas compris ses enfants, ses frères, ses neveux, qu'il peut toujours élever dans la pratique de son métier, et ainsi les droits de la famille se concilient avec le privilège de la corporation. Cette mesure restrictive du nombre des ouvriers était inspirée par un double mobile: la difficulté de dresser trop d'apprentis en même temps, et la crainte de la concurrence, qui est la source du développement de l'industrie moderne, mais qui était complètement étrangère aux principes économiques du moyen âge. Du reste, la règle primitive eut à subir des dérogations et des exceptions de plus en plus nombreuses.

L'apprenti, une fois lié à son maître par une convention quelconque, fait partie intégrante de la corporation; car, ainsi que l'observe M. Fagniez (1), l'entrée en apprentissage, n'étant ouverte qu'à une quantité déterminée de sujets, constitue le premier des privilèges corporatifs, qui donne un droit éventuel à tous les autres. La durée de l'apprentissage est le plus souvent fixée par les statuts à un minimum de six ans; mais elle varie beaucoup dans l'usage et suivant les métiers. L'apprenti verse d'ordinaire, en entrant, une somme qui va de vingt ou quarante sous jusqu'à quatre ou six livres; quelquefois le prix de son éducation industrielle est payé en deux parts, moitié au commencement, moitié à la fin, ou bien par annuités, ou simplement au gré des parties. A défaut de parents, le prévôt ou la corporation elle-même se charge de placer les apprentis, de régler leur contrat et de les protéger. Leur nom est inscrit, aussitôt après leur réception, sur un registre conservé dans la maison commune. Ils sont tenus de respecter leurs maîtres et de leur obéir durant tout le temps de l'apprentissage : moyennant quoi ils reçoivent d'eux, outre l'instruction spéciale, un entretien convenable, digne d'un enfant de bourgeois, l'habillement, la chaussure, la nourriture et le logement; en un mot, ils

(1) *Op. cit.*, p. 55.

sont entretenus, comme disent les vieux textes, *à pain et à pot*, à moins de conventions particulières.

Mais est-ce là tout, et le patron n'a-t-il pas la mission plus sacrée de pourvoir aux besoins de cette jeune âme qui lui est confiée? On l'entend bien ainsi. Quelquefois les parents stipulent d'une manière plus précise que leur enfant ira à l'école, et l'instruction religieuse, l'accomplissement des devoirs du chrétien sont, à cette époque, plus obligatoires encore que la culture littéraire. Si le maître vient à manquer à ces règles essentielles, ou s'il abuse de l'apprenti pour lui faire faire ses courses, s'il commet sur lui des sévices, il est mis à l'amende ou frappé par la justice prévôtale. On lui permet cependant de le battre en certains cas, lorsqu'il le mérite, mais on lui défend de le laisser battre par sa femme. Pourquoi cette curieuse distinction? Les femmes ont-elles la main plus lourde? Non, au contraire; mais elles l'ont souvent plus prompte. Un autre indice de l'indulgence observée généralement à l'égard du jeune ouvrier, c'est la coutume enregistrée dans les statuts des patenôtriers par Étienne Boileau : « Si l'apprenti « s'enfuit, le maître l'attendra un an, sans avoir « le droit d'en prendre un autre pendant ce temps-

« là (1). » Ailleurs, le bon prévôt ajoute, à propos d'un règlement analogue, ou encore plus débonnaire : « Et cet establissement firent li preudome « du mestier pour réfréner la folie et la joliveté « des aprentiz, qui font grant damage à leur mes- « tre et à eux meismes quant il s'enfuient; car, « quant li aprentiz est enraié à apprendre et il « s'enfuist un mois ou deux, il oublie quant que « il a appris, et insi il perd son temps et fait « damage à son mestre (2). » Voilà un trait de mœurs qui jette un jour singulier sur l'humeur vagabonde du gamin de Paris au treizième siècle, personnage qui a laissé, on le sait trop, une nombreuse postérité. Toutefois, le fugitif n'en était pas quitte à si bon marché : quand il était pris ou quand il revenait, il était redevable de dommages-intérêts et du temps qu'avait duré son absence, et son maître exigeait également de lui une indemnité quand il le quittait définitivement avant le délai convenu, fût-ce même pour entrer en religion. Dans tous ces usages apparaît constamment la préoccupation de ménager à la fois l'intérêt de l'industriel établi et la faiblesse de son jeune élève.

(1) *Livre des métiers*, ch. 27

(2) *Ibid.*, ch. 17.

Mais l'un et l'autre ont rempli jusqu'au bout les conditions du contrat. L'apprenti, quand il n'a touché aucun salaire, reçoit au moins en sortant une petite somme représentant la valeur des services qu'il a pu rendre à son tour; et le voilà passé ouvrier, c'est-à-dire apte à vendre son travail. L'ouvrier, appelé plus tard le *compagnon*, s'appelle alors le *varlet* ou le *sergent :* autrefois il était le serf; plus anciennement il était l'esclave. Tout le progrès de sa condition sociale est dans ces mots, suivant la remarque de M. Gautier (1). Toutefois, il ne faut pas s'en tenir aux mots, et le sort de l'ouvrier est une question trop capitale, trop actuelle, pour ne pas être examiné de près.

Les ouvriers sans ouvrage se réunissent le soir sur une place publique : c'est là que les patrons viennent les embaucher et que l'homme de Dieu vient en même temps leur prêcher la vertu. Ils exhibent leur contrat d'apprentissage ou un témoignage qui en tient lieu; et s'ils ne sont pas mal famés, s'ils ne vivent pas dans le libertinage (vice rédhibitoire assez fréquent, paraît-il, chez certaines ouvrières de Paris, par exemple chez les dévideuses de soie), si enfin ils n'ont aucune rai-

(1) *Op. cit.*, p. 63.

son d'être exclus, ils se rendent à l'atelier où on les envoie, et là ils travaillent à leur métier, soit à temps, soit à façon. Leur journée de travail va du lever au coucher du soleil, car le travail à la lumière est généralement interdit. Dans certains états, elle se termine même à l'heure de vêpres ou de complies : elle est donc essentiellement variable, mais jamais trop longue. Le taux de leur salaire est encore plus vague et plus mobile, quoique les corporations se soient souvent efforcées de le fixer; et il est d'autant plus malaisé de le déterminer, que les érudits ne sont pas d'accord sur la différence exacte de la valeur de l'argent. On voit, en 1307, un garçon boulanger gagner cinq deniers par jour, le valet d'un maréchal-ferrant quatre deniers; mais l'un et l'autre sont nourris par leur maître. Un charpentier non nourri gagne un sou; ce qui, en calculant sur le pied des précédents, porte la somme représentée par sa nourriture à sept ou huit deniers : il lui reste donc, pour son entretien et son logement, environ les quatre ou les cinq douzièmes de sa paie. Les variations du salaire ne sont cependant pas assez grandes pour qu'on ne puisse conclure que l'ouvrier de la ville était mieux payé que celui de la campagne, et que l'un et l'autre étaient relativement moins bien payés alors qu'aujourd'hui. La proportion entre l'offre et la demande s'est modifiée à leur profit : leurs besoins, il est vrai, étaient moins grands qu'ils ne sont. Mais où cette différence est amplement compensée, c'est dans l'avenir ouvert devant l'ouvrier et dans la facilité qu'il avait de devenir à son tour patron, ce qui est pour tous ses pareils le premier but. Ici je laisserai parler M. Fagniez, dont l'autorité ne saurait être suspecte :

« A ce point de vue, le sort de l'ouvrier du « moyen âge était bien préférable à celui de l'ou« vrier contemporain. L'industrie manufacturière « (celle d'aujourd'hui) exige des frais d'établisse« ment qui dépassent de beaucoup le capital que « l'ouvrier peut amasser avec son travail. Forcé « de travailler toujours pour le compte d'autrui, « il s'habitue à opposer ses intérêts à ceux de son « patron et à voir en lui un ennemi. De son côté, « celui-ci, qui le plus souvent n'a pas travaillé de « ses mains, compatit peu à ses misères et à des « sentiments qu'il n'a pas éprouvés, et ne songe « qu'à s'enrichir le plus vite possible. Au moyen « âge, la situation respective du patron et de l'ou« vrier était toute différente. Les frais d'établisse« ment étaient si peu considérables, que tout ou-

« vrier laborieux et économe pouvait se flatter de « devenir patron. On jugera combien ces frais « étaient peu élevés, si l'on réfléchit à la spécula- « tion de certains forcetiers. Ces forcetiers s'éta- « blissaient, achetaient le métier, montaient une « forge, prenaient un apprenti, le tout dans le « seul but de céder cet apprenti avec bénéfice; « après quoi ils quittaient leur forge et se remet- « taient à travailler pour autrui. On ne devait pas « leur payer bien cher l'avantage d'avoir un ap- « prenti un peu dégrossi par un travail de trois « semaines ou deux mois; et cependant ce qu'ils « recevaient faisait nécessairement plus que cou- « vrir leurs dépenses de maîtrise et d'installation, « car ils ne se seraient pas donné la peine de pla- « cer des apprentis s'ils n'y avaient pas trouvé « un bénéfice. Les conditions que l'ouvrier avait « à remplir avant d'obtenir la maîtrise ne consti- « tuaient pas des difficultés comparables à celles « qui résultent de l'importance des capitaux exi- « gés par la grande industrie, d'autant plus que « ces conditions ne servaient pas encore de pré- « texte aux abus qu'elles engendrèrent plus tard. « Si l'ouvrier s'élevait facilement au rang de pa- « tron, celui-ci n'était jamais un capitaliste occupé « seulement de la direction générale des affaires

« et abandonnant à un contre-maître la surveil-
« lance de l'atelier; il travaillait à côté de ses ou-
« vriers et de ses apprentis, leur donnait ses ins-
« tructions lui-même et avait à sa table souvent
« les premiers, toujours les seconds... Cette vie
« en commun, cette facilité avec laquelle patrons
« et ouvriers passaient d'une classe dans l'autre
« empêchaient l'antagonisme systématique qui
« les divise aujourd'hui... En résumé, l'ouvrier
« parisien du treizième et du quatorzième siècle
« ne jouissait pas d'un bien-être égal à celui de
« l'ouvrier contemporain; mais il ne restait pas
« toute sa vie, comme celui-ci, dans une condition
« précaire : presque toujours il parvenait à s'éta-
« blir et à travailler pour son compte (1). »

En d'autres termes, et pour tirer de cette page judicieuse tout le sens qu'elle renferme, l'ouvrier voyait devant lui une carrière et arrivait sans trop de peine à un rang supérieur, à une position honorable et aisée; aujourd'hui, il sait qu'il restera toujours ouvrier, qu'un abîme le sépare de la fortune et de celui qu'il appelle le bourgeois : alors il est pris de désespoir et se perd dans la débauche, ou bien il conçoit des haines sauvages et fait

(1) Fagniez, *op. cit.*, p. 91 et s

des révolutions pour combler l'abîme, sans jamais y parvenir. Quelles sont, en effet, ces conditions exigées pour atteindre la maîtrise, et dont les adversaires du régime des corporations ont prétendu faire un épouvantail? Elles sont bien peu de chose en comparaison de la difficulté de se procurer un capital et un outillage suffisants pour monter la moindre usine moderne. Le stage d'un an, le *compagnonnage* n'était pas encore imposé à l'époque qui nous occupe. Le candidat à la maîtrise devait simplement subir un examen spécial, destiné à montrer sa connaissance théorique du métier, et fournir un *chef-d'œuvre*, témoignant qu'il possédait la pratique : double épreuve excellente, qui lui valait un diplôme ou certificat, s'il en était reconnu digne. Les jurés de la corporation présidaient à l'examen et déterminaient le programme du chef-d'œuvre, qui était toujours un ouvrage de difficulté moyenne et d'un prix de revient modéré. Le candidat reçu par eux n'avait plus qu'à acheter du roi le droit d'exercer le métier en son nom, obligation qui n'existait toutefois que pour une partie des corps d'états, et qui représentait le prix payé autrefois par les serfs artisans pour obtenir de leurs maîtres la liberté du travail ; le souvenir des anciennes prestations en nature se conservait de même dans certains services gratuits dus par les industriels au roi ou à ses officiers. A cette redevance une fois payée s'ajoutait un droit d'entrée dans la maîtrise, versé à la caisse commune, des gratifications ou *gants*, un repas donné à ses confrères par le nouveau patron, rarement une caution pécuniaire, enfin un serment professionnel prêté sur l'Évangile devant le prévôt ou les jurés. Tout cela n'occasionnait pas de frais bien considérables. Ainsi la corporation était ouverte, par le fait, à tous ceux qui présentaient des garanties de capacité et dont on n'avait pas craint qu'ils déconsidérassent le métier ou ses produits. Un seul corps d'état faisait exception à cette règle libérale : c'est celui des bouchers parisiens, qui était recruté de père en fils dans les mêmes familles, à l'exclusion des étrangers; privilège exorbitant, dû sans doute à un vestige des traditions romaines.

L'ouvrier est devenu chef d'industrie : il n'a pas besoin d'une installation coûteuse, parce que la concurrence et l'étendue des débouchés ne sont pas là pour lui imposer la fabrication en gros avec tout ce qu'elle entraîne de frais de local et d'approvisionnements. Souvent même la corporation met à sa disposition des ateliers, des magasins, des machines, moyennant un faible loyer. Elle l'oblige, en revanche, à se conduire envers ses membres, non pas comme un concurrent avide, mais comme un confrère bienveillant : ainsi, elle lui défend d'accaparer des matières premières à leurs dépens, et elle s'efforce en général de répartir les bénéfices d'une façon aussi égale que possible. Elle interdit quelquefois dans ce but les sociétés commerciales, mais rarement, car Beaumanoir, dans son chapitre des Compagnies, en traite comme d'une chose fort usitée (1). Elle fait chômer tous ses membres aux mêmes jours, les dimanches et fêtes religieuses, bien entendu, puis le jour de la fête patronale, et les samedis et veilles de fêtes, à partir de l'heure de vêpres ou de complies : l'Église commençant la célébration de ses solennités dès la veille au soir, le peuple chrétien se conforme à son exemple et la prend pour règle. Enfin les corporations prohibent les coalitions entre patrons comme entre ouvriers, afin d'éviter la trop grande variation des gains ou des salaires. Sans doute, une telle discipline empêche les chefs d'industrie de réaliser de très grandes fortunes (ils sont même parfois réduits à la gêne, malgré le monopole

(1) *Coutumes de Beauvoisis*, ch. 21.

dont ils jouissent) ; mais elle est profitable et au consommateur et à l'ouvrier, puisque, d'un côté, elle garantit une fabrication loyale et que, de l'autre, elle maintient la part prépondérante dans la production, non au capital, mais au travail, comme le réclament quelques-uns de nos économistes ou de nos utopistes.

L'intérêt du consommateur est encore plus particulièrement sauvegardé par l'institution des *jurés, gardes* ou *gardes-jurés*, choisis chaque année, au nombre de deux ou de quatre, par la corporation elle-même, parmi ses membres les plus anciens et les plus honorables, pour veiller à l'observation des règlements et prévenir ou punir les fraudes. Ces magistrats intérieurs sont élus par l'ensemble des maîtres et institués, à Paris, par le prévôt (ce qui a fait croire que cet officier les nommait directement). Ils visitent les ateliers et les boutiques à des intervalles rapprochés, mais non fixes, afin de surprendre les délinquants, et se font, au besoin, assister par les sergents du roi. Ils saisissent les produits défectueux jusque chez les négociants étrangers, jusque chez les acheteurs, et imposent des amendes, des peines disciplinaires. Que de fois il arrive, s'il faut en croire nos censeurs de la chaire, qu'un teinturier brûle les étoffes, qu'un cordonnier chauffe les chaussures pour les faire paraître plus fortes, qu'un apprêteur de chanvre ou de filasse laisse ces matières passer la nuit sur la terre humide pour les rendre plus lourdes, qu'un maréchal ferre les chevaux de manière à les rendre boiteux, pour les faire ensuite acheter à vil prix par un compère (1)! Eh bien! *non seulement* ces abus sont condamnés sévèrement par l'Église, comme les accaparements, comme les coalitions, comme la fabrication d'objets nuisibles à l'âme, favorisant la sensualité ou la vanité, tels que les « robes fendues, » les souliers à la poulaine, les parfumeries à l'usage des femmes coquettes, etc. (2); mais ils sont poursuivis par les fabricants eux-mêmes, par l'entremise des gardes-jurés, pour l'honneur de la corporation et le bien du public. Le prévôt intervient aussi dans le jugement et la punition des contraventions qui lui sont dénoncées par le rapport de ces jurés. Mais le plus souvent elles sont prévenues par l'apposition sur les objets fabriqués d'une marque spéciale, indiquant l'examen qu'ils ont subi et le résultat de cet examen : les pièces de drap, par exemple, sont non seulement

(1) V. *La Chaire française au moyen âge*, par Lecoy de la Marche, p. 376 et suiv.
(2) *Ibid.*, p. 378.

marquées, mais mesurées sur leurs deux côtés. Ainsi la police de la corporation se joint à la police royale ou seigneuriale et à la police municipale, qui conservent toujours leurs droits et leur action. Ajoutons qu'elle s'exerce à la fois sur les produits de l'industrie locale et sur ceux de l'industrie étrangère ; car le monopole ne va pas jusqu'à exclure *l'importation* : *seulement* les produits du dehors sont vendus aux halles ou dans les foires, et les jurés les soumettent également à leur contrôle, afin de les distinguer des autres et de dégager ainsi la responsabilité de leurs confrères.

Telle est, à cette époque, l'organisation des corporations ouvrières. On ne saurait disconvenir qu'elle offre, à côté de quelques défauts, des avantages nombreux. Le régime de la liberté industrielle n'est pas toujours favorable à la bonne qualité des produits, et, étant admis le principe opposé, *celui du monopole*, une *réglementation* minutieuse, au lieu d'être un danger, devient une nécessité. Comme le dit M. Fagniez, elle remplace pour le consommateur la garantie que lui donne aujourd'hui la concurrence. Et nous pouvons conclure avec le même auteur : « Dans cette période « de leur histoire, les corporations, en somme,

« ne nous frappent que par leurs bienfaits. D'un « accès assez facile, n'ayant pas encore trans-« formé d'utiles garanties d'aptitude en moyens « d'exclusion, ne favorisant pas à l'excès la famille « des maîtres, impartiales pour les patrons et les « ouvriers, elles développent l'aisance et l'impor-« tance de la bourgeoisie, conservent les traditions « industrielles, se montrent jalouses de l'honneur « professionnel et maintiennent l'industrie à un « rang honorable. Ajoutons qu'elles sont en com-« plète harmonie avec l'esprit et l'organisation de « la société, et, en dépit de quelques protestations « passagères, acceptées par elle (1). » Si elles ont dégénéré plus tard, si elles ont engendré des abus véritables, si notamment le compagnonnage a formé des associations rivales de celles des maîtres et devenues le noyau de certaines sociétés secrètes, il fallait retrancher énergiquement ces abus, réprimer ces désordres, et non pas supprimer brusquement les corporations elles-mêmes, comme l'a fait, en 1791, l'Assemblée constituante; il fallait émonder cet arbre puissant, qui avait de si profondes racines dans la nation française et qui avait tant contribué à sa prospérité, au lieu de l'abattre

(1) Fagniez, *op. cit.*, p. 276.

d'un coup de hache, de manière à joncher le terrain de débris et de ruines. Mais c'est là l'histoire de toutes les œuvres de la Révolution : ayant à réparer, elle a commencé par détruire ; ayant à guérir, elle a commencé par tuer. Et aujourd'hui nous voyons les esprits les plus judicieux, les spécialistes les plus éclairés souhaiter le rétablissement des corporations, amendées et perfectionnées, de sorte qu'on finira probablement par où l'on aurait dû débuter.

Il me reste à traiter le second point de mon sujet : le développement de l'industrie au treizième siècle. Ici, nécessairement, nous devons reconnaître une infériorité marquée. La comparaison n'est même pas nécessaire pour faire toucher du doigt les énormes progrès amenés par les découvertes modernes et par la substitution des machines aux bras de l'homme. La facilité des communications n'a pas moins transformé l'état de l'industrie, en lui ouvrant des débouchés autrefois fermés, et en lui donnant un essor que nos pères ne pouvaient pas seulement soupçonner. Cela dit, je me sens plus à l'aise pour faire remarquer à leur tour les avantages de la petite fabrication, telle qu'était celle du moyen âge. Je ne parle pas des tours de force de patience et de goût exécutés dans le domaine des arts industriels par les orfèvres, les décorateurs et même par de simples maçons : tout ce qui touche à l'art est réservé pour une autre série de nos études, et nous savons combien nos artistes actuels sont souvent distancés par leurs prédécesseurs. Mais, dans l'industrie proprement dite de ces temps lointains, il y a d'autres supériorités à signaler. Après avoir étudié les procédés et les produits de ses principales branches dans autant de monographies intéressantes, que je ne puis même pas résumer ici, l'érudit que je vous citais est arrivé à formuler les propositions suivantes : « Si l'industrie du moyen « âge était loin d'égaler l'industrie contemporaine « en invention, en variété, en souplesse, on peut « affirmer qu'elle lui était supérieure par le sé- « rieux, par la sincérité, par la perfection du tra- « vail. Ne fabriquant guère que pour la consomma- « tion locale, n'étant pas, par conséquent, obligée, « et n'ayant pas d'ailleurs les moyens de faire « vite, en gros et à bon marché, elle était « exempte du charlatanisme et de la nécessité de « sacrifier la réalité à l'apparence. Elle n'employait « guère que la main de l'homme, et ses produits « échappaient ainsi à l'uniformité banale que pré- « sentent ceux de l'industrie moderne. Le luxe,

« qui dans les classes riches était au moins aussi « grand que de nos jours, ne s'était pas encore « répandu chez ceux qui ne peuvent pas le « payer : elle n'était donc pas obligée de le mettre « à la portée des petites bourses en sacrifiant le « soin de la perfection à l'effet (1). » Prenons, en effet, la bijouterie : la fabrication du doublé et celle des pierres fausses, qui ont pris une si grande extension de nos jours, étaient non seulement inusitées, mais prohibées, ou permises seulement à la condition de ne pas pousser l'imitation trop loin. Prenons la draperie : le bourgeois, le paysan même avait des habits d'un drap solide, inusable, qui vieillissaient avec lui sans avoir continuellement besoin de remplaçants; il n'endossait de vêtements neufs que dans les grandes circonstances. Le pauvre avait à sa disposition « une serge épaisse, mais solide, une toile grossière, mais serrée. » Les étoffes étaient faites pour durer autant que l'homme, comme les édifices étaient faits pour durer autant que le monde, et les gouvernements pour durer autant que la société. A présent, il y a, certes, beaucoup plus d'élégance; mais il faut renouveler à chaque instant sa garde-

(1) Fagniez, *op. cit.*, p. 275.

robe : les cotonnades transparentes, les draps brûlés, les tissus brillants et sans consistance ont envahi toute la production; le malheureux, et même l'individu de fortune médiocre n'a guère à sa portée (on me passera l'expression, qui est tout à fait technique ici) que la camelote. L'honnêteté, la solidité, telles sont donc les deux grandes qualités par lesquelles l'industrie en général rachetait l'infériorité de ses procédés.

Si nous nous plaçons, non plus au point de vue du mérite des produits, mais à celui du nombre et de la diversité des métiers, nous trouvons encore une certaine différence entre l'industrie à bras du moyen âge et l'industrie manufacturière. Cette différence provient de l'extrême division du travail qu'un manufacturier est obligé d'établir pour arriver à produire vite, à bon marché et en grande quantité. Nous voyons des ouvriers, et surtout des ouvrières, courbés de longues journées sur un ouvrage insipide et monotone, tourner la même roue ou faire le même mouvement toute leur vie. Le petit fabricant, ses compagnons, ses apprentis possédaient des aptitudes beaucoup plus diverses : le menuisier exécutait un bahut tout entier, le maçon entreprenait toutes les parties de sa construction. Le premier système est peut-être plus favorable aux intérêts du patron et du consommateur, et même aux intérêts matériels de l'ouvrier, qui travaille plus vite en faisant toujours la même chose; mais le second est plus favorable au développement de son intelligence, à l'essor du génie individuel et du goût artistique. Gardons-nous cependant d'exagérer la distance qui sépare sous ce rapport les deux époques. Dans le nombre des métiers relevés sur les rôles des tailles de la ville de Paris en 1292 et 1300 (1), nous pouvons reconnaître encore une assez grande variété, indiquant d'une façon générale que les travaux du même genre n'étaient pas toujours concentrés dans les mêmes mains. Ainsi les vrilles, les soufflets, les viroles et bien d'autres objets étaient faits par des fabricants spéciaux, les vrilliers, les soufflетiers, les viroliers; les plieurs de cerceaux ne faisaient que plier les tonneaux, les brunisseurs que polir les métaux, etc. Tous les besoins de la vie matérielle sont représentés sur ces deux rôles de tailles par un total d'environ 450 métiers différents; chiffre très inférieur évidemment à celui que présenteraient aujourd'hui les rôles de patentes de la capitale : mais il faut tenir compte de l'énorme

(1) Géraud. *Paris sous Philippe le Bel.* Paris, 1837, in-4°.

agrandissement de la ville et des besoins de ses habitants. Les individus voués aux professions mécaniques (les patrons seulement) figurent au nombre de 4,159 sur le rôle de 1292, et de 5,844 sur celui de 1300; ce qui suppose un développement rapide de l'industrie dans ce court intervalle, et ce développement se fait, d'ailleurs, remarquer dans tout le reste du royaume, à la suite de la longue paix procurée par la politique de saint Louis.

A Paris, qui était devenu le centre industriel le plus prospère, grâce à l'administration du prévôt Étienne Boileau, quelques genres se faisaient remarquer par une fabrication perfectionnée et jouissaient d'une réputation déjà lointaine: la joaillerie, le tissage, l'apprêt des tissus et en particulier du drap, la confection des différentes parties de l'habillement, la construction des bâtiments. On voit que les spécialités de la grande ville ont peu varié. Les bijoux parisiens étaient reconnaissables à leur style et à leur travail, car on les trouve souvent caractérisés dans les inventaires par les mots « façon de Paris ; » mais en quoi consistait au juste cette façon, c'est ce qu'il serait difficile d'expliquer. La filature du coton, du lin, du chanvre, ne se faisait encore qu'à l'aide du rouet et du fuseau, maniés par des *filaresses* ou fileuses formant plusieurs corporations; et cependant ces procédés primitifs, surtout le fuseau, donnaient des résultats très estimés. La soie était filée par des ouvrières en chambre, travaillant pour le compte des merciers, ce qui favorisait des détournements de marchandise que le prévôt dut interdire, en 1275, sous peine de bannissement; les soieries commençaient, du reste, à être fabriquées en grande quantité dans plusieurs villes de France, et leur qualité, leur force, ainsi que les broderies d'or ou d'argent qui souvent les accompagnaient, les maintenaient à un prix élevé. La broderie, n'exigeant pas de moyens mécaniques, constituait elle-même une industrie fort avancée : ses produits, qui nous ont été conservés en assez grand nombre sous la forme de chasubles, d'étoles, de draps brodés par différents procédés, attestent beaucoup de goût et encore plus de patience. Les drapiers employaient un métier à bras fort peu dissemblable du métier moderne, quoique plus imparfait. Quelques verrières du treizième siècle nous les montrent tissant le drap, debout devant leur métier, lançant la navette d'une main et la relançant de l'autre, sans se servir de pédales; lorsque l'étoffe était large, il fallait deux ouvriers se renvoyant alternativement la navette. Ces procédés primitifs rendaient difficile l'exécution des dessins compliqués et des étoffes croisées. Dans le principe, les drapiers de Paris, qui partageaient la renommée avec ceux de Flandre, tissaient et vendaient à la fois le drap ; mais cette industrie était déjà si prospère, que les riches tisserands avaient cessé de travailler pour ne s'occuper que de la vente, introduisant dans leur profession la division qui existe à présent dans toutes les autres. Les tailleurs, au contraire, offraient, avec les nôtres, une différence capitale, et qui n'est pas à l'honneur de ces derniers : au lieu de fournir l'étoffe aux clients, ils la recevaient de lui, et, s'ils la coupaient mal, ils avaient à payer une amende de cinq sous, plus des dommages-intérêts fixés par les gardes-jurés. Plus loyaux encore étaient leurs confrères d'Exeter, en Angleterre, dont la corporation conservait les patrons en papier, de manière à permettre à leurs pratiques de vérifier et de demander compte de l'étoffe non employée. De tels procédés nous reportent bien loin, il me semble, de ceux des tailleurs et des couturiers à la mode. Quant à l'industrie du bâtiment, elle me suggère une observation plus sérieuse : l'architecte n'existe, pour ainsi dire, pas au treizième siècle (son nom n'apparaît qu'au quinzième) ; ses fonctions sont remplies par le *maître des œuvres*, et le maître des œuvres, c'est le maître maçon, c'est l'entrepreneur. Quel savoir et quel talent il fallait à ces ouvriers d'hier, parvenus à la maîtrise par le travail, qui se trouvaient subitement appelés à diriger la construction de ces élégants édifices, admirés de la postérité, qui en concevaient les plans, qui les exécutaient avec des auxiliaires choisis par eux, et qui réussissaient comme l'on sait ! N'est-ce pas là la meilleure preuve de ce que je disais des facilités offertes à l'artisan capable de s'élever par lui-même ? Où voit-on présentement des maçons devenus architectes ? Et n'est-ce pas aussi, en partie, l'explication du mystère qui recouvre l'origine de tant de monuments civils ou religieux, élevés par un artiste inconnu, dont les contemporains n'ont même pas conservé le nom, parce qu'il n'était qu'un ouvrier comme il y en avait alors par centaines ?

A ces notions trop succinctes sur l'industrie parisienne, qui peuvent cependant donner une légère idée de celle des autres pays, j'ajouterai un détail moins remarqué des érudits et qui a bien son intérêt. Notre cité, depuis la création de la manufacture des Gobelins, a pris le sceptre de la tapisserie artistique. Eh bien! dès le quatorzième siècle au moins, et probablement dès le temps de saint Louis, qui fut plus tard choisi comme patron par les tapissiers, elle le partageait avec Arras et deux ou trois villes de Flandre. Elle possédait des fabriques privées, ne dépendant point de l'État, d'où sortaient des produits tellement estimés, que la façon de Paris était une recommandation pour les tapis (ou tapisseries) comme pour les objets d'orfèvrerie. Comme pour eux également, il ne paraît plus possible de préciser en quoi consistait cette façon. Mais, d'après le *Livre des métiers,* il y avait deux sortes de tapis parisiens : les tapis sarrasinois, faits à l'instar de ceux d'Orient, dont l'imitation, inspirée sans doute par les croisés revenus dans leur patrie, s'est perpétuée en certaines villes du Midi, notamment à Montpellier, et les tapis *nostrez* ou *neutrez* (peut-être simplement pour *nostres*), particuliers à la capitale. Sous Charles V, cette industrie toujours prospère fournissait au duc d'Anjou une merveille de travail et de coloris, appelée l'*Apocalypse*, et comprenant six immenses pièces de vingt aunes de long sur cinq de haut, dont on peut encore admirer une partie dans la cathédrale d'Angers. Sous Charles VI, elle livrait au duc de Berry des « tappis vers de l'ouvrage de Paris, » représentant des orangers, et à Louis II d'Anjou « une chambre blanche de satin, à devise de faucons et autres oyseaux volans, garnie de six tappis de laine, chascun de vingt-une aulnes en carré, qui devoit couster quatre mille livres tournois, » somme énorme pour l'époque et montrant bien la valeur des ouvrages en question. C'est dans toutes les productions d'un genre semi-artistique comme celui-ci que l'industrie du moyen âge triomphait; car, si le travail des machines peut arriver à plus de vitesse et de régularité, la main de l'homme seule est conduite par une intelligence capable de donner à ses œuvres ce cachet d'originalité et d'infinie variété qui attire aujourd'hui tous les amateurs vers les monuments du génie de nos pères (1).

Résumons-nous brièvement. L'industrie, au treizième siècle, est loin d'atteindre un développement pareil à celui qu'elle atteint de nos jours:

(1) V. *Livre des métiers*, ch. 51, 52. *Comptes et mémoriaux du roi René*, publiés par la Société de l'École des chartes, nos 517, 518; Fagniez, *op. cit.*, p. 19. Pour la plupart des détails relatifs aux *corporations* et à l'industrie, je renvoie le lecteur à ce dernier ouvrage, qui sera d'un secours précieux pour l'éclaircissement de toutes les faces de la question ouvrière.

ce n'est point par ce temps d'exposition universelle qu'on peut songer à le contester. Mais les conditions qui font son infériorité lui donnent précisément des qualités dont nous avons trop souvent à regretter la disparition ou l'amoindrissement : le manque de machines et de forces motrices puissantes conduisait les industriels à faire moins grand, mais à faire mieux sous beaucoup de rapports ; le manque de débouchés réduisait la production, mais il amenait chaque ville, chaque pays à se suffire à peu près à lui-même et à posséder, sur une petite échelle, presque tous les genres d'industrie ; le défaut de division dans le travail nuisait peut-être à la perfection de certains détails, mais développait davantage le talent et l'initiative de l'ouvrier ; le défaut de concurrence, le monopole, s'il était peu favorable aux inventions, aux innovations, garantissait aux consommateurs la loyauté et le sérieux de la fabrication. La corporation et ses statuts étaient pour le public une source de sécurité, pour les industriels une source de prospérité. Mais c'est surtout la condition sociale faite à l'ouvrier qui offrait des avantages signalés. A peine sorti de l'enfance, il trouvait dans la confrérie, dans la corporation une nouvelle famille, où il puisait à la fois la connaissance et l'amour de son métier, le respect de ses patrons, la pratique de la charité. Si l'isolement est fatal à l'homme en général, il l'est mille fois plus à l'artisan, que l'individualisme du régime actuel livre sans défense à toutes les défaillances et à toutes les tentations. Dans nos cités populaires, dans nos grandes manufactures, les ouvriers sont matériellement rassemblés en troupes nombreuses, ils sont juxtaposés; mais ils n'ont entre eux aucun lien, aucune hiérarchie, et, s'ils connaissent les réunions communes, ce sont celles où s'élaborent les coalitions ou les émeutes. Ce n'est pas, d'ailleurs, la communauté de métier qui les réunit, c'est la communauté de misère résultant du prolétariat, mot sinistre qui n'existait pas plus que la chose sous le régime corporatif ; car l'ouvrier, le simple apprenti avaient devant eux, je le répète, un avenir et arrivaient à leur tour au rang et aux prérogatives des patrons. En s'assemblant par corps d'états, ils travaillaient à améliorer leur profession et leur position future : en s'assemblant par bandes cosmopolites, sans distinction d'origine ni de métier, ils ne travaillent qu'à la destruction de la société, et surtout à leur propre ruine. Je ne parle même pas de l'immoralité qui éclôt naturellement, comme une fleur vénéneuse, dans les grands centres manufacturiers, ni des abus monstrueux favorisés par le pouvoir sans contrôle de certains directeurs d'usine, ni de la dépopulation des campagnes, autant de fléaux jadis ignorés, qui font payer cher la colossale extension de l'industrie. Ce sont tous ces maux qui amènent aujourd'hui des catholiques généreux, non pas à entreprendre le rétablissement des corporations exactement telles qu'elles existaient (ce serait une utopie, même en les prenant à leur meilleure époque), mais à rêver des communautés nouvelles animées du même esprit, et à fonder, en attendant, des cercles, des patronages, remplissant en partie le même but. Voilà l'œuvre sociale par excellence ; et voilà celle que l'Église avait entreprise au treizième siècle, et bien avant, en prenant l'ouvrier par la main, en sanctifiant sa profession, en lui enseignant non seulement qu'il serait l'égal des plus grands dans le ciel, mais qu'il était dès cette vie au niveau des plus honorables. C'est là le véritable humanitarisme ; c'est la vraie solution du mystérieux problème qu'on voudrait résoudre par ce qu'on appelle l'avènement des nouvelles couches, c'est-à-dire par l'application pure et simple de la maxime sauvage : « Ote-toi de là que je m'y mette. » Tout l'effort des philosophes et des économistes doit tendre, au contraire, à faire dire avec fondement aux ouvriers ce qu'ils disaient autrefois : « Restons à notre place, parce qu'il y fait bon. »

V

LA FEMME

Le tableau des mœurs d'une société pourrait tenir tout entier dans le cadre indiqué par ce titre. Qu'était la femme au temps de saint Louis? Il me semble que la réponse à une pareille question doit nous édifier mille fois mieux sur le moyen âge que les plus savantes dissertations d'histoire politique ou littéraire. Je vais donc entreprendre cette réponse dans une ébauche rapide, en m'adressant directement à mes lecteurs et, si ce n'est trop de présomption, à mes lectrices, de manière à donner une forme un peu moins aride à une étude qui peut intéresser aussi bien les deux sexes (1).

(1) Cette étude a d'ailleurs été faite, dans le principe, sous forme de conférence, pour un auditoire en majeure partie féminin. J'ai pensé qu'il n'y aurait aucun avantage à lui enlever ce caractère.

Vous avez tous présent à la mémoire cet apologue vieux comme le monde, et raconté dans la vie fabuleuse d'Ésope, où l'on voit un riche amphitryon servi par un cuisinier philosophe, qui lui promet de faire déguster à ses convives ce qu'il y a de meilleur et ce qu'il y a de pire sur la terre, à titre de curiosité, j'imagine. Au premier service, arrive un plat de langues; au second, un autre plat de langues; au troisième, encore des langues, assaisonnées différemment, j'aime à le croire; si bien qu'à la fin le maître, impatienté, demande ce que signifie ce menu par trop philosophique. Et l'esclave de répondre que la langue est à la fois ce qu'il connaît de plus excellent et de plus exécrable, de plus nuisible et de plus bienfaisant chez les hommes. Si l'on prête l'oreille aux échos de l'opinion du moyen âge, en particulier de celle du treizième siècle, on entend dire de la femme absolument ce que cette légende dit de l'organe qui nous sert à exprimer nos pensées. Soyez persuadées, Mesdames, qu'en rapprochant momentanément ces deux idées, l'idée de la langue et l'idée de la femme, je n'ai aucune intention perfide : on a, d'ailleurs, calomnié votre sexe; car ce sont, au contraire, mes semblables qui ont élevé jusqu'à la hauteur d'un service public, jusqu'à la hauteur d'une institution politique, l'art de parler beaucoup pour ne rien dire;

« Et je sais, sur ce point,
« Bon nombre d'hommes qui sont femmes. »

A l'époque dont j'ai à vous entretenir, les opinions sont aussi divergentes au sujet de la femme qu'elles peuvent l'être de nos jours au sujet de la forme du gouvernement, et elles sont peut-être plus extrêmes, ce qui n'est pas peu dire. Écoutez certains ascètes, certains orateurs sacrés, qui ont, il est vrai, l'habitude de dire à tout le monde de dures vérités et d'exagérer le mal pour le mieux faire prendre en horreur; vous recueillerez des paroles comme celles-ci : La femme est l'instrument du diable; la femme a perdu le genre humain. Ils ajouteraient volontiers, en s'adressant aux hommes : La femme, c'est l'ennemi. Interrogez maintenant les chevaliers, non pas les chevaliers de la vieille roche, qui étaient avant tout au service de Dieu et de la Terre Sainte (ceux-là commencent déjà à disparaître au temps de saint Louis), mais les chevaliers de la nouvelle école, les chevaliers du progrès, ceux qui dédaignent la mâle *Chanson de Roland* pour les aventures romanesques des héros de la Table Ronde, et vous les entendrez exalter leur dame en vers et en prose, l'élever au-dessus de l'humanité, en faire un être supérieur, ériger, en un mot, la galanterie en culte. Ils sont les pères de ces paladins qui s'en iront courir le monde à la recherche de quelque belle inconnue, enfermée au fond d'un sombre manoir, victime d'un tyran jaloux qu'il faudra défier et pourfendre ; ils sont les grands-pères des don Quichotte du roman ou de l'histoire, qui tueront la chevalerie par l'exagération de ses qualités mêmes, en la détournant de son but primitif, de son but essentiel, au profit exclusif d'un de ses buts secondaires. Voilà les deux extrêmes ; voilà les deux antipodes.

Mais ce double excès, je me hâte de le dire, ne répond pas tout à fait à la réalité des choses. Dans l'esprit de ses juges, dans l'imagination des faiseurs de théorie, la femme a beau être un ange ou un démon, une idole ou une peste : dans la vie réelle, elle est ce que Dieu l'a faite ; elle est la pareille de l'homme, elle est l'homme au genre féminin. Ni si haut, ni si bas : là est la place qu'elle occupe dans la société, alors comme aujourd'hui ; là est le vrai point de vue, celui auquel nous devons nous tenir, si nous voulons faire une étude consciencieuse. C'est ce que l'Église entendait lorsqu'elle répétait, en toute occasion, cette explication mystique de la création d'Ève, qui a fait sourire certains écrivains modernes, critiques très forts, à leurs yeux surtout, mais théologiens très faibles : « Notre première mère a été tirée, non du pied ni de la tête de l'homme, mais d'une de ses côtes, pour bien marquer qu'elle devait marcher à son côté, sans être au-dessus ni au-dessous de lui (1). » Vous voyez, Mesdames, que le clergé enseignant n'était pas toujours aussi défavorable au beau sexe, et qu'il quittait parfois sa grosse voix pour lui rendre justice.

Je voudrais donc me placer sur ce terrain solide de la réalité pour vous peindre en peu de mots ce qu'était la contemporaine de saint Louis. Il y aurait là, si l'on voulait, le sujet d'un vaste tableau, qui remplirait au besoin des volumes. Mais les limites de notre cadre, et avant tout mon insuffisance personnelle m'imposent la brièveté. Au moins ferai-je mes efforts pour être clair et pour faire sortir de cette étude un résultat pratique. Il n'est pas, en effet, de matière plus intéressante; il n'est pas, comme je le disais, d'élément plus important pour qui veut asseoir un jugement rai-

(1) Jacques de Vitry, ms. lat. 17509 (Bibl. nat.), fol. 135. Cf. *Hist. littér.*, XVI, 394, et XX, 785.

sonné sur l'état d'une société. La femme, même ramenée à sa juste place, joue dans le monde un rôle si prédominant, qu'il suffit de la considérer pour savoir ce que sont les hommes. N'est-ce pas elle, après tout, qui est la principale collaboratrice de Dieu dans la rude tâche de leur formation et dans celle de leur éducation première? N'est-ce pas sur ses genoux que nous apprenons à connaître les grands mots et les grandes choses que nous chérirons plus tard jusqu'à verser notre sang pour eux? N'est-ce pas elle qui aplanit sous nos pas le chemin raboteux de la vie, et qui sourit, et qui prie, pendant que nous marchons? N'est-ce pas elle, enfin, qui nous mène à Dieu, et qui ferme nos paupières glacées lorsque le voyage est fini? Ah! que sa mission est grande, et combien la femme m'apparaît plus belle et plus noble dans les menus détails du rôle positif que le ciel lui a tracé que sur le piédestal imaginaire où la hissent les paladins et les troubadours! Combien la fille, l'épouse et la mère chrétienne me semblent supérieures à la plus idéale des Dulcinées!

Voilà précisément les trois aspects de la femme que je voudrais envisager successivement. Voilà où nous devons reconnaître, à la lumière des textes contemporains, le véritable caractère et les mœurs réelles de la France de saint Louis : chez la jeune fille, chez l'épouse, chez la mère.

La jeune fille a été élevée entre son père et sa mère. C'est une fleur éclose en terre chrétienne, développée dans la paisible atmosphère de la grande salle de famille, qui, chez les seigneurs comme chez les bourgeois, dans les châteaux comme dans les maisons des citadins, sert à la fois de salon, de salle à manger, de cénacle et de gynécée. Ce n'est pourtant pas une plante de serre chaude. La civilisation de son temps ne lui a marchandé ni le grand air ni le soleil. On s'en aperçoit au premier coup d'œil. Jetons, si vous le voulez, un regard discret sur son physique, avant de pénétrer jusqu'à son âme et à son intelligence. L'extérieur peut à lui seul nous apprendre bien des choses.

Tout d'abord, elle est élancée et svelte : les sculpteurs et les poètes sont unanimes pour lui prêter cette gracilité, cette atténuation des formes qui est déjà une des expressions de la chasteté. Ne vous y trompez pas toutefois : elle n'est point ce que nous appelons une créature mignonne. Le règne des beautés poitrinaires est encore bien loin; la névrose elle-même est une ressource inconnue à la femme française dans ce siècle retardataire. Elle est quelque peu mince; mais elle n'est point nerveuse. Par conséquent, elle est forte. Nous voyons, lors de la première croisade de saint Louis, des femmes d'un tempérament ordinaire, et même des femmes dans une position critique, supporter sans peine les fatigues d'une traversée que le mode de navigation et la longueur du voyage devaient rendre deux fois atroce.

Notre jeune fille est blonde : c'est encore là un caractère que présentent tous les types reproduits par la plume ou par le pinceau, à très peu d'exceptions près (1). On dirait que les races sont moins mélangées que dans les temps modernes, et que la couleur nationale de la chevelure des Celtes et des Germains se maintient presque intacte chez leurs descendants, surtout chez leurs descendantes (je ne parle pas, bien entendu, des populations du Midi, qui, du reste, n'étaient par encore françaises). Il y a, tout au moins, une mode générale qui se prononce énergiquement (j'en demande bien pardon à quelques-unes d'entre vous au nom de nos aïeux, gens évidemment trop exclusifs) en faveur

(1) Voir, sur ces particularités, Étienne de Bourbon, *Anecd. histor.*, nº 287; Vincent de Beauvais, *Speculum naturale*, liv. XXIX, ch. 37; le roman de la *Poire*, Bibl. nat., ms. fr. 2186, fol. 46 b; *Hist. littér.*, XIX, 833; etc.

des femmes blondes ; et je vous dirai tout bas que celles qui ne le sont point emploient déjà certains procédés pour le devenir. Ce ne sont certes pas les Parisiennes de nos jours qui peuvent leur jeter la pierre !

Les yeux sont presque toujours représentés avec cette nuance indécise entre le bleu et le vert, que nos pères appelaient *color varius*, vair ou vairon. Ce sont les yeux qu'Homère attribuait à Minerve (γλαυκῶπις Ἀθήνη) ; ce sont ceux de la race franque en particulier (1). Le front est haut et dégagé, contrairement au type gréco-romain et à la mode actuelle, qui semble vouloir rétrécir le champ de la pensée comme il l'était chez la païenne d'autrefois. Le teint est ordinairement rose et frais ; ce qui confirme ce que je vous disais tout à l'heure : la santé brille avec la candeur sur le visage de la jeune chrétienne (2). Mais qu'y a-t-il sous ce masque séduisant ? Car enfin

(1) Les opinions sont très partagées au sujet de la véritable signification de cette locution, si fréquente au moyen âge, les « yeux vairs. » Je me borne à adopter ici la plus vraisemblable. On peut consulter sur ce point Ducange, au mot *Varius ;* Vincent de Beauvais, *Specul. natur.*, liv. XXXII, ch. 111 ; et une quantité de poèmes contemporains.

(2) Cf. Michel Scot, *Liber Physionomiæ ;* Nevizan, *Sylva*

les apparences sont souvent trompeuses, et l'on prétend, Mesdames (je n'en crois rien, je vous assure), que vous pouvez être très jolies sans être pour cela vertueuses et intelligentes au même degré.

L'esprit est-il cultivé ? Grande et capitale question que celle de l'éducation des femmes, qui font l'éducation des hommes. Qu'a-t-on appris à cette jeune fille ? A-t-on pris soin de meubler l'intérieur de cette tête, dont la nature a décoré si gracieusement l'extérieur ? On a répété bien des fois, dans notre siècle de lumières, que les ténèbres de l'ignorance obscurcissaient le cerveau des hommes du moyen âge, à plus forte raison celui de leurs compagnes. Des travaux fort savants ont déjà fait justice de cette absurde imputation en ce qui concerne les premiers ; examinons ici très brièvement si elle est plus fondée pour les secondes, puisque c'est à l'âge de la jeune fille que l'on s'instruit, et que d'ailleurs l'histoire de l'instruction publique est à l'ordre du jour. Il y a presque toujours eu deux opinions en présence, au sujet de la culture intellectuelle à donner à la femme. Même au dix-

nuptialis, II, 178 ; et un curieux traité *De ornatu mulierum*, dans le ms. lat. 16089 (Bibl. nat.).

septième siècle, par ce temps d'épanouissement littéraire et de fortes études, on trouve des esprits timorés qui, avec le héros de Molière, se déclarent contents

« Quand la capacité de son esprit se hausse
« A connaître un pourpoint d'avec un haut-de-chausse (1). »

Et, à côté de cela, on voit Fénelon écrire son excellent traité de l'*Éducation des filles*; on voit madame de Maintenon fonder la célèbre institution de Saint-Cyr; on voit surgir madame de Sévigné et toute une pléiade de beaux esprits féminins, dont quelques-uns même dépassent le but. Au moyen âge, l'école des ignorantins est aussi représentée : un nommé François de Barberino, rédigeant, sous le règne de Philippe le Bel ou de ses fils, un curieux ouvrage sur la *Conduite et les mœurs des dames*, pose la question de savoir s'il faut faire apprendre aux filles à lire et à écrire, et il la résout hardiment par la négative, non sans s'avouer toutefois que sa manière de voir scandalisera les sages (2). Mais cet origi-

(1) *Les Femmes savantes*, acte II, scène 7.

(2) *Del reggimento e de' costumi delle donne;* Roma, 1815, in-8°; Jourdain, *L'éducation des femmes au moyen âge*, p. 19.

nal n'a de français que son prénom, vous le devinez rien qu'à son peu de considération pour le sexe; il est Italien, et les Italiens ne se sont jamais fait de la femme la même idée que nous : ils ont conservé à son égard, et jusqu'à nos jours, quelque chose de l'attitude et des procédés fort peu délicats de l'antiquité romaine; ils font volontiers profession de l'adorer, mais il y a une façon d'adorer la femme qui équivaut au mépris le plus humiliant. Je constate donc avec une certaine satisfaction que François de Barberino ne représente pas la France, que son opinion trouve encore moins d'écho dans son siècle que la boutade du bonhomme Chrysale n'en rencontre dans le sien, et qu'il se déclare lui-même en opposition avec les sages de l'époque. En effet, si l'excès des connaissances littéraires, si l'affectation du savoir ne convient pas à celle que Dieu a préposée avant tout au soin de la famille, l'ignorance complète lui est encore plus préjudiciable, même pour l'accomplissement de sa mission providentielle. Or, tel est précisément l'avis des docteurs contemporains et sujets de saint Louis. Vincent de Beauvais notamment, ce grand encyclopédiste qui, dans ses trois *Miroirs*, a parlé un peu de tout et d'autre chose encore (*de omni re scibili et quibusdam aliis*), recommande aux pères de faire donner de l'instruction à leurs filles; et, dans le siècle suivant, un écrivain très remarquable, appartenant lui-même au sexe féminin, Christine de Pisan, réfute avec indignation, dans sa *Cité des dames*, « ceux qui dient qu'il n'est pas bon que des femmes apprennent lettres (1). »

Si nous passons des conseils à la pratique, de l'opinion publique à la réalité des faits, que trouvons-nous? Les filles nobles sont instruites assez souvent dans les châteaux par des maîtresses particulières ou par un de ces clercs familiers qui, sous le nom de *latiniers*, cumulent les fonctions d'interprète, de rédacteur, de chapelain. Elles apprennent, indépendamment des vérités fondamentales de la religion, les faits principaux de l'Ancien et du Nouveau Testament, la langue française, et même les éléments du latin (car elles en ont besoin pour comprendre les belles hymnes qu'elles chantent à l'église), puis la littérature, la musique, et enfin quelques rudiments de médecine (2) : en effet, nous voyons souvent de nobles damoiselles soigner

(1) Vincent de Beauvais (?)... Cf. Guillaume Perraud. *De eruditione principum*; Christine de Pisan, liv. IV, ch. 36 (Bibl. nat., mss. fr. 807-809).

(2) Jourdain, *op. cit.*, p. 12-14, 15, etc.

avec autant d'art que de sollicitude les malades ou les chevaliers blessés. N'est-ce pas là un programme bien conçu, et surtout éminemment utilitaire? Dans les villes, des écoles publiques sont ouvertes aux filles de la bourgeoisie et du peuple, qui apprennent les principes du calcul, ou tout au moins la lecture et l'écriture : ainsi les rôles de la taille de Paris, en 1292 et en 1380, font mention de différentes maîtresses chargées de les enseigner sous la surveillance du chantre de Notre-Dame, qui leur délivrait une licence spéciale (*licentiam docendi puellas in litteris grammaticalibus*) (1). En effet, l'Église, qui avait la haute main sur l'instruction des jeunes gens, qui avait fondé cette illustre Université de Paris, si heureusement ressuscitée sous nos yeux par l'initiative des catholiques, et qui seule avait le droit et le pouvoir de la fonder, l'Église ne pouvait se désintéresser de l'enseignement de l'autre moitié du genre humain. Non seulement elle surveillait et instituait les maîtresses d'écoles libres; mais elle avait des couvents, où les religieuses les plus capables communiquaient leur savoir à de jeunes pensionnaires, prises dans toutes les classes de la

(1) Félibien, *Hist. de Paris*, III, 119 ; Jourdain, *op. cit.*, p. 25.

population. C'est là surtout que l'instruction des femmes prenait un développement remarquable, et qu'elles acquéraient les notions variées dont je donnais tout à l'heure l'énumération. Les maîtresses que l'on trouvait dans les monastères avaient, en effet, une supériorité notoire sur toutes les autres : d'abord on n'y admettait que des novices lettrées, et il fallait ensuite qu'elles se perfectionnassent par une étude constante. C'est pourquoi nous voyons beaucoup de religieuses parler et écrire le latin aux différentes époques du moyen âge. Sans invoquer les fameux exemples de Roswith, d'Héloïse et des disciples de sainte Odile en Alsace, nous possédons de Marguerite de Duingt, prieure de la Chartreuse de Poletin sous saint Louis, un volume de méditations latines pleines d'onction et de piété. En 1388, le chapitre de Rouen accorda un secours à certaine nonne du diocèse de Thérouanne dont le couvent avait été détruit par les guerres, et qui s'exprimait très bien en latin (*quæ loquebatur bene latinum*). D'autres étaient refusées, dans les monastères où elles se présentaient, à cause de leur manque d'instruction (*propter illitteraturam*) (1). Souvent, d'ail-

(1) De Beaurepaire, *Recherches sur l'instruction publique dans le diocèse de Rouen*, I, 21.

leurs, les maîtresses n'étaient autres que les élèves de la veille ; car une bonne partie des jeunes filles qui avaient fait leurs premières études à l'ombre du cloître y demeuraient pour toujours, tant le service de Dieu et la vie monastique leur semblaient doux (1).

Une des preuves les plus frappantes de l'importance attachée à l'éducation de la femme, c'est que les hérétiques albigeois, ces précurseurs directs du protestantisme et de la Révolution, entreprirent de la confisquer à leur profit. Et pour cela, qu'imaginèrent-ils? Vous allez être bien étonnés de retrouver en plein treizième siècle une des idées les plus chères aux libres penseurs d'aujourd'hui, et ils seraient eux-mêmes bien mortifiés d'apprendre qu'ils n'ont rien inventé : les Albigeois imaginèrent tout simplement l'instruction gratuite, laïque et obligatoire! Oui, la chose est historique : ce fameux progrès n'est pas plus nouveau que tant d'autres devant lesquels nous nous inclinons avec une admiration plus ou moins méritée. En effet, ces hérétiques se mirent à enseigner eux-mêmes les jeunes filles des pays qu'ils infestaient : voilà l'instruction laïque. Pour les

(1) Jacques de Vitry, ms. cité, fol. 116; Humbert de Romans, *Max. Bibl. Patr.*, XXV, 482.

attirer à eux, ils firent miroiter aux yeux des pères de famille l'appât tout-puissant de la suppression de toute rétribution : voilà l'instruction gratuite. Enfin ces mêmes pères, se trouvant ruinés par une guerre longue et désastreuse et voyant tous les établissements catholiques détruits autour d'eux, furent forcés d'avoir recours aux seuls maîtres qui leur restaient : voilà l'instruction obligatoire. Malheureusement ce régime idéal ne tarda pas à être renversé par un de ces suppôts du cléricalisme que l'on voit toujours apparaître là où se trouve quelque flambeau à éteindre. Dans sa mission apostolique à travers les provinces albigeoises, saint Dominique reconnut le flambeau en question pour ce qu'il était, c'est-à-dire pour un lampion fumeux et infect, et il l'éteignit en effet. Il l'éteignit en fondant au cœur du pays une nouvelle maison religieuse, destinée spécialement, dans sa pensée, à l'enseignement des filles; et cette maison ne tarda pas à être remplie. Telle est l'origine du monastère de Prouille, près de Castelnaudary, qui jouit pendant longtemps d'une célébrité méritée (1).

C'est surtout dans les campagnes que, suivant les détracteurs de l'Église et du moyen âge, la

(1) Humbert de Romans, *ibid.*, 480.

lèpre de l'ignorance aurait sévi avec une intensité scandaleuse. Sans doute, les filles de paysans étaient plus souvent que les autres privées des bienfaits de l'instruction; mais cela n'a-t-il pas existé dans tous les temps, et ne sait-on pas que l'indifférence des parents y a toujours été pour beaucoup? Ne sait-on pas quel mal on a, encore aujourd'hui, pour décider les habitants des champs à envoyer leurs enfants à l'école, même lorsqu'ils en ont une à côté d'eux? Les écoles rurales de filles étaient plus rares alors, je l'admets : la difficulté des communications, les conditions générales de l'état social le voulaient ainsi. Mais il ne faut pas croire que ces écoles n'existassent nulle part. On en a retrouvé des traces dans un certain nombre de villages (1), et on en retrouvera de plus en plus, je l'espère. Voulez-vous une preuve aussi intéressante que décisive de la présence ordinaire des institutrices dans les campagnes? Écoutez cette touchante histoire, racontée par Thomas de Cantimpré, un dominicain mort vers 1272 :

« Une jeune paysanne (une jeune vilaine) con-
« jurait son père de lui acheter un psautier pour
« apprendre à lire. Mais comment, répondait-il,

(1) De Beaurepaire, *op. cit.* I, 68, 65, etc.

« pourrais-je t'acheter un psautier (les manuscrits « étaient aussi chers que rares, comme vous le « savez), puisque je peux à peine gagner chaque « jour de quoi t'acheter du pain? L'enfant se déso- « lait, lorsqu'elle vit la sainte Vierge lui appa- « raître en songe, tenant dans ses mains deux « psautiers. Encouragée par cette vision, elle « insista de nouveau. Mon enfant, lui dit alors « son père, va trouver, chaque dimanche, *la maî- « tresse d'école de la paroisse;* prie-la de te donner « quelques leçons, et efforce-toi par ton zèle de « mériter l'un des psautiers que tu as vus entre les « mains de la Vierge. La petite fille obéit, et les « compagnes qu'elle trouva à l'école, voyant son « zèle, se cotisèrent pour lui procurer le livre « qu'elle avait tant convoité (1). »

Ainsi donc, si l'on ne veut pas généraliser les conséquences qui se dégagent de cette curieuse anecdote, il faut en conclure, à tout le moins, que les filles des villageois eux-mêmes n'étaient pas absolument dépourvues de moyens de s'instruire, et qu'elles ne négligeaient pas toujours d'en profiter. Ne nous faisons pas trop d'illusion, du reste, sur les bienfaits de l'instruction

(1) *Bon. univers. de apibus.* liv. I, ch. 23.

primaire, ni sur la nécessité de son extension à tous les habitants des campagnes sans exception. Je ne sais si je profère ici un blasphème; mais il me semble que la vertu et la moralité peuvent aller, à la rigueur, sans la lecture et l'écriture, et je me méfie instinctivement des motifs invoqués en faveur du caractère obligatoire de ces connaissances, en raison de la qualité de ceux qui les invoquent et du but avéré qu'ils poursuivent. La plus héroïque de toutes les filles des champs et la plus illustre des Françaises n'était-elle pas une illettrée? Jeanne d'Arc ne savait, disait-elle, ni *a* ni *b*. Et qui donc, dans ce pays de France, qui donc, dans les jours de douleur et d'abaissement que nous traversons, osera médire de Jeanne d'Arc? Qui de nous n'a souhaité du fond du cœur la résurrection de cette ignorante immortelle, en voyant le sol de nos aïeux foulé par les pieds de l'étranger? Il reste encore des Voltaires pour jeter l'insulte à la religion et au clergé : il n'en reste plus pour souiller la face de la sublime fille en qui s'est incarné le double génie de la France, le génie de la piété et le génie du patriotisme.

Ce qui est plus essentiel encore que l'alphabet et la grammaire, c'est cet ensemble de notions religieuses et morales sans lequel la vie de l'homme, et surtout de la femme, ressemble aux errements étranges d'un vaisseau jeté sans boussole et sans gouvernail à la merci de tous les vents. Or, ces notions ne manquaient à aucune des enfants du peuple. La main du prêtre allait les chercher jusque dans le fond des landes, jusque dans les gorges des montagnes, pour les amener à la lumière de la foi et de la charité. Pas une qui ne sût son *Pater*, son *Ave*, et les principales prières de l'Église. Pas une qui n'entendît tous les dimanches, et quelquefois plus souvent, l'explication de l'Évangile et les leçons qui en découlent (1). Il y avait de pauvres femmes tellement avides de la parole de Dieu, qu'elles suivaient de bourgade en bourgade, au prix des plus grandes fatigues, les missionnaires chargés de la distribuer. Étienne de Bourbon nous les montre faisant cortège aux prédicateurs, absolument comme les foules populaires qui marchaient derrière le Sauveur; il rapporte même que de nobles et riches dames s'habillaient en paysannes pour accomplir plus facilement et plus sûrement ces longs trajets à pied, qui effraieraient la plus intrépide de nos dévotes (2).

(1) V. les canons du concile de Béziers, en 1246; Étienne de Bourbon, *Anecd. histor.*, n°s 206, 210, etc.
(2) *Anecd. histor.*, n°s 75-78.

Et ce zèle apostolique d'une part, ce pieux empressement de l'autre, faisaient qu'une instruction religieuse substantielle et pratique pénétrait jusqu'aux dernières couches sociales. Un mot bien frappant de saint Thomas d'Aquin nous atteste la réalité de ce résultat. Après avoir, dans un de ses sermons inédits, démontré l'inanité de la science des philosophes païens et le vide de leurs doctrines, le grand théologien s'écrie, sans crainte d'être démenti : « Quelle est aujourd'hui la vieille bonne femme qui n'en sait pas dix fois plus long qu'eux sur l'immortalité de l'âme (1)? »

Il me serait facile de joindre à ces indications sommaires sur l'instruction des femmes un corollaire tout naturel en déroulant devant vous la longue série de celles qui se sont distinguées dans les lettres au siècle de saint Louis, depuis Éléonore de Provence, la belle-sœur de ce prince, qui passe pour avoir composé dans sa jeunesse le roman de *Blandin de Cornouailles*, jusqu'à l'obscure Marie de France, dont les fables rimées et les lais poétiques charmaient la noblesse entière. Mais leur seule nomenclature nous entraînerait trop loin. Je ne voudrais pas, d'ailleurs, avoir l'air de

(1) Bibl. nat., ms. lat. 15034, fol. 132.

compter à leur actif le commerce des troubadours ou des trouvères que plusieurs d'entre elles cultivaient et imitaient. Cette fréquentation leur faisait beaucoup de mal, en ce qu'elle abaissait forcément le niveau de leur moralité, et je ne puis plus voir dans leurs personnes la chrétienne convenablement instruite, mais plutôt l'antipathique bas-bleu avec ses travers et ses vices. Les sirventes, les saluts d'amour, et toutes les chansons à la mode, qui étaient surtout à l'adresse des nobles châtelaines, et dont elles se délectaient dans les chambrées du manoir, détruisaient souvent l'œuvre laborieuse de l'enseignement religieux ; ils répandaient dans la classe supérieure une morale facile, dont les pays du Midi, particulièrement soumis à leur influence, ont longtemps gardé la tradition. De là vient, sans doute, que certaines filles de la noblesse nous apparaissent, dans les romans du moins et dans les chansons de geste, avec une allure singulièrement libre, beaucoup trop libre. Dans la vie réelle, elles avaient bien quelque chose de cette liberté, mais à un degré infiniment moins choquant, car je ne crois pas qu'aucune chronique mette à leur charge des hardiesses comparables à celles que leur prêtent les trouvères.

La jeune fille, d'abord, est en général fiancée

de très bonne heure. Parfois même, ce premier nœud est serré prématurément, pour des motifs d'intérêt ou de convenance ; on connaît assez les abus produits par cette coutume et les efforts de l'Église pour empêcher les unions précoces. Néanmoins, lorsque l'on considère le caractère solennel et presque indissoluble donné alors aux fiançailles, la foi constante que se gardaient les jeunes gens enchaînés par ce lien provisoire, on ne peut se refuser à y voir une garantie sérieuse de moralité, de tranquillité, de sagesse. Telle était leur solidité, que, sans constituer cependant un mariage déguisé (excepté quand les fiancés s'engageaient par *paroles de présent* au lieu de *paroles de futur*, ce que la loi canonique ne tolérait point), elles empêchaient absolument les deux parties contractantes de pouvoir songer à une autre union, à moins de circonstances exceptionnellement graves ; et quand l'une des deux se permettait d'y songer, elle arrivait rarement à ses fins. Ainsi le sire de Joinville, fiancé dans ses jeunes années avec Alaïs, fille du comte de Grandpré, se prit un jour à ambitionner une alliance plus haute, celle du comte de Bar : ses démarches furent vaines, et, en épousant Alaïs, il fut un peu le mari malgré lui, ce dont il n'eut pas à se plaindre, du reste (1). Je ne prétends pas nier l'inconvénient des engagements échangés dès l'enfance; mais les fiançailles contractées plus tard, entre adultes, n'étaient pas du tout dans le même cas, et supposent toujours un consentement donné en parfaite connaissance de cause. De plus, elles permettaient aux futurs époux de s'apprécier et de s'aimer à l'avance; précieux avantage, qui les a fait subsister jusqu'à nos jours dans plusieurs contrées de l'Europe, et qui, même chez nous, a perpétué la tradition de ce pur et poétique apprentissage de l'intimité conjugale, de cette période d'attente et d'union officieuse, d'où découle souvent le bonheur de toute la vie...

La jeune fiancée n'avait pas besoin, d'ailleurs, d'une obligation matérielle pour rester fidèle à l'objet de son choix. Lisez la *Chanson de Roland*, un peu antérieure, il est vrai, mais toujours populaire au treizième siècle, et répondant toujours à l'état social de la France; et dites s'il est une plus admirable incarnation de l'attachement à la foi jurée que celle que nous offre la belle Aude, la promise du héros de cette magnifique épopée. Roland est tombé glorieusement dans le défilé de

(1) V. l'*Étude sur la vie et les travaux de Jean, sire de Joinville*, par Ambroise-Firmin Didot, p. 3.

Roncevaux; Charlemagne revient en France avec son armée, et la fière jeune fille se présente à lui en demandant ce qu'il a fait de son fiancé. « Aude, dit-il, avec une tristesse mêlée de brus-« querie, vous cherchez des nouvelles d'un homme « mort; mais, si vous voulez, je vous donnerai mon « propre fils, mon fils aîné Louis. — Ce discours « m'est étrange, répond-elle en pâlissant: ne plaise « à Dieu, ni à ses anges, ni à ses saints, qu'après « lui je vive encore (1). » Et elle tombe expirante aux pieds de l'empereur. Ce trait, d'une simplicité antique, n'efface-t-il pas toutes les légèretés racontées par nos vieux trouvères? Qu'ils nous montrent çà et là de jeunes folles se jetant au cou du plus vaillant, je leur pardonne : ils nous ont donné Aude et Roland.

La fiancée est devenue l'épouse. Si elle n'a pas elle-même choisi son mari, son père du moins l'a consultée, contrairement à l'usage païen, qui lui permettait de disposer d'elle comme de son esclave, comme de sa chose. Il a soumis à son acceptation le futur agréé par lui :

> « *Fille, fait-il, je vous ai mariée;*
> « *Se il vous plait, dites en vo pensée* (2). »

(1) *La Chanson de Roland*, édition classique, publiée par L. Gautier, p. 311.

(2) *Anséis de Carthage.*

Et elle a dit oui à son tour, avec cette liberté respectueuse dont le christianisme seul a pu introduire le sentiment dans son cœur. Elle a donné son acquiescement au contrat par lequel elle est mariée sous le régime de la communauté, régime issu de l'ancienne coutume germanique, qui accordait à la femme le droit au tiers des acquêts; elle a reçu de ses parents la dot, et de son époux le douaire, autre vestige de la législation des Germains, représentant le *pretium nuptiale* payé jadis au beau-père par le gendre. Elle a reçu la bénédiction du prêtre sous le porche de l'église (1) : c'est là, sur ce seuil vénéré, derrière lequel apparaissaient l'autel étincelant de lumières, et les vitraux aux mille couleurs, et les statues des saints, pris aussi à témoin de l'acte solennel, que se sont enfin échangées les *paroles de présent*, les deux *oui* sacramentels, qu'on va prononcer aujourd'hui devant un monsieur en habit noir, ou même devant un citoyen en redingote, dans une salle froide et nue, au milieu de cet appareil municipal fait pour glacer les cœurs les plus chauds. Elle a ensuite pénétré dans l'intérieur du temple, où elle a entendu et compris les sublimes paroles de la

(1) Étienne de Bourbon, *Anecd. histor.*, n° 420.

messe de mariage. Puis elle est revenue à la maison conjugale, et elle l'a trouvée peinte à neuf, décorée à grands frais, ornée de fleurs et de feuillage. Si elle habite la campagne, une troupe de paysannes est venue lui jeter, au moment où elle franchissait le seuil, une poignée de blé, en criant : *Plenté ! plenté !* Abondance ! abondance ! pour lui présager une prospérité dans laquelle ce vieux reste des superstitions païennes ne sera, en tout cas, pour rien (1). Si elle appartient aux classes aisées, elle a donné à ses invités une fête de trois jours : festins, musique, chants, cadeaux variés, en voilà le programme. Je n'ai pas trouvé qu'il fût question de danses en pareille occasion ; mais les largesses faites aux pauvres remplaçaient avec avantage ce divertissement. Des robes, des effets de toute sorte étaient aussi offerts aux assistants. Les jongleurs, les vielleurs (*joculatores, viellatores*) recevaient eux-mêmes leur présent, lorsqu'ils avaient enchanté les convives par le récit des prouesses d'un héros populaire ou par quelque morceau de circonstance. Enfin, trait de mœurs caractéristique, Dieu présidait encore à toutes ces réjouissances

(1) Jacques de Vitry, ms. cité, fol. 115.

profanes, suivant la recommandation de Robert de Sorbon, fondée sur le précédent des noces de Cana : il y était représenté souvent par un clerc vénérable, qui, après avoir béni le nouveau foyer, la chambre, le lit nuptial, mêlait aux chants d'allégresse ses graves enseignements, écoutés avec autant d'attention que les couplets du ménestrel (1). — C'est ainsi que s'exerçait le droit du Seigneur.

La femme est donc mariée. Quelle situation occupe-t-elle dans son ménage, et quelle conduite tient-elle? Le droit civil attribue encore à l'époux une domination effective sur l'épouse ; mais ce joug, déjà si adouci depuis l'antiquité, est tempéré de nouveau par l'enseignement quotidien de l'Église. Les pasteurs, du haut de la chaire, prêchent moins l'obéissance de la femme que l'égalité morale des deux époux, le respect réciproque qu'ils se doivent ; en un mot, le juste équilibre défini par saint Paul : « *Homo debet studere ut placeat mulieri, et mulier ut placeat viro* (2). »

(1) Bibl. nat., mss. lat. 16481, fol. 61 ; 2516 a, fol. 57 ; 15034, fol. 106. On trouvera d'autres détails sur les cérémonies du mariage dans *La Chaire française au moyen âge*, p. 398-400.

(2) Bibl. nat., mss. lat. 16505, fol. 143 ; 15034, fol. 108 ; etc.

Quelques clercs admettent bien l'infériorité intellectuelle de l'un des deux (je ne vous dirai pas lequel) : ils n'admettent aucune infériorité dans la hiérarchie sociale ni sous le toit domestique. Ce sont de mauvais plaisants (soit dit en passant), qui ont imaginé un jour cette légende célèbre, d'après laquelle l'Église aurait agité la question de savoir si la femme avait une âme. Le seul fait qui ait servi de prétexte à cette fable absurde, c'est que les Pères du deuxième concile de Mâcon, en 585, se sont demandé, dans le cours de leurs discussions, si, lorsque l'Écriture parle de l'homme en général, on doit l'entendre également des deux sexes, chose qui semble aller de soi (1). Au treizième siècle, les théologiens n'en sont même plus à ces questions oiseuses. Quant aux juristes, on en trouve bien un qui prétend que « il loit à « l'homme bastre sa femme, sans mort et sans « mehing, quand elle le défet et dément son « baron (2). » Mais je pourrais vous citer, en revanche, certaine coutume en vertu de laquelle les dames avaient le droit de battre leurs époux une

(1) Labbe, *Conciles*, V, 1853; Grégoire de Tours, *Hist. Franc.*, VIII, 20.

(2) Beaumanoir, *Coutumes de Beauvoisis*, II, 333.

fois par an, le troisième jour après Pâques (1) : partant quittes. Je ne sais si maris et femmes profitaient quelquefois de cette double permission ; mais je sais que les faits nous montrent quantité de ménages unis, tranquilles, et c'est précisément comme une anomalie choquante que la chronique nous rapporte le trait du comte Ferrand de Flandre, frappant la comtesse parce qu'elle lui était supérieure au jeu d'échecs et le faisait mat. Les lois de la chevalerie interdisaient, d'ailleurs, de pareils procédés. Au contraire, les manières cérémonieuses tendaient à s'introduire entre époux. Si la femme disait encore à son mari « monseigneur, » lui, de son côté, commençait à l'appeler habituellement « madame, » c'est-à-dire ma souveraine (*domina*). Cette façon de parler, nous apprend André de Châlis, était particulièrement usitée à Paris, qui était dès lors le pays du bon ton (2). Peut-être cet auteur va-t-il un peu loin quand il affirme que les Parisiens se conformaient en cela à l'exemple d'Abraham et de Sara : mais, ce qu'il y a de sûr, c'est qu'on ne s'est jamais parlé ainsi dans les ménages grecs ou romains, ni dans

(1) Guillaume Durand, *Rationale*, liv. VI, ch. 86, n° 9.
(2) Bibl. nat., ms. lat. 16481, n° 63.

ceux des siècles barbares; et je trouve, dans cette marque significative de la déférence des époux l'un pour l'autre, comme un avant-goût de cette convenance parfaite, de cette courtoisie légendaire qui distinguait universellement, sous l'ancien régime, notre société française.

La législation féodale, d'ailleurs, était elle-même en progrès dans ce qui touche la condition des membres féminins de la noblesse. Au lieu de les exclure, comme primitivement, des privilèges seigneuriaux, à cause de leur impuissance à remplir le service militaire, qui en était la contre-partie obligée, et aussi, avancent de graves feudistes, *ob garrulitatem* (à cause de leur loquacité), elle les autorisait depuis peu à tenir des fiefs, à posséder des royaumes, ces fiefs supérieurs (excepté toutefois le royaume de France, dont la couronne ne pouvait dans aucun cas ceindre leur front, en vertu d'un usage assez récent, appuyé mal à propos sur le texte de la vieille loi salique), à exercer les droits de justice, à battre monnaie, à siéger dans les parlements, et même à conduire une armée par voie de procuration. Déjà la châtelaine était associée, comme vous voyez, à presque toutes les prérogatives du seigneur. Et la loi civile reconnaissait, de son côté, aux femmes le droit de déposer en justice (sauf dans les affaires graves), d'être arbitre, de plaider en personne, soit pour elle-même, soit pour ses parents. Il y a là beaucoup plus de libertés que le code moderne ne vous en accorde, Mesdames ; et ces libertés, l'épouse ou la fille du roturier en jouissait aussi bien que la femme noble, en tant qu'elles n'avaient pas le caractère de privilèges féodaux. La bourgeoise trônait dans sa boutique tout comme la haute baronne dans son manoir, associée aux affaires et aux intérêts de son mari. La vilaine, l'humble serve elle-même partageait avec le sien les corvées et les droits (car leur classe avait aussi des droits, à cette époque). Enfin l'égalité la plus raisonnable régnait entre les deux sexes, et celui ou celle qui eût réclamé l'émancipation de la femme n'eût pas été compris.

Passons au caractère et aux mœurs. Ah! s'il fallait écouter les critiques impitoyables de la chaire, nos aïeules auraient apporté dans leur ménage bien des éléments de discorde. Mais dans quel temps, dans quel pays n'a-t-on pas vu d'austères censeurs flageller l'esprit de contradiction et la coquetterie, ces deux épouvantails des maris difficiles? L'historiette du *Médecin malgré lui*, cette amusante légende, qui a son point de départ dans la plus futile des discussions conjugales et qui aboutit aux aventures les plus invraisemblables, est de tous les siècles et de toutes les civilisations. Elle sert, au moyen âge, de satire contre l'humeur querelleuse des ménagères, et je vous en citerais bien de curieuses variantes, si j'en avais le temps (1). Mais, puisqu'elle remonte au déluge (n'en déplaise à Molière), elle ne peut pas plus nous peindre les contemporains de saint Louis que les contemporains de Cyrus ou de Louis XIV : laissons-la donc de côté, elle et toutes ses analogues. L'amour de la toilette paraît avoir été un travers plus particulier aux Françaises d'alors. Voici de quelle manière pittoresque un docte chancelier de l'Université le stigmatisait. Faites la part de l'exagération naturelle dans la bouche d'un prédicateur, d'un redresseur de torts, et vous aurez une véritable gravure de modes datée de l'an 1273 :

« En apercevant une de nos dames, ne la « prendrait-on pas pour un chevalier se rendant « à la Table Ronde ? Elle est si bien équipée, de

(1) V. notamment la version donnée par Jacques de Vitry et reproduite dans les *Anecdotes historiques* d'Étienne de Bourbon, p. 206 ; celle du *Vilain mire*, dans Méon (III, 1) ; et la narration des voyages d'Oléarius, qui trouva au fond de la Russie, en 1635, une histoire presque semblable (*Hist. littér.*, XXIII, 196).

« la tête aux pieds, qu'elle respire tout entière le « feu du démon. Regardez ses pieds : sa chaus- « sure est si étroite qu'elle en est ridicule. Re- « gardez sa taille : c'est pis encore. Elle serre ses « entrailles avec une ceinture de soie, d'or, d'ar- « gent, telle que Jésus-Christ ni sa bienheureuse « Mère, qui étaient pourtant de sang royal, n'en « ont jamais porté. Levez les yeux vers sa tête : « c'est là que se voient les insignes de l'enfer. Ce « sont des cornes, ce sont des *cheveux morts*, ce « sont des figures de diables. Sainte Marie ! D'où « vient qu'une misérable et fragile créature ose « se revêtir d'une armure pareille, pour combattre « Dieu et donner la mort à son âme ? Elle ne « craint pas de se mettre sur la tête les cheveux « d'une personne qui est peut-être dans l'enfer ou « dans le purgatoire, et dont elle ne voudrait pas, « pour tout l'or du monde, partager une seule « nuit la couche !... Elle a plus de queues que « n'en a Satan lui-même ; car Satan n'en a qu'une, « et elle en a tout autour de sa robe (*ad circumfe-* « *rentiam*). C'est surtout à Paris que règnent ces « scandales. C'est là qu'on voit des femmes courir « par la ville tout *espoitrinées*. Quelle guerre « celles-là font à Dieu (1) ! »

(1) Gilles d'Orléans, ms. lat. 16481 (Bibl. nat.), n° 96.

Les chevelures postiches, attaquées particulièrement ici, sont encore un abus vieux comme le monde. Cependant, comme vous le voyez, l'exploitation des têtes vivantes, pratiquée dans l'antiquité et ressuscitée dans les temps modernes, n'existait pas au moyen âge ; on ne dépouillait pas de pauvres filles de leur parure naturelle pour en orner le chef des coquettes de la ville : on se servait de *cheveux morts* (ce qui suppose, du reste, une spéculation non moins odieuse). Les moralistes sont unanimes dans leurs plaintes contre les monuments qui surmontaient la tête des dames, et il faut bien que ces plaintes aient été quelque peu fondées. Voici, d'ailleurs, un fait authentique qui le prouve, et qui nous montre que les élégantes étaient les premières à souffrir des tyrannies de la mode. Un Frère Prêcheur, qui avait été le compagnon de saint Dominique et qui portait le même nom que lui, passait, à tort ou à raison, pour opérer des miracles. Or, un jour, il vit venir à lui plusieurs dames qui lui demandèrent charitablement de vouloir bien prier pour certaine damoiselle de noble lignée et lui imposer les mains, parce qu'elle endurait dans la tête des douleurs continuelles. Il ne dit pas non ; mais, quand il se trouva en présence de la personne en question, et qu'il considéra l'imposant édifice de sa coiffure, il lui dit simplement : « Promettez-moi, madame, de déposer vos boucles et tous les vains ornements qui couvrent votre tête; je consentirai alors à prier Dieu pour vous, et j'ai lieu de croire que vous obtiendrez votre guérison. » Elle refusa; le sacrifice lui coûtait trop. Bientôt cependant les souffrances augmentèrent : elles devinrent intolérables; si bien que la dame vint retrouver l'homme de Dieu, débarrassa sa tête de tout le poids qu'elle supportait, et lui jura de ne plus mettre une seule bandelette ni un seul cheveu postiche. Le frère aussitôt s'agenouilla pour prier; mais déjà la douleur avait disparu, et onques puis elle ne revint, racontait-il. L'héroïne de l'anecdote appartenait à la maison de la comtesse de Montfort, et le fait se passa à l'abbaye de Saint-Antoine de Paris (1). C'était encore une Parisienne !

Mais combien de traits édifiants pourraient faire contre-poids à ce trait plaisant ! La coquetterie ne tenait pas tellement au cœur de ces chrétiennes convaincues, qu'elles ne se dépouillassent, à l'occasion, de leurs parures les plus chères pour l'a-

(1) Étienne de Bourbon, *Anecd. histor.*, n° 288.

mour de Dieu ou pour l'amour des pauvres. On les voyait parfois, à l'issue d'un sermon qui les avait touchées, venir brûler leurs atours sur la place publique. On les voyait se découvrir, en plein hiver, pour vêtir les malheureux; comme cette riche bourgeoise dont parle Jacques de Vitry, qui, apercevant pendant la messe un misérable à moitié nu, partagée entre la crainte de manquer l'office si elle retournait chez elle lui chercher un vêtement, et celle de manquer aux convenances si elle retirait, pour le lui donner, le manteau qui l'enveloppait, ne voulant cependant pas le laisser souffrir plus longtemps du froid, prit le parti ingénieux de s'en aller sous le porche, de fermer un moment la porte et de quitter son *pellisson* ou son petit manteau de dessous, puis de le remettre au pauvre, après s'être recouverte de sa pelisse extérieure comme si de rien n'était (1). La charité, voilà la grande expiation, voilà le moyen souverain par lequel, alors comme aujourd'hui, les mondaines rachetaient leurs frivolités. Qui nous dira combien de blanches mains ont soigné les malades dans les maisons-Dieu, combien de lépreux elles ont osé toucher, combien

(1) Étienne de Bourbon, *ibid.*, n° 151.

d'indigents et d'infirmes ont été hébergés par toutes ces élégantes, dont le repentir était aussi prompt que les faiblesses, et plus durable cent fois ! Il circulait à ce sujet une jolie légende, bien propre à encourager leurs audaces charitables. Une noble dame avait recueilli chez elle un lépreux et l'avait installé avec honneur dans la chambre de son mari, en l'absence de celui-ci. Revenu inopinément, le baron, averti, croit à une trahison ; il se précipite comme un furieux dans sa chambre : mais il ne trouve plus, à la place de celui qu'il cherchait, qu'une odeur embaumée, une odeur de paradis. C'était Jésus-Christ qui avait pris, comme dans l'histoire de saint Martin, la figure d'un pauvre malheureux, et qui avait laissé, en disparaissant, cette trace de parfums célestes dont parle quelque part le Cantique des cantiques (1).

L'infidélité conjugale était, du reste, un fait beaucoup plus rare que certains historiens n'ont paru le croire. L'Église avait tant lutté pour déraciner le divorce, pour inspirer aux princes et aux particuliers le respect de la loi du mariage, que celui-ci avait fini par être considéré comme un

(1) Étienne de Bourbon, *ibid.*, n° 151.

autre ordre religieux, dont la règle particulière ne pouvait être enfreinte sans un monstrueux sacrilège. Cette idée se retrouve en théorie chez plusieurs prédicateurs (1), en pratique chez les chevaliers occupés à la croisade, et par-dessus tout chez le saint roi. A plus forte raison régnait-elle parmi ces femmes chrétiennes, pour lesquelles tant de combats avaient été soutenus contre la puissance temporelle, contre les emportements de la passion, contre la contagion du vice. Plus d'une, sans doute, faisait exception et succombait aux excitations des troubadours, qui ne rougissaient pas, en pleine civilisation catholique, d'encenser l'adultère. Mais, après ces chutes lamentables, venaient des relèvements généreux. On savait se repentir, on savait s'imposer de rudes pénitences, dans ces âges de foi virile ; et la douleur des Madeleines s'ensevelissait sans bruit dans les cloîtres ou dans les vaisseaux partant pour la Terre Sainte. Gardons-nous bien de prendre pour des tableaux de mœurs contemporaines les fabliaux, ces caricatures morales, et surtout immorales, de la société du treizième siècle. Là, le vice s'étale sans pudeur et sans remords. Mais est-ce que le roman

(1) V. *La Chaire française au moyen âge*, p. 397.

moderne, est-ce que l'opérette-bouffe, si répandus qu'ils soient, reflètent l'état vrai de la société actuelle? Il n'y a que l'étranger, il n'y a que M. de Bismark pour juger la France d'après les élucubrations de haute fantaisie sorties du cerveau de nos feuilletonistes. Qu'elles peignent les mœurs de cette coterie de boulevardiers qui se croit tout Paris et qui s'intitule la littérature française contemporaine, soit; laissons-leur ce triste honneur. Mais la France intellectuelle n'est pas là, la France sociale n'est pas là : la première est dans nos hautes écoles, dans les grands centres de la science, de l'érudition, du travail; et quant à la seconde, elle est dans nos foyers domestiques, entre le berceau de l'enfant et le portrait de l'aïeul, elle est dans nos églises, elle est dans nos salons chrétiens; et tous ces bâtards de lettres, qui sont peut-être une centaine ayant du talent comme trente et faisant du bruit comme cent mille, se trouvent trop heureux eux-mêmes de venir demander, le soir, à la famille, les intimes et chastes plaisirs dont ils se moqueront demain dans une page aussi scandaleuse que menteuse!

Eh bien! les fabliaux sont la littérature boulevardière du moyen âge. La preuve qu'ils ne représentent pas non plus les mœurs du temps, c'est qu'ils sont pour la plupart un legs de l'antiquité profane. On les retrouve dans Apulée, dans Pétrone, dans les vieux conteurs de l'Inde ou de l'Égypte idolâtres ; et ceux qui ne s'y retrouvent pas nous sont venus de ce monde païen par la voie de la tradition orale. Les détails, les ornements du récit peuvent se rapporter à l'état de choses que l'auteur français a eu sous les yeux ; mais la substance, mais le fond du sujet, qui est d'ordinaire l'histoire d'une femme trompant plus ou moins habilement son mari, cela appartient à l'antiquité. Il n'y a que très peu d'exceptions ; et ces exceptions même sont le produit de l'imagination libertine d'un particulier, non du caractère de la nation. Les vraies mœurs conjugales de l'époque, le vrai type de l'épouse, il faut les chercher ailleurs. Il faut les prendre dans la vie réelle, et notamment dans la vie de cette princesse qui fut la première des Françaises par le rang, la première encore par le dévouement et la fidélité. Quel admirable sentiment du devoir chez Marguerite de Provence ! Et quel tableau sincère dans cette scène où le sire de Joinville nous la montre attendant à Damiette l'arrivée d'un ennemi vainqueur ! Elle a bravé tous les dangers pour suivre saint Louis à la croisade ; elle a défendu la ville et nourri la population pendant qu'il s'avançait dans l'intérieur de l'Égypte. Et maintenant elle n'a plus d'espoir : elle a appris coup sur coup la retraite, la maladie, la captivité du roi. Les Sarrasins approchent ; ils vont s'emparer d'elle. Mais elle connaît le sort réservé à leurs captives : elle préfère la mort au déshonneur. S'adressant au vieux chevalier qui veillait auprès d'elle la nuit, elle le supplie de lui trancher la tête avant que les infidèles ne pénètrent jusqu'à sa personne. « Madame, répond dans la simplicité de son cœur ce héros antique, j'y avais déjà pensé (1). »

Il me resterait maintenant à parler de la mère ; mais j'ai déjà été bien long. Et puis la mère n'est-elle pas partout et toujours la mère? On peut dire de l'amour maternel ce qu'on a dit des peuples heureux : il n'a pas d'histoire, parce qu'il ne change pas. C'est plus qu'un sentiment, c'est plus qu'une vertu : c'est un instinct naturel ancré au plus profond du cœur féminin, et il faut qu'il y tienne bien fortement, puisque ni les païennes antiques ni les païennes modernes n'ont pu s'en défaire. Je n'ai pas besoin de vous dire s'il a été développé dans la société chrétienne. Mais, tout

(1) Joinville, éd. de Wailly, n° 398.

en y apparaissant avec sa vivacité ordinaire, il revêt peut-être un caractère particulier, plus parfait, et trop rare de nos jours : il n'est ni faible ni intéressé. La mère n'aime pas davantage ses enfants ; elle les aime mieux. Personne n'a oublié le mot fameux de la plus illustre mère de ce temps : « Mon fils, j'aimerais mieux vous voir mort qu'en état de péché mortel (1). » Il y a dans cette parole une nuance de fermeté qui n'est point spéciale à Blanche de Castille. Sainte Élisabeth de Hongrie, qui n'était pas Française, mais dont la mémoire et l'exemple étaient déjà chers aux femmes de France (car, son jeune fils étant venu dans notre pays, la reine Blanche prit plaisir à le baiser au front, pensant, dit Joinville, que sa mère l'avait souvent embrassé à cette place), sainte Élisabeth, qui adorait ses enfants comme elle avait adoré son mari jusqu'au jour de sa mort, demandait à Dieu la grâce de les aimer moins (2). Elle sentait la nécessité de régler cette tendresse démesurée, de les aimer en Dieu et pour Dieu, et non pour sa satisfaction personnelle. Chez Marguerite de Provence, nature vive et

(1) Joinville, éd. de Wailly, n° 71.

(2) *Ibid.*, n° 96 ; Montalembert, *Sainte Élisabeth de Hongrie*, éd. Mame, p. 364.

méridionale, le sentiment maternel était mélangé d'un certain amour de l'autorité, et du désir d'exercer cette autorité. N'avait-elle pas fait signer à son fils aîné l'engagement écrit de rester sous sa tutelle et de n'agir que par sa volonté jusqu'à l'âge de trente ans? La cour de Rome délia Philippe III de ce serment imprudent (1). Mais elle ne pouvait ôter du cœur de la mère cette ambition bien explicable de garder le plus longtemps possible la direction de ses enfants, ambition dont Blanche elle-même avait donné l'exemple, et qui semble avoir été assez répandue chez les femmes de la noblesse.

Tout cela n'empêchait pas l'affection maternelle d'éclater, à l'occasion, en tendres caresses, en cajoleries charmantes. Je ne sais rien de plus touchant, dans ce genre, que la scène suivante, décrite dans un des plus beaux poèmes contemporains, *Renaud de Montauban*. J'en emprunte la traduction littérale au vaillant catholique et à l'infatigable érudit qui a fait la lumière dans les ténèbres amoncelées si injustement sur nos vieilles chansons de

(1) Trésor des Chartes, J 711, n° 301 : Boutaric, *Marguerite de Provence* (*Revue des questions historiques*, oct. 1867, p. 422.)

geste, à M. Léon Gautier (1). Les quatre fils Aymon, de légendaire mémoire, exilés du château paternel, ont traîné dans la forêt des Ardennes l'existence la plus misérable. Pris du désir impérieux de revoir leur mère, ils se présentent à elle couverts de haillons, défigurés, « laids et hideux comme le diable, » dit le texte, mais sans oser se faire reconnaître. « Quand la dame les vit, fut « rudement émerveillée; — En ressentit une telle « peur qu'elle ne put se ranimer. — Mais bientôt « regarde son fils Renaud, court lui parler, — Et « tout son sang déjà frémit en elle. — Dans le pa- « lais, voilà la duchesse qui se dresse — Et qui « voit changer les traits de Renaud. — Il avait « une cicatrice sur le visage, devant. — S'était « fait cette plaie en jouant au *behourt*, étant petit « enfant. — Sa mère le regarde, le reconnaît : — « Renaud, dit-elle, si tu es Renaud, pourquoi le « cacherais-tu ? — Beau fils, je t'en conjure, au « nom du Dieu puissant, — Si tu es Renaud, dis-le- « moi sans tarder. — Quand Renaud l'entend, il « veut cacher ses larmes. — La duchesse le voit, « ne doute plus. — Pleurant, les bras levés, va « baiser son enfant, — Puis tous les autres, cent

(1) *Les Épopées françaises*, II, 192.

« fois de suite. » Soudain le père arrive. « Ce sont tes fils, » lui crie-t-elle. Et elle les jette dans ses bras. Puis elle leur donne à manger, elle les baigne, elle les chausse, elle les habille de vêtements neufs, elle les dorlote. Enfin elle leur ouvre tout grand le coffre paternel : « Prenez, prenez, » dit-elle. Et ils puisent à pleines mains ; et ils sortent de là beaux et fiers comme des rois. — Voilà la vraie mère, voilà le vrai naturalisme. Cette fois, le poète a bien pris son modèle autour de lui, parmi ses contemporains. Il a vu, il a observé, il a senti, il a rendu la vivante réalité : j'en appelle à toutes les mères qui sont ici.

Concluons maintenant. Dans ce rapide examen, nous venons de reconnaître la contemporaine de saint Louis sous tous ses aspects. Nous avons vu la jeune fille, la candeur sur le front, l'esprit orné de connaissances variées, libre de prendre ou de refuser un époux. Nous avons vu la femme traitée en égale de son mari par l'Église, par la société, par son mari lui-même, et, malgré ses travers, malgré sa coquetterie, aimant Dieu, aimant les pauvres, fidèle et dévouée parfois jusqu'à l'héroïsme. Nous avons vu enfin la mère tempérant sa faiblesse naturelle par un grain de fermeté.

Dans ce portrait, vous retrouvez à peu près la femme telle qu'elle est aujourd'hui, avec quelques avantages sociaux et peut-être quelques mérites en plus. Et, sans doute, vous jugez cela tout simple ; et vous êtes tentés de croire qu'il en a toujours été ainsi. Mais détrompez-vous. Ce que vous prenez pour l'ordre de la nature, c'est uniquement la loi de l'Évangile qui l'a établi peu à peu. Cette influence croissante, cette honorable situation faite à la femme, c'est la conquête du christianisme. La femme est une faiblesse, et, comme toutes les faiblesses, elle a été opprimée par le paganisme : comme toutes les faiblesses, elle a été relevée par celle qui s'honore de s'appeler elle-même l'épouse de Jésus-Christ. Voulez-vous connaître la grandeur de cette transformation ? Voulez-vous sonder la profondeur de l'abîme d'où l'Église, par des efforts séculaires, a tiré la créature infortunée qui était à la fois l'esclave de la loi, l'esclave de l'homme, et plus encore l'esclave de ses vices ? Eh bien ! jetez les yeux sur les pays où les mœurs païennes sont restées en vigueur, sur les populations de l'Asie ou de l'Afrique, et mesurez la distance effrayante qui sépare la femme de ces contrées de la femme française. Un observateur désintéressé envoyait dernièrement à un journal ses impressions de voyage en Algérie. Voici ce qu'il a vu et ce dont il témoigne. A l'âge de douze ans, la fille, dont la naissance a été considérée comme un malheur, devient un instrument de plaisir; car, lors même qu'elle se marie, elle n'est guère autre chose. Aussi son mariage ne l'occupe guère. « Qui va-t-elle « épouser? Elle ne le sait pas, elle ne doit pas le « savoir. Elle n'a ni le droit de choisir son époux, « ni le droit de ne pas se marier. Esclave créée « uniquement pour reproduire la race humaine, « elle ne peut se soustraire à sa destinée. Le père « est toujours maître de marier sa fille, même « folle, et, à défaut du père, l'oncle, le kaïd, « n'importe qui... Puis viendra le moment où, « d'aventures en aventures, Fatma en arrivera à « tromper le plus beau des amoureux pour avoir « sa part d'un mouton volé et à risquer la vie « d'un homme pour un bijou de cinq francs... « Enfin elle a vingt ans; elle est vieille. Elle « commence le long calvaire de la femme orien- « tale: créature déclassée, quelquefois entremet- « teuse, un peu sorcière, toujours misérable. « Dédaignée par les uns, repoussée par les autres, « elle n'a de protection qu'auprès des petits en- « fants dont elle guide les pas et des jeunes

« femmes dont elle favorise les amours adultères. « Si bien que le jour arrive où l'on voit la belle « Fatma, cette Fatma pour laquelle on se faisait « tuer, accroupie comme une chienne dans un « coin de la tente, ses longs cheveux en désordre, « une guenille sur le dos, ridée, décrépite, man- « geant le restant des restes, n'obtenant pas un « regard de pitié de ce Mansour qui l'a adorée, et « tremblant devant son époux Mohamed, qui ne « la garde que comme on garde un vieux cheval « à l'écurie. Telle est la vie de la femme arabe. « Ce que nous voyons ici, c'est ce qui se passe « chez les musulmans d'Asie, ce qui se passe en « Chine, au Japon, chez les sauvages ; c'est ce « qui se passait dans l'antiquité, et c'est ce qui « se passerait dans notre Europe, si le christia- « nisme n'était apparu sur la terre. On a beau « savoir ces choses, les avoir lues et relues : quand « tout à coup on se retrouve en face d'une pa- « reille dégradation, on s'aperçoit qu'on ne les « avait pas encore bien comprises (1). »

Quel contraste ! Et quel chemin de l'Orient à la France, du siècle d'Auguste au siècle de saint Louis ! Comment donc s'est accomplie cette mer-

(1) Extrait du journal *le Figaro*, n° du 15 mai 1878.

veilleuse régénération? Ah! je n'ai pas besoin d'en chercher le secret dans les lois canoniques, ni dans les lois civiles, ni dans la chevalerie, ni dans je ne sais quel vestige attardé du culte druidique. Je regarde les autels, et j'y vois le Fils de la Vierge, et la Vierge elle-même. Alors je comprends tout. Je comprends pourquoi l'Homme-Dieu a voulu naître de la femme; je comprends par quelle voie mystérieuse la femme, tombée si bas, est remontée si haut; et je comprends aussi pourquoi un pas si décisif se fait dans cette voie au treizième siècle. C'est parce qu'alors le culte de Marie se propage et s'étend de toutes les façons, dans la liturgie, dans la poésie, dans les arts, dans les âmes surtout, dans les âmes où les efforts successifs des saint Bernard, des saint Dominique, des saint Bonaventure ont établi à jamais son empire. Les exemples des grandes saintes et des grandes princesses contribuent certainement à élever le piédestal sur lequel leur sexe demeurera placé. Mais ces exemples, ces vertus ne sont eux-mêmes qu'un résultat: la cause première, c'est le prestige exercé sur les hommes par l'idéal de la maternité et de la virginité réunies. Un poète du moyen âge a dit ce mot charmant: « Il faut tenir compte à la femme de ce que Marie a été femme (1). » Ce mot est une lumière ; ce mot est le résumé de l'histoire de la femme sous le règne de l'Évangile.

Vous devez donc beaucoup au catholicisme, Mesdames. Vous lui devez, ainsi que nous tous, cette liberté que ses adversaires osent lui opposer aujourd'hui comme un drapeau ennemi et dont ils font leur fétiche, ignorant que c'est là encore un fruit du régime clérical. Mais vous lui devez plus : vous lui devez la considération, l'existence légale, le sens de l'honneur, tout enfin, jusqu'au rayon d'intelligence qui illumine votre front, jusqu'à la place dont vous jouissez au soleil, jusqu'au triste privilège d'être ici à m'écouter. Il n'est donc pas étonnant que vous montriez plus de piété, plus de charité que nous autres. Vous acquittez ainsi une dette sacrée. Mais vous ne l'acquittez pas encore assez, permettez-moi de vous le dire. Il faut maintenant que vous sauviez qui vous a sauvées ; c'est votre tour. Il faut que vous nous formiez, pour régénérer la société, des hommes, des Français, des chrétiens ; et, puisque Dieu veut ce que vous voulez, il faut absolument lui imposer sur ce

(1) *Frauenlob*, cité par Montalembert, *Sainte Élisabeth*, éd. Mame, p. 78.

point votre volonté. Il faut, en un mot, qu'après avoir dit, en regardant le passé : Voilà ce que l'Église a fait pour la femme, on puisse dire dans l'avenir, en contemplant des prodiges d'un autre genre : Voilà ce que la femme a fait en retour pour l'Église !

VI

LE SERMON

La prédication doit tenir dans l'histoire du siècle de saint Louis une place considérable : elle a exercé sur la marche des événements publics une influence décisive; elle avait dans les habitudes de la vie privée une part aussi large que peuvent l'avoir aujourd'hui le journal ou le théâtre. Il importe donc de savoir ce qu'était alors le sermon, cet exercice religieux si recherché du saint roi, si familier à ses sujets. Mais il serait trop long, et peut-être aussi trop fastidieux, de faire ici un exposé méthodique des règles et des usages en vigueur dans la chaire : ce serait là, du reste, une répétition ou un résumé de ce que j'ai dit ailleurs (1). Mieux vaut, ce me semble, mettre

(1) *La Chaire française au moyen âge, spécialement au treizième siècle, d'après les manuscrits contemporains*, Paris, Didier, 1868, in-8°.

en action le tableau qui a été présenté déjà sous une forme analytique et faire simplement assister le lecteur à un petit sermon. Toutefois, pour que cette scène intéressante, que je vais essayer de dérouler devant lui, fournisse la matière d'une série d'observations suffisamment complète, il est nécessaire que ce soit un sermon artificiel : aucun des sermons écrits qui nous sont parvenus ne nous offrirait à lui seul un champ d'étude assez étendu. Je réunirai donc en un seul corps différents traits épars dans les manuscrits, mais qui n'en sont pas moins authentiques chacun en particulier ; je les prendrai à droite et à gauche, comme on compose un bouquet avec des fleurs cueillies çà et là dans une prairie aux couleurs bigarrées, et de cette façon nous rencontrerons sur notre chemin toutes les particularités, toutes les singularités qui méritent de nous arrêter.

La curiosité excitée d'ordinaire par ces sortes de restitutions archéologiques me fait espérer que l'on ne s'endormira pas à mon sermon, fût-il détestable en soi. Si toutefois il en était autrement, sachez qu'une recette précieuse m'a été donnée par un de nos orateurs; je lui emprunterais immédiatement ce procédé, qui lui réussissait si bien : j'élèverais le ton, et je feindrais de commencer le récit d'une anecdote quelconque. Il est probable qu'alors vos têtes se redresseraient comme celles de vos pères, et que je pourrais vous faire entendre de bonnes vérités... Mais ne prévoyons pas des extrémités pareilles; il est dangereux de s'exposer à être réveillé en sursaut, et je ne songe pas, de mon côté, à infliger à mes lecteurs d'aussi vives émotions. Examinons plutôt tranquillement, et attentivement, le lieu où notre scène se passe. Nous sommes dans un beau jardin, dans un verger rempli de pommiers et de cerisiers en fleur, au bas duquel coule la Seine. Comment? direz-vous ; nous allons au sermon, et, au lieu d'entrer dans une église, nous nous arrêtons dans un jardin? Oui, l'existence de nos pères est conçue de telle façon, le sermon y joue un rôle si important, que l'on prêche un peu partout, dans les chapelles, dans les écoles, dans les carrefours, même, au besoin, sur les grandes routes. La prédication a bien son centre ordinaire dans le temple, et alors elle se fait, soit du haut de la tribune élevée à l'entrée du chœur, appelée le prône ou l'ambon, soit d'une espèce de niche taillée en creux sur un des murs de ce même chœur et percée de petites fenêtres, avec un balcon en encorbellement et un escalier pris dans l'épaisseur de la construction, suivant la mode inaugurée par les nouveaux religieux de Saint-Dominique (1), mode qui devait engendrer, deux siècles plus tard seulement, la chaire de bois placée au milieu de la nef : cependant l'intérieur des églises ne suffit pas toujours à contenir la masse des fidèles qui se presse autour du dispensateur de la parole divine. Aussi un certain nombre d'édifices sacrés ont-ils à l'extérieur une petite chaire de pierre, adossée à une des murailles latérales ou à un contrefort, de manière à ce que le peuple entende au moins le sermon devant le temple, sinon dedans. Mais bien souvent aussi, lorsqu'un clerc, renommé pour sa sainteté ou pour son éloquence, arrive dans une localité, il est tellement pressé par la foule, qu'il est obligé de la haranguer sur la place publique. On voit saint Antoine de Padoue, par exemple, entraîner dans les arènes antiques de Limoges toute la population de cette ville, qui l'écoute sans broncher sous la pluie et l'orage (2). On voit des prédicateurs élever la voix jusqu'au milieu des marchés et des foires, et ce n'est qu'un peu plus tard que les abus occasionnés par ces discours en plein air, que se

(1) Viollet le-Duc, *Dictionnaire d'architecture*, II, 406 et suiv.

(2) *Acta SS. junii*, II, 727.

permettaient de faire quelquefois des individus non autorisés, et même des hérétiques, finirent par les faire interdire complètement (1).

Quant à nous, nous avons une raison toute particulière pour nous placer dans un verger : c'est que nous sommes au dimanche des Rameaux, en l'an 1265, si vous le voulez, et que, ce jour-là, le sermon solennel, le sermon de la fête, se fait à la procession de la messe, qui sort de l'église et se dirige vers différentes stations, où l'on procède à la lecture de l'évangile, à son explication et à la bénédiction des palmes. A Paris, le cortège sacré quitte la cathédrale pour se rendre au palais du roi, qui l'avoisine; il entre, avec la troupe des fidèles, dans le verger royal (*in viridario regio*) (2), et c'est là qu'il s'arrête. C'est là aussi que nous l'attendions, et nous avons bien fait d'y pénétrer à l'avance, car, malgré l'étendue de ce local, une bonne partie de la foule ne peut y trouver place.

A l'une des extrémités du clos se dresse une estrade ornée de tapis et de draperies : c'est le *scafaldus* ou échafaud, tribune mobile, dont le nom

(1) Concile d'Angers, en 1448 (Labbe, XIII, 1355).

(2) Sermon de Jean d'Orléans, ms. lat. 16481, n° 110 (Bibl. nat.).

a pris depuis un sens tout différent. Cette tribune est large et carrée : elle porte des sièges pour l'officiant, pour le prédicateur et pour les clercs les plus notables du cortège (1). L'auditoire se masse comme il peut autour du *scafaldus*. Ordinairement, dans l'église, les hommes se rangent d'un côté et les femmes de l'autre, de peur que leur rapprochement n'inspire à quelques-uns des pensées profanes. Mais ici les rangs sont un peu confondus. Non seulement les sexes, mais les catégories sociales, ailleurs si soigneusement divisées, se trouvent mélangées par suite de l'encombrement. Le riche bourgeois de la capitale coudoie le pauvre artisan ; le seigneur à la cotte armoriée heurte un des derniers représentants de la classe des serfs ; la robe de bure du novice frôle la robe à longue traîne et à plusieurs queues de l'élégante damoiselle. Ne nous plaignons pas de cette promiscuité momentanée : elle signifie que tous ces chrétiens se sentent égaux devant Dieu, et que pour eux la vraie noblesse consiste, comme le dit un contemporain, à être vraiment l'enfant de Jésus-Christ, le plus illustre de tous les pères (2).

(1) V. Bibl. de l'Arsenal, ms. B. L. F. 226; Ducange, au mot *Scafaldus*.

(2) Jacques de Vitry, ms. cité, fol. 102, 107.

On dirait que le niveau social a été promené sur cette foule bariolée; mais c'est le niveau social importé par l'esprit de l'Évangile, et non celui de la Révolution, qui n'en est que la mauvaise contrefaçon. L'extrême diversité de l'auditoire va forcer le prédicateur à prononcer ce qu'on appelle alors un sermon *commun*, c'est-à-dire un sermon à l'adresse de tous, et non un de ces sermons *ad status*, conçus pour les besoins particuliers de telle ou telle classe, de tel ou tel métier, comme on en rencontre tant dans les manuels de l'époque. Dans ces derniers, le clergé enseigne à chacun les devoirs de son état, critique les défauts inhérents à chaque profession, et trace autant de tableaux de mœurs fort intéressants pour nous autres, qui trouvons là l'expression de l'état réel de la société. Mais ici, il s'adressera indistinctement aux fidèles de tout ordre, et il se tiendra dans les généralités, dans les considérations inspirées par l'évangile du jour, car les homélies faites après la lecture de ce texte sacré, à la messe, ne doivent point rouler sur autre chose; elles ne sont, en principe, que la traduction et l'explication de l'évangile, ce qui ne les empêche pas d'avoir un caractère très familier.

L'auditoire, une fois placé, se tient partie assis,

partie debout. Les hommes, les femmes du peuple s'appuient, s'ils le peuvent, à quelque arbre du verger, qui, je le crains bien, ne produira guère de fruits cette année-là. Les nobles dames ont fait apporter par leurs varlets des pliants et des coussins, comme elles ont l'habitude de le faire, du reste, pour venir à l'église. M. Viollet-le-Duc nous affirme bien quelque part (1) que l'on ne s'asseyait pas dans nos églises avant l'époque de la Réforme, que les protestants furent les premiers à introduire des sièges dans leurs prêches, et que le culte catholique leur emprunta ce perfectionnement, de peur d'éloigner ses fidèles par trop de rigidité. Mais il est prouvé par des textes authentiques que l'Église n'infligeait nullement aux hommes, et surtout aux femmes, le supplice d'entendre les sermons debout. Saint Augustin nous parle déjà des *sedilia* usités de son temps pour les auditeurs comme pour les orateurs (2). On a des indications analogues pour le treizième siècle, et M. Hauréau a exhumé récemment un passage de Guillaume d'Auxerre qui ne peut laisser de doute : « *Contra aliquos, qui, quando veniunt ad eccle-*

(1) *Dictionnaire d'architecture*, II, 98.
(2) *De catechizandis rudibus*, ch. 13.

siam, ad sermonem stant, nec sedere volunt, imo impediunt alios, ita quod audire non possunt (1). » D'ailleurs, les stalles du chœur, les bancs en pierre qui régnaient le long des bas-côtés ou des chapelles, et dont beaucoup subsistent encore, n'étaient pas là pour rien. Il y a aussi un argument d'une autre nature à opposer à M. Viollet-le-Duc : si les fidèles n'eussent été assis, les prédicateurs n'auraient pas eu à leur reprocher, comme il arrivait assez souvent, de se laisser aller au sommeil; il est difficile, en dépit de la locution reçue, de dormir debout, même à un mauvais sermon. Donc, outre les bancs fixes en pierre, il y avait certainement dans les églises des bancs mobiles, en bois, comme on en voit encore en certains pays; et, de plus, les particuliers amis du confortable pouvaient amener avec eux, non pas les commodités de la conversation, comme disait Molière, mais les commodités de l'audition. Voilà encore une des formes de la tyrannie cléricale à rejeter parmi les produits trop nombreux de l'imagination des écrivains modernes.

Mais silence; voici la tête du clergé qui gravit

(1) *Hist. littér.*, XXVI, 139.

les degrés du *scafaldus*, voici le diacre qui donne lecture du long évangile de la Passion, et voici le prédicateur qui s'avance sur le bord de l'estrade et qui va prendre la parole. C'est un moine encore jeune, au crâne dépouillé, au visage d'ascète, aux yeux intelligents. Il porte la robe blanche de Saint-Dominique (car c'est l'ordre des Frères Prêcheurs qui fournit à cette époque le plus d'orateurs aux chaires de la capitale). C'est un des habitants de cette célèbre maison de Saint-Jacques de Paris, dont la générosité de la reine Blanche et de son auguste fils a favorisé la construction, et qui commence à remplir le monde de sa réputation théologique et littéraire. C'est un de ces frères mendiants apparus soudain, comme un vivant reproche, au milieu d'un clergé opulent, luxueux, et qui, par l'effet de ce seul contraste, ont conquis du premier coup un irrésistible empire sur les masses. Il revient à peine d'une excursion apostolique à travers les contrées les plus déshéritées du royaume ; il a converti des pécheresses, ramené à la foi des hérétiques, engagé des controverses publiques avec leurs chefs et leurs séducteurs ; des troupes d'hommes et de femmes l'ont suivi de ville en ville, de village en village, pour ne rien perdre de son enseignement. Car ce n'est pas assez, pour les bonnes âmes du siècle, d'entendre une fois la parole d'un maître : il faut entendre prêcher toute sa mission, voyager avec lui, s'arrêter avec lui; on ne le quitte qu'au seuil de son couvent; et, si c'est un de ces saints personnages qui sont l'idole du pauvre et l'orgueil de la cité, on s'arrache des parcelles de ses vêtements, on gratte même la place où il s'est assis, pour emporter de ses reliques. Le zèle des contemporains va jusque-là, et nous avons des exemples de tous ces faits (1).

Notre dominicain commence par tracer sur son front le signe de la croix; depuis la primitive Église, les orateurs sacrés débutent ainsi (2), et c'est là une de ces mille coutumes dans l'observation desquelles nous avons la joie de nous retrouver avec les chrétiens de tous les temps. Il prononce quelques mots du texte latin de l'Évangile, que nous n'entendons pas très bien : c'est le *thema* ou le texte choisi par lui pour être expliqué à l'assemblée; ici rien de changé non plus, comme on le voit. Puis il dit, en promenant ses regards sur l'assemblée : « *Bele douce gent...* » Cette

(1) Labbe, *Nov. bibl.*, II, 112; Étienne de Bourbon. *Anecd. hist.*, nos 77, 78 : etc.
(2) Martigny, *Dict. des Antiq. chrét.*, p. 550.

appellation flatteuse ne vaut peut-être pas le mot consacré aujourd'hui : « Mes frères, » ou « mes très chers frères; » mais celle-ci s'emploie aussi quelquefois. La première cependant se rencontre plus souvent, ou un de ses équivalents; elle est plus insinuante, et elle ne manque pas de saveur.

Mais quoi? me dites-vous en arrêtant mon prédicateur dès son premier mot, il va donc parler en français? en français pur? en français compréhensible? Ne commettez-vous pas là un anachronisme? Nous avons entendu dire bien des fois qu'au seizième siècle, et à plus forte raison auparavant, le langage de la chaire était un horrible jargon, un bizarre alliage d'idiomes différents, un langage farci, macaronique, pour employer l'expression reçue. Nous avons lu dans Voltaire (il peut arriver à tout le monde d'ouvrir un volume de Voltaire, quoique cela devienne rare aujourd'hui) : « Les sermons de « Ménot et de Maillard étaient prononcés moi- « tié en mauvais latin, moitié en mauvais fran- « çais. De ce mélange monstrueux naquit le « style macaronique : c'est le chef-d'œuvre de la « barbarie. Cette espèce d'éloquence, digne des « Hurons et des Iroquois, s'est maintenue jusqu'à

« Louis XIII (1). » Voltaire a dit cela, c'est vrai, et beaucoup d'autres, plus savants que lui, l'ont répété. Mais d'habitude, et en histoire surtout, il est prudent de prendre le contre-pied de ce qu'a dit le fameux philosophe : j'ai bien rarement essayé de remonter à la source d'une erreur historique sans le rencontrer sur mon chemin.

Oui, notre sermon va se dire tout entier en français pur ; et la meilleure raison pour qu'il en soit ainsi, une raison qui devrait, ce semble, dispenser d'en chercher d'autres et renverser comme un château de cartes tout l'édifice des arguments contraires, c'est, comme je l'ai dit, que les orateurs ont l'habitude de parler pour être compris de leurs auditeurs, et qu'au temps de saint Louis il y avait déjà trois ou quatre siècles que les Français, à l'exception des clercs, des savants, des étudiants, n'entendaient plus que leur langue maternelle. Il y avait trois ou quatre siècles que la chaire avait retenti des premiers balbutiements de cette langue vulgaire, devenue alors si délectable, comme dit Brunetto Latini, un auteur italien qui se croyait obligé d'écrire en français pour

(1) V. Géruzez, *Histoire de l'éloquence politique et religieuse*, p. 79.

être mieux compris. Il y avait trois ou quatre siècles que l'on ne prêchait plus en latin qu'à ceux qui avaient appris le latin, c'est-à-dire au clergé et dans les écoles. Les Capitulaires de Charlemagne, les conciles de Reims et de Tours, en 813, recommandaient déjà aux prêtres de haranguer le peuple « en langue romane rustique, » et selon la manière de parler propre à chaque pays (1). Pour les temps postérieurs, les preuves abondent, et pour le treizième siècle, en particulier, elles sont innombrables. Un abbé de Jumièges, en 1213, est obligé d'expliquer l'évangile en français aux convers de son monastère (2). Les gens de la cour ont besoin qu'on leur traduise également les textes sacrés, et on voit saint Louis lui-même se charger de cette besogne (3). Les manuscrits du temps contiennent une quantité de longs discours tout entiers en français. Et les mystères, les poèmes populaires, les chansons de geste, tout le monde ne sait-il pas qu'ils étaient écrits et débités dans cette langue? Prétendriez-vous que le public tenait à comprendre ce que disaient les acteurs ou les jongleurs, tandis qu'il n'attachait qu'un mé-

(1) Labbe, VII, 1249, 1256; VIII, 1288.
(2) Martène, *Anecd.*, I, 777, 780.
(3) *Recueil des historiens de la France*, XX, 15.

diocre intérêt à ce que disaient les prédicateurs? qu'il voulait être amusé intelligiblement, sans vouloir être édifié de la même façon? Ce serait le renversement de toutes les notions acquises sur l'esprit du moyen âge.

Mais les manuscrits renferment encore plus de sermons en latin qu'en français? — Sans doute, et pour deux raisons : d'abord parce qu'un grand nombre de ces sermons étaient destinés aux clercs, et que pour les théologiens le latin était la seule langue admise, et même la plus familière, la plus apte à rendre toutes les nuances de leur pensée; ils parlaient latin entre eux, et tout ce qui était à leur adresse était écrit et prononcé d'ordinaire en latin. Quant aux autres discours, à ceux qui devaient être prononcés devant des laïques, ils étaient aussi rédigés ou résumés de préférence en langue latine, précisément pour les mêmes motifs, parce que les prêtres étaient plus habitués à cette langue, parce que des textes latins devaient être compris également par le clergé de tous les pays, tandis que le français différait encore sensiblement d'une province à l'autre, parce que, enfin, les ecclésiastiques mettaient une sorte d'amour-propre, de coquetterie professionnelle, à se servir toujours de l'idiome des lettrés, excepté quand ils ne pouvaient faire autrement; ce qu'ils exprimaient par cette maxime significative : « *Lingua romana coram clericis saporem suavitatis non habet* (1), » la langue romane n'a pour les clercs aucune saveur. Mais cela n'indique pas du tout que ces mêmes sermons populaires fussent prononcés dans la langue savante. Le prêtre se servait du canevas latin ou de la version latine, et les reproduisait ou les développait en français dans la chaire, ce qui lui était facile, puisqu'il possédait les deux dialectes ; et ce fait paraît avoir été la règle générale, car on trouve à chaque instant, en tête des résumés latins, des indications comme celles-ci : *Dicendi in gallico, in vulgari ; hic sermo totus gallicè pronuntiatus est* (2). Lors même que ces indications sont absentes, on doit penser que ces morceaux oratoires ont été débités de même au peuple dans son langage maternel; car il existe des preuves d'une autre nature, et plus singulières : saint Bonaventure, s'adressant aux Parisiens, s'excuse un jour de ne leur parler qu'en mauvais français, et sa harangue est rapportée entièrement en latin. Gilles d'Orléans commence une des siennes par ces

(1) Bibl. nat., ms. fr. 902.

(2) Bibl. nat., mss. fr. 13314, 13317; 15971, fol. 185; Tissier, VII, 232; etc.

mots : « *Omissis latinis verbis, procedamus ad sermonem;* » et le texte qui suit n'en est pas moins du latin tout pur (1). Mais arrêtons-nous, car nous avons déjà fait ailleurs cette démonstration. Répétons seulement (on ne saurait trop le redire) que, si d'autres manuscrits présentent un alliage des deux langues pouvant faire croire un instant à l'existence d'un style macaronique, ce mélange n'existait, lui aussi, que sur le parchemin dans la plupart des cas. Tantôt le scribe rédigeait successivement la même phrase en latin et en français, pour la plus grande commodité de celui qui devait traduire le sermon en chaire ; il indiquait d'avance comment telle proposition, telle expression obscure devait être rendue dans le dialecte vulgaire. Tantôt il *rapportait* certains passages tels qu'il les avait entendu débiter en chaire, sans se donner la peine de les recouvrir du noble vêtement de l'idiome ecclésiastique. D'autres fois, ce sont des textes de différents auteurs sacrés qu'on laisse subsister sous leur forme originale, et que l'on commente ensuite en français. Tous les fragments hybrides, tous les prétendus discours macaroniques qu'on rencontre dans les manuscrits peuvent s'expliquer

(1) Bibl. nat., ms. lat. 16481, nos 105, 129.

par l'une ou l'autre de ces raisons, ou par des raisons analogues (1). J'ai été assez heureux pour faire accepter du monde érudit cette vérité nouvelle; M. Wallon, entre autres, a complètement adopté la même manière de voir dans son remarquable ouvrage sur saint Louis (2). Seul, M. Hauréau, membre de l'Institut, dans une notice supplémentaire sur les sermons du treizième siècle, ajoutée au tome XXVI de l'*Histoire littéraire de la France*, a refusé de s'y associer, et l'a traitée de conjecture sans fondement. Et quels sont les arguments qu'il lui oppose? Les voici :

« On trouve dans les manuscrits des sermons « français qui ont été certainement récités en cette « langue. On en trouve d'autres qui ont été tra« duits en latin après avoir été prononcés en fran« çais. Les auteurs des recueils nous en avertissent; « en effet, en tête de sermons écrits en latin, on « lit quelquefois ces mots : *gallicè, in vulgari, in*

(1) Qu'on me permette de renvoyer de nouveau, pour les détails de cette démonstration, à *La Chaire française au moyen âge*, p. 231 et suiv.

(2) *Saint Louis et son temps*, 1re édition, II, 203. Combien il est regrettable que des nécessités de librairie aient fait supprimer dans la seconde édition de ce livre, d'ailleurs si belle, tous les chapitres consacrés à l'état des lettres, des sciences et des arts!

« *latino*. C'est donc par simple conjecture qu'on « suppose également traduits en latin ceux que « cet avertissement ne précède pas. Nous ne disons « pas que cette conjecture soit toujours fausse; « mais nous disons qu'elle est souvent contredite de « la manière la plus formelle par certaines phrases « du texte. Ainsi, par exemple, il arrive à un de « nos sermonnaires, parlant à des laïques, de « traduire lui-même en français une phrase qu'il a « d'abord dite en latin : « *Dicitur in gallico: Talis « ridet in mane qui in sero plorat,* tel rit au mein « qui au soir plure. » Un autre s'exprime ainsi : « *Ego sum lilium convallium,* Je sui li lis de la « valée, *quod fuit collectum in pulchra valle.* » « Ou bien encore il interprète en ces termes un « passage du prophète Jérémie : « *Recognoscit « ejus (Domini) bonitatem et curialitatem, et postea « replicat quod postea fecit pro ipso ; et vult tan- « tum dicere in gallico :* Sires, vos m'avés con- « verti et m'avés monstrée minorence, et unques « puis je ne fine de mon cors tormenter et de faire « pénitence; *ista quatuor debet dicere Domino « omnis peccator.* » Ou, dans un autre sermon, par- « lant de sainte Élisabeth de Hongrie, il dit : « *Ista sancta domina potest laudari à duobus : « primo ab evidentia bonitatis..., secundo ab emi-*

« *nentia dignitatis...*, *gallicè :* de sa très grant « bonté, *secundo* de sa très grant dignité (1). »

J'ai voulu citer ce passage tout entier pour que l'on saisisse bien la valeur de chacun des exemples allégués par M. Hauréau. Or, il est facile de voir que cette valeur est absolument nulle. En effet, ces quatre exemples rentrent précisément dans la classe de ceux que j'ai invoqués à l'appui de ma propre thèse. Dans le premier, le scribe reproduit en français un proverbe énoncé d'abord en latin, parce que c'est là une locution qu'il faut citer textuellement en chaire; il indique, par précaution, les mots mêmes que le prédicateur devra employer. Dans le second et le troisième, ce sont des textes de l'Écriture qui doivent être exprimés deux fois, une fois en latin et une fois en français, suivant l'usage; c'est pour signifier ce redoublement, et pour ne pas répéter deux fois la même phrase dans la même langue, que le rédacteur l'a écrite successivement dans l'une et dans l'autre. Dans le quatrième enfin, le sermonnaire, trouvant que les mots *evidentia bonitatis*, *eminentia dignitatis*, traduits littéralement, seraient peut-être un peu obscurs, un peu emphatiques pour le peuple, marque

(1) *Hist. littér.*, XXVI, 388 et suiv.

qu'il faut dire simplement en chaire : *sa très grant bonté, sa très grant dignité.* Tout cela est parfaitement explicable.

M. Hauréau objecte ensuite que les thèmes de sermons recueillis pour l'usage des prédicateurs et les sermons réunis en volumes par les auteurs eux-mêmes sont toujours en latin : naturellement, et nous en avons vu le motif. « Est-il donc vraisem-« blable, ajoute-t-il, qu'après les avoir recueillis en « français, on les ait ainsi constamment traduits « en latin pour les rendre moins intelligibles (1) ? » — Mais on ne les recueillait pas en français : on les rapportait, on les transcrivait immédiatement en latin ; nous avons des exemples formels de ce procédé. Et ce n'était pas du tout pour les rendre moins intelligibles, mais, au contraire, pour les rendre accessibles au clergé de toutes les provinces, qu'on les recouvrait de l'idiome universel des clercs.

Quoi encore ? « Peut-on supposer qu'ils les ont « traduits eux-mêmes, et qu'en les traduisant ils y « ont mêlé le latin et le français uniquement pour « nous tromper, pour nous faire croire qu'ils étaient « capables de parler cette sorte de langue, cette « langue incorrecte et barbare qui est le latin des

(1) *Ibid.*, 389.

« sermons populaires? » — Comment? Cette *reportatio*, cette transcription (et non cette traduction, je le répète) aurait eu un motif aussi puéril! Les prédicateurs auraient voulu nous montrer ce dont ils étaient capables! Mais c'eût été le comble du ridicule. Ils n'avaient besoin de prouver à personne qu'ils savaient parler le latin, puisque c'était leur langage usuel. Et qui ne voit que toutes ces singularités apparentes avaient un but pratique, le but de multiplier le plus possible et de faciliter aux prêtres les moins habiles la distribution de l'enseignement religieux? Voilà la tâche que se proposait avant tout l'Église; voilà le pourquoi de tant de moyens ingénieux, bizarres, si l'on veut, imaginés pour venir en aide à la prédication; on voulait qu'à tout prix les fidèles comprissent bien chacune des paroles qui leur étaient adressées; on voulait que la doctrine et la morale évangélique pénétrassent dans toutes les intelligences, dans tous les cœurs; et il faut être vraiment bien étranger à la pensée catholique pour aller chercher d'autres mobiles.

Il eût été bon, on le reconnaîtra, que M. Hauréau cherchât des appuis plus sérieux à son opinion avant de la formuler dans un recueil qui est, pour ainsi dire, l'expression officielle de l'érudition française;

et nous devons souhaiter qu'on reprenne et qu'on approfondisse un jour, dans ce même recueil, une question aussi importante pour notre histoire littéraire. Il y a même en jeu, ici, un intérêt plus grave : le jargon macaronique est un prétexte commode pour jeter le ridicule sur la religion du moyen âge; il s'agit de décider si nous devons croire à cet abus monstrueux, suivant l'expression de Voltaire, ou bien à une erreur historique plus monstrueuse encore. Fort heureusement, les objections auxquelles je viens de répondre ne sont pas assez spécieuses pour dérouter la critique, et déjà d'autres juges plus désintéressés les ont appréciées à leur juste valeur (1). Elles ne sont pas de force, en résumé, à ébranler cet axiome inattaquable, que l'Église parlait à nos pères comme ils parlaient eux-mêmes, parce qu'elle tenait avant tout à répandre et à faire comprendre son enseignement. Et ses adversaires se plaignent souvent les premiers de l'art avec lequel elle savait persuader le peuple.

Nous avons un moment quitté des yeux notre frère prêcheur; mais la distraction que nous avons

(1) Aubertin, *Histoire de la langue et de la littérature françaises*, Paris, 1878, in-8°, t. II, p. 322, note 2.

eue au début de son sermon, si elle a été volontaire, n'était pas tout à fait oiseuse, et nous voici revenus à lui. Il trouve que les *belles douces gens* qui l'entourent ne sont pas encore assez doux, pas assez calmes (en plein air, on est toujours un peu moins recueilli), et il commence par leur recommander le silence : « Or, écoutez moult doucement, et gardez qu'il n'y ait parlement ; vous entendrez la passion de Notre-Seigneur, comment il fut pour nous supplicié (1). » Il prend ensuite quelques précautions oratoires ; il exprime le regret de ne pas savoir s'exprimer en style élégant, en *vers colorés*, comme plusieurs de ses confrères : mais pourvu que vous me compreniez bien, ajoute-t-il, cela suffit. « La verrière tamise les rayons du soleil, et cependant elle les laisse passer ; ainsi ma bouche, tout en prêtant à la parole divine la couleur de mon esprit, ne l'altérera point pour cela (2). » Puis il dit un mot du plan de son discours, car il a toujours un plan très méthodique (du moins en commençant) ; et son exorde, son *prothema*, comme on l'appelle alors, est terminé. Il est immédiatement suivi de la prière, à laquelle l'o-

(1) Bibl. nat., ms. fr. 1822, fol. 185.

(2) Ce préambule est de saint Bonaventure. (Ms. lat. 16481, n° 129.)

rateur appelle tous les assistants par cette formule : « Demandez au Seigneur qu'il me donne de vous « faire entendre de bonnes paroles (1). » Et alors tous récitent d'une voix, soit le *Pater*, soit l'*Ave*. C'est au siècle suivant seulement que la Salutation angélique tend à prévaloir, comme elle prévaut encore de nos jours. Une légende prétend qu'Alain de Lille, le célèbre docteur universel, aurait été un jour frappé de mutisme pour avoir négligé, en commençant un sermon, d'invoquer la sainte Vierge; cette anecdote n'est que du quinzième siècle et n'est rien moins qu'authentique : mais elle montre, du moins, le caractère obligatoire qu'avait pris alors une coutume conseillée déjà par saint Jean Chrysostome et observée par saint Augustin (2).

Après s'être ainsi concilié tour à tour l'auditoire et la Divinité, comme le faisait jadis Périclès en abordant la tribune, le dominicain développe son thème, il *dilate* son sujet. S'il s'agissait d'un point de théologie ou de morale, il multiplierait les divisions, les définitions, les distinctions ; c'est là l'écueil où se heurtent beaucoup d'orateurs contemporains : la subtilité, mère de la sécheresse. Mais

(1) Nicolas de Biard, ms. lat. 16505, fol. 218. (Bibl. nat.)
(2) « Sermoni oratio debet anteire. » *Homil.* 28.

il s'agit, heureusement pour nous, d'un récit, et du récit de l'événement le plus auguste, le plus touchant de toute l'épopée divine. Aussi déroule-t-il ces grandes scènes de la Passion dans une narration très simple, entremêlée çà et là de quelques réflexions naïves, de cris du cœur, de saillies pittoresques, de reproches sanglants à l'adresse des bourreaux ou des lâches. Le reniement de saint Pierre a surtout le don d'exciter sa verve; car, pour Judas le félon, il l'abandonne à son malheureux sort. Mais le prince des apôtres, comment peut-il montrer un esprit aussi versatile? « Dis-« moi, sire Pierre, qu'est-ce que tu fais? qu'est-ce « que tu veux? que vas-tu reniant? que vas-tu « pleurant? — Par Dieu, sire, je pleure parce que « je l'aime, et je l'ai renié parce que je suis une « chair fragile. *Amat caritas quod negat fragi-« litas*. Charité dormait tout à l'heure; mais elle « veillera bientôt : elle veillera, vous dis-je, le jour « où je donnerai mes mains et mes pieds à cruci-« fier devant l'empereur de Rome, pour celui « qu'une femme de rien m'a fait renier (1). » L'auditoire est déjà vivement ému. Mais le drame s'avance, et le récit devient plus palpitant.

(1) Bibl. nat., ms. fr. 13316, fol. 139.

Le prédicateur décrit les instruments du supplice de Notre-Seigneur, et montre du geste une flèche dorée, qui s'élève à côté du verger royal : « Là, dit-« il, sous ce clocher ensoleillé, repose le trésor du « royaume, la sainte couronne d'épines, la sainte « lance, la sainte éponge, que monseigneur le roi, « qui est de présent, a gagné à la France, et que « deux de nos frères, deux fils de Saint-Dominique, « ont été chercher à Venise et à Constantinople ; « c'est pourquoi les religieux de Saint-Jacques vien-« nent tous les ans, au jour anniversaire de cette « pieuse conquête, faire un beau sermon dans la « sainte chapelle du palais (1). » Et il énumère avec complaisance tous les bienfaits répandus sur la ville et le royaume par la présence de ces insignes reliques. Bientôt il arrive au point culminant du drame. Il peint Jésus attaché sur la croix, et, dans l'ardeur de sa compassion, il mêle à son récit quelques vers, qu'il a appris dans les *Distinctions* de Pierre de Limoges :

« Amor le fit lassus descendre,
« Amor le fit nostre humanité prandre,
« Amor le fit les bras en crois estandre,
« Amor li fit le costé fendre (2). »

(1) V. *Hist. littér.*, XXVIII, 447.
(2) Au mot *Amor* ; ms. lat. 16482 (Bibl. nat.).

Puis il en vient au dernier soupir de l'Homme-Dieu. A ce moment suprême, il jette avec lui un grand cri, et, levant son crucifix : « Ha ! vrai chré-« tien ! regarde, regarde, comme il a le chef in-« cliné pour te baiser, les bras étendus pour t'em-« brasser (1). »

L'attendrissement est à son comble ; on pleure de vraies larmes, et plus d'un fidèle s'écrie, comme autrefois le roi Clovis : « Ah ! si j'avais été là ! » Il se fait un temps d'arrêt. L'orateur respire ; puis il reprend, sur un ton plus bas, l'épilogue de la Passion. Il peint les disciples en fuite, et la Vierge Marie seule au pied de la croix. « Tous les apôtres, « dit-il, avaient abandonné le Seigneur Jésus, et « la foi s'était éteinte dans leur cœur ; seule, « Notre-Dame la conserva depuis le jour du cru-« cifiement jusqu'à celui de la résurrection ; en « mémoire de quoi, dans la semaine de pénitence, « aux matines, on éteint les unes après les autres « toutes les lumières, sauf une seule, réservée « pour les rallumer à Pâques (2). »

A ces mots, un incident inattendu se produit. Au fond de l'estrade, derrière le prédicateur, un

(1) *Ibid.*, au mot *Passio.*
(2) Bibl. nat., ms. lat. 16530.

des personnages les plus importants du cortège, un clerc d'un rang supérieur (*clericus magnus*) se lève soudain, et, d'un geste, arrête le religieux. C'est le chancelier de l'Église et de l'Université de Paris, à qui ses fonctions donnent une influence toute particulière dans le monde des théologiens. Il est, par sa position même, quelque peu en rivalité avec les ordres mendiants, dont les nouvelles écoles enlèvent aux siennes un grand nombre d'étudiants, et il ne paraît pas fâché de prendre en faute un des membres de la communauté de Saint-Jacques, un de ces jacobins qui accaparent la faveur populaire au détriment de la corporation des docteurs séculiers. Il croit avoir trouvé une bonne occasion; il la saisit et s'écrie, assez haut pour être entendu de toute l'assemblée : « Je regrette d'avoir à interrompre ici l'orateur; mais « je ne puis souffrir qu'il enseigne autre chose que « ce qui est dans l'Écriture, et je l'engage à conformer ses affirmations à celles du texte sacré. « Les apôtres, après la Passion, ont abandonné « Jésus-Christ de corps, mais ils lui sont restés « fidèles de cœur (1). » Le pauvre dominicain, confondu, mortifié aux yeux de la foule, ne sait trop

(1) *Ibid.*

quelle contenance garder : la nature lui conseille de riposter sur-le-champ au défenseur trop zélé des apôtres ; mais l'humilité à laquelle son habit l'oblige lui dit de se vaincre et de s'incliner. Il va donc se rétracter publiquement, avec une abnégation d'autant plus méritoire qu'il n'est pas du tout sûr d'être dans son tort, lorsqu'un auditeur, qu'on n'avait pas remarqué jusque-là, et qui s'était mêlé sans bruit aux derniers rangs de l'assistance, se lève à son tour, et attire aussitôt à lui tous les regards. C'est un homme d'un âge mûr, à la stature élancée, au visage empreint d'une douce et noble majesté ; il domine la foule et par sa taille et par son grand air, quoiqu'il soit vêtu d'une cotte de camelot très simple, et d'un surcot de tiretaine foncée. Un chuchotement court sur toutes les lèvres : « Voilà notre sire, voilà le bon roi Louis. » En effet, c'est saint Louis, qui, étant chez lui, dans son palais, n'a pas voulu manquer à sa pieuse habitude d'entendre la parole de Dieu aussi souvent que possible. De même qu'il allait naguère, comme le plus humble des étudiants, s'asseoir à terre devant la chaire des maîtres en théologie, à Royaumont, à Saint-Jacques, il s'est glissé dans son verger après que tout le cortège a été placé, et, grâce à la vive attention inspirée par la cérémonie, puis par le début du sermon, personne ne l'a vu prendre la plus modeste des places et la plus recueillie des attitudes. Comme il aime d'un amour particulier les jacobins, dont il s'entoure dans toutes les occasions, il éprouve une impression pénible à la pensée de l'embarras où se trouve un des leurs, et en même temps son grand savoir théologique lui suggère la mémoire d'un passage des Pères tout à fait conforme au sentiment du malheureux orateur. « Mon frère n'est « pas dans l'erreur, dit-il aussitôt; sa proposi- « tion est des plus orthodoxes, et on la trouve ex- « primée formellement dans saint Augustin. Al- « lez vite, ajoute-t-il en s'adressant à un sergent, « demander les œuvres du seigneur évêque d'Hip- « pone au gardien de la chapelle du Palais, qui « se trouve tout à côté : c'est là que j'ai fait réunir, « après bien des recherches, les manuscrits des « grands docteurs de l'Église. Vous m'apporterez « le *Commentaire sur l'évangile de saint Jean.* » On obéit, et, séance tenante, pendant que l'auditoire attend avec anxiété le résultat de cette curieuse controverse, le roi exhibe un passage authentique de saint Augustin, qui dit en propres termes : « *Fugerunt (apostoli), relicto eo* CORDE ET corpore (1). » Coup de théâtre : le chancelier, à son tour, se rassied confus ; le peuple est tenté d'applaudir son souverain, dont il admire la science ; mais il n'ose, par respect pour le chapitre et pour la docte Université.

Cette petite scène, qui nous est racontée en substance par Robert de Sorbon, offrirait de nos jours quelque invraisemblance. Mais elle est d'accord avec les usages du temps, et je ne l'ai évoquée que pour rappeler précisément un des caractères les plus originaux, les plus particuliers de la prédication du moyen âge. Les fidèles étaient alors si familiers avec toutes les choses de la religion et du culte, ils se sentaient si bien chez eux dans l'église, que l'enseignement qu'ils y recevaient tenait beaucoup moins du discours que de l'entretien ou de la conférence, dans le sens propre de ce mot. C'était comme un souvenir des homélies primitives, de ces conversations (*homiliæ, tractatus populares*), dans lesquelles l'évêque interrogeait le peuple et répondait à ses questions. Les œuvres des Pères de l'Église nous montrent aussi le ministre de la parole divine interrompu quelquefois par des acclamations magnifiques ou par de

(1) Bibl. nat., ms. lat. 16530.

bruyants applaudissements, interdits en vain (1). Au treizième siècle, les interruptions sont plutôt dues à des voix isolées, qui s'élèvent au milieu du sermon pour provoquer un éclaircissement, contester une assertion, poser une interrogation plus ou moins subtile. Elles se produisent généralement sans scandale, dans un but d'instruction (car les chrétiens de l'époque sont essentiellement pratiques et tiennent à éclaircir tous les doutes), plus rarement pour un motif personnel. Il y a pour les auditeurs (du moins pour les auditeurs instruits et compétents) une sorte de liberté de discussion ou de contrôle tout à fait étrangère aux habitudes compassées des temps modernes. Cette liberté a son charme et ses avantages, mais elle a aussi ses dangers : elle favorise notamment les contradictions et les apostrophes malséantes des hérétiques, répandus presque partout, et peut amener par là des désordres fâcheux. C'est probablement une des raisons qui ont fait disparaître peu à peu l'usage des interruptions et questions adressées aux prédicateurs. L'hérésie, du reste, a toujours eu pour effet de

(1) S. Cyrille d'Alexandrie, *Homil.* 7 ; S. Jérôme, *Epist.* 75 ; etc.

rendre moins intimes les rapports du fidèle avec Dieu ou avec l'Église, d'isoler l'âme dans un individualisme fatal, et d'imposer à ses adeptes, sous prétexte du respect dû aux choses saintes, un culte froid et guindé. Je ne sais trop même si la raideur du protestantisme n'a pas déteint quelque peu sur les formes extérieures du catholicisme moderne, et ne lui a pas enlevé par là une part de son attractivité sur les masses. Le respect est nécessaire; mais la familiarité des contemporains de saint Louis, qui d'ailleurs ne l'excluait pas, avait aussi du bon : le peuple, au lieu d'être éloigné de l'église par des dehors austères, y trouvait ses plaisirs, ses spectacles, ses réjouissances et, en même temps, son instruction; il y venait attiré par les séductions du cœur et de l'esprit, et il y restait.

Quant à l'intervention du roi et aux connaissances spéciales dont il fait preuve ici, elles n'ont rien d'étonnant non plus. Saint Louis, on le sait, avait fait une étude particulière des lettres sacrées; il expliquait lui-même l'Écriture à ses officiers, et dans la conversation il citait couramment des passages entiers des Pères, de saint Anselme, de saint Ambroise, et précisément de saint Augustin, qui était l'objet de sa prédilection. Tous ceux qui ont lu Joinville ou Geoffroi de Beaulieu doivent avoir été frappés de plus d'un fait de ce genre (1). L'anecdote est donc très vraisemblable, et, si généralement le bon roi est plus connu comme prince que comme théologien, elle a un double mérite en nous le révélant sous ce dernier aspect.

Notre homélie tire à sa fin, car il y a déjà une demi-heure qu'elle dure, et c'est là le temps réglementaire, d'après l'usage de l'époque (usage que l'on devrait bien remettre en vigueur aujourd'hui; tout y gagnerait, l'orateur, l'auditeur et le sermon). Il faut cependant pardonner au bon frère s'il dépasse un peu la mesure ; le récit de la Passion n'est pas un sujet ordinaire et prend toujours des proportions plus longues. Il lui reste encore à remplir un point capital du programme : il n'y a pas alors de bon sermon sans *exemple*, c'est-à-dire sans trait historique ou anecdotique à l'appui de ce qui vient d'être exposé. Un célèbre orateur de l'antiquité commençait, dit-on, toutes ses harangues par une histoire. Ici cette ressource oratoire, d'une incontestable efficacité, est ré-

(1) V. Joinville, éd. de Wailly, n° 40; *Recueil des historiens de la France*, XX, 15; etc.

servée pour la fin, pour le moment où l'attention est fatiguée, où les paupières s'alourdissent. Quelque long qu'ait été le corps du discours, l'auditoire populaire ne tient pas quitte le prédicateur s'il ne lui raconte un fait tiré de la morale en action de l'époque ou de ses propres souvenirs, un apologue, une fable au besoin : il lui faut son histoire, cette éternelle amorce des petits comme des grands enfants. Je soupçonne même quelques-uns de ceux qui sont entrés avec nous dans le verger royal de n'être pas venus pour autre chose au sermon. Le saint homme est donc absolument forcé de s'exécuter, et lui-même tient beaucoup à observer cette bonne coutume, car le fondateur de son ordre, saint Dominique, est un de ceux qui l'ont implantée les premiers, et c'est également un dominicain, nommé Étienne de Bourbon, qui a composé le plus vaste recueil d'anecdotes édifiantes à l'usage de la chaire (*tractatus de diversis materiis prædicabilibus*), recueil à peine achevé au moment où nous sommes (1). Mais il a bien de la peine à trouver une transition, un récit de circonstance, en un mot, à faire venir son exemple. Il a étudié, dans des manuels spéciaux,

(1) Étienne de Bourbon, *Anecd. histor.*, nos 1, 4.

l'art difficile d'*introduire* les anecdotes. Maître Pierre de Limoges lui a expliqué, dans ses *Distinctions*, comment il fallait s'y prendre : « Si vous voulez amener à propos telle histoire, prenez tel ou tel détour ; si vous voulez un exemple merveilleux sur l'Eucharistie et la manière de l'appliquer, voyez à telle page de ce recueil, etc. (1). » Mais c'est comme un fait exprès : il a la tête remplie d'un trait édifiant qu'il a lu la veille dans le manuscrit tout frais de son confrère Étienne de Bourbon, et ce trait n'a aucun rapport avec la Passion, sur laquelle il vient de parler. Une aussi petite difficulté n'arrêterait pas tel ou tel de ses pareils, qui ne se gênent pas pour coudre à leurs discours un appendice complètement étranger au sujet. Lui, du moins, cherche à la surmonter ; et comme il trouve l'anecdote très neuve, très morale, très bien appropriée à la majeure partie de l'assemblée qui l'écoute, il se décide à satisfaire par son moyen l'impatience populaire. Mais il ne s'agit pas seulement de répéter ce qu'il a lu. Ce qu'il a lu n'est qu'un sec résumé, un simple canevas ; les grandes lignes de la narration sont

(1) Bibl. nat., ms. lat. 16482, aux mots *Contemplatio*, *Eucharistia*.

seules indiquées : c'est à lui, c'est à son talent de conteur et à son imagination de donner à cet embryon informe les développements séduisants qu'il comporte. Le thème qui l'a frappé consiste simplement en ces quelques mots, écrits en latin :

« Un homme du peuple, ayant trouvé un sac « rempli de pièces d'or, l'emporta dans sa demeure « pour le réserver à celui qui l'avait perdu. Il « entendit bientôt publier que certain marchand « le réclamait et offrait de laisser la moitié de la « somme à celui qui le lui rapporterait. Il alla « donc le trouver et le lui rendit, sans vouloir rien « accepter. Mais celui-ci, touché de son désinté- « ressement, voulut, au contraire, lui abandonner « le tout, et se sauva en jetant l'argent devant « lui. L'autre le poursuivit en criant : Au voleur ! « On arrêta le marchand, et l'on demanda au « pauvre homme de quel vol il l'accusait. Il a « tenté, dit-il, de me voler mes deux plus grands « biens : ma pauvreté et mon honnêteté (1). »

Et de cette version, aussi terne que concise, le dominicain, la *dilatant*, selon l'expression des maîtres de la chaire, la colorant, la faisant passer du style indirect au style direct, et de la langue

(1) Étienne de Bourbon, *op. cit.*, n° 505.

savante dans la langue plus animée du peuple, tire le charmant et pittoresque récit que vous allez entendre :

« Notre Sire, en mourant nu sur la croix, nous « a enseigné le mérite du dénûment et du déta- « chement de toutes choses; car il pouvait être « riche et il était de sang royal, et nonobstant il « ne voulut oncques se séparer de la vertu de « pauvreté. Ce même enseignement nous est « donné aussi par l'aventure que je vous conterai « d'un marchand qui venait de la foire du Lendit, « à Saint-Denis, où il avait mené grande mar- « chandise et vendu bientôt tout. Il mit son gain « en une masse d'or moulu, et, se remettant en « route, il passa parmi la bonne ville de Paris, et « là passa par devant une église. Le prud'homme « avait accoutumé de faire ses oraisons devant « l'image de la mère de Dieu, sainte Marie : il « entra au moutier, fit ses oraisons et posa sa « gourle (ou sa besace) à côté de lui. Mais, quand « il se leva de prier, vaine pensée qu'il eut lui fit « oublier son avoir, et il s'en alla, et ne s'en donna « garde.

« Un bourgeois y avait dans la ville qui aussi « avait accoutumé d'aller au moutier susdit, et « moult volontiers et souvent faisait ses oraisons

« devant la benoîte mère de Dieu, madame sainte « Marie. Là, il trouva ce grand avoir, et vit qu'il « était scellé et bien fermé au loquet. Il s'ébahit, « et se demanda, tout émerveillé, d'où ce trésor « venait. Hé ! Dieu ! dit-il, que ferai-je ? Si je « fais savoir le long de cette ville que j'ai trouvé « pareil avoir, tel le réclamera qui oncques n'y « eut peine ni travail à l'acquérir. Adonc se pour- « pensa le bourgeois qu'il le garderait jusqu'à « l'heure où il en aurait vraies nouvelles. Il vint « en sa chambre, le mit dans un écrin, et vint à « son huis (à sa porte), où il écrivit en grosses « lettres ces mots : Quiconque a rien perdu, qu'il « vienne à moi.

« Quand le marchand eut erré grand pièce de « temps et qu'il fut hors de sa vaine pensée, il tâta « autour de lui et cuida trouver sa gourle : n'en « trouva mie. Adonc fut moult mal à l'aise. Hélas ! « dit-il, j'ai tout perdu. Mors suis, trahi suis ! Il « s'en revint au moutier, cuidant retrouver sa « gourle : n'en trouva mie. Il vint au prêtre, de- « manda nouvelles de son avoir : n'en trouva nulle. « Il sortit du moutier tout pensant, et, en pas- « sant, trouva ces lettres écrites sur l'huis du « bourgeois. Il entra en l'hôtel, vit le bourgeois « qui avait trouvé la sacoche, et lui dit :

« Ha ! par Dieu, sire, êtes-vous le maître de cet « hôtel?

« — Oui, sire, répondit-il, tant comme à Dieu « plaira. Que vous plaît-il?

« — Ha! sire, fit le marchand, par Dieu, dites-« moi qui a écrit ces lettres sur votre huis.

« Le bourgeois feignit celui qui n'en savait rien, « et dit:

« Bel ami, il demeure céans des clercs et diffé-« rentes gens; ils écrivent là leurs vers, leurs « devises. Et que voulez-vous, beau sire? Avez-« vous rien perdu?

« — Perdu, sire! Ah! certes, j'ai perdu. J'ai « perdu si grand avoir, que je ne le sais comp-« ter.

« — Comment, bel ami? Qu'as-tu donc perdu?

« — Sire, j'ai perdu une gourle toute pleine « d'or, scellée à tel scel et fermée à tel loquet.

« Alors le bourgeois sut qu'il disait vérité. « Adonc il l'appela en sa chambre, et lui montra « son avoir, et le pria de le prendre.

« Et quand le marchand trouva le bourgeois « de loyauté si plein, il s'émerveilla, et pensa : « Beau sire Dieu! Je ne suis pas digne d'avoir tel « trésor comme j'avais amassé. Ce bourgeois en « est bien plus digne que moi. Sire, lui dit-il,

« certes, cet avoir est bien mieux placé chez vous « que chez moi ; je le vous donne, et à Dieu vous « recommande.

« — Ah! bel ami, se récria le bourgeois, prends « ton avoir ; je ne l'ai point gagné.

« — Certes non, dit le marchand, je ne le pren- « drai pas, mais je m'en irai sauver mon âme.

« Et il s'enfuit à grande allure, laissant son « trésor. Le bourgeois, voyant qu'il s'en allait si « brusquement, court après lui et se met à crier : « Larron, larron! prenez le larron! Les voisins, « apercevant celui qui s'enfuyait, courent et « l'arrêtent, et demandent au bourgeois : Quel « larcin vous a fait cet homme ? Quel méfait a-t-il « commis ? — Certes, mes seigneurs, dit le bour- « geois, il a voulu me faire un grand tort : il a « voulu me voler ce que j'ai de plus précieux, ma « pauvreté et ma loyauté, que j'ai soigneusement « gardées jusqu'à cette heure.

« Et il leur conta la vérité. Et quand les voisins « ouïrent la vérité, ils firent prendre au marchand « tout son avoir et le renvoyèrent (1). »

(1) Cette *dilatation* du canevas d'Étienne de Bourbon se trouve dans un sermon anonyme prononcé à Amiens entre les années 1243 et 1269, et conservé dans les mss. de dom Grenier, vol. CLVIII, fol. 131. (Bibl. nat.)

Cette jolie scène de mœurs, que je rapporte textuellement, trouverait difficilement son pendant parmi les traits des hommes illustres du *De Viris*. L'auditoire, qui était tout oreilles, d'autant plus que le beau rôle est joué ici par un bourgeois de Paris, est profondément édifié ; et il y a de quoi, pour des gens habitués la plupart au négoce et à l'usure. L'orateur eût pu demander à ses souvenirs de voyage, à ses relations personnelles une anecdote d'un caractère plus précis, plus historique, qui eût transmis à la postérité des particularités pleines d'intérêt sur des lieux ou des personnages célèbres. Mais il s'occupe bien de la postérité ! Il songe à répandre la notion de la vertu et de la moralité chez les bourgeois de la grande cité commerçante, et peu d'exemples, à ce point de vue, pouvaient porter aussi juste.

Le sermon, cette fois, touche à sa fin. Après avoir dégagé de son récit une conclusion pratique, après l'avoir de nouveau rattaché par quelques mots habiles au sujet traité (opération bien nécessaire, on en conviendra), l'homme de Dieu termine par le souhait traditionnel, qui est aussi un legs des Pères de l'Église, et dont la formule se dit en latin : « *Quod vobis præstare dignetur qui vivit et regnat Deus per omnia secula seculorum. Amen* (1). » Mais il ne descend pas encore de l'estrade : il va donc ajouter quelque chose à ce discours déjà trop long ?

Rassurez-vous, son éloquence est tarie. Mais il faut nous rappeler que c'est le sermon de la messe qui a été transporté à la procession, et que nous sommes, par conséquent, au prône. Or, le prône, à cette époque, est suivi de certaines prières et de certaines annonces qui le précèdent aujourd'hui : c'est ce qu'on appelle les *monitions*. Prêtons donc l'oreille une minute de plus. Le prêtre demande aux fidèles de prier ensemble pour l'Église, pour monseigneur Urbain, le très saint-père, pour mon seigneur Renaud, l'évêque de Paris, et les autres pasteurs de la capitale, pour la paix de la France, « ce royaume des royaumes, » dit-il, pour la prospérité du roi Louis, pour ses enfants, qui sont « le trésor de la nation, » pour le roi de Sicile Charles d'Anjou, le champion de la papauté, pour la Terre Sainte et ses défenseurs, puis enfin pour les défunts, dont il désigne quelques-uns ; car la touchante coutume d'im-

(1) Bibl. nat., mss. fr. 13316, 13317 ; lat. 15033, 15956, etc.

plorer Dieu en faveur des trépassés au moment du prône, à l'heure où un plus grand nombre de voix sont unies pour influencer la justice divine, est depuis longtemps en vigueur. Que veut-il dire encore? Le voilà qui baisse le ton... C'est pour recommander discrètement aux prières publiques un malheureux clerc, qui a tout récemment scandalisé l'Église de Paris : c'est le curé de Saint-Germain l'Auxerrois. Qu'a-t-il donc fait? Il a, sans permission, sans congé, abandonné sa paroisse, pour aller jouir d'une grasse prébende dans un autre diocèse. On appelle sur son infidélité, non le châtiment, mais le pardon (1).

Aussitôt, tout le monde tombe à genoux, et les prières demandées sont récitées en commun, à haute voix, par le religieux et ses auditeurs. Ce sont encore le *Pater* et l'*Ave*, répétés plusieurs fois. Des indulgences spéciales sont ensuite annoncées et octroyées ; une absolution solennelle est donnée (2) ; les palmes sont bénies et distribuées. Tout est fini : le clergé retourne à Notre-Dame achever la cérémonie ; le roi a déjà disparu ; le peuple s'écoule à son tour, et il ne reste plus dans le

(1) Bibl. nat., ms. lat. 16481, nos 11, 49, 95, 124, etc.
(2) Martène, *Ant. Eccl. rit.*, I, 381.

jardin du Palais que le parfum divin de la prière, mêlé aux parfums terrestres des pommiers en fleur...

Mais dans les âmes, que reste-t-il? Allons-nous assister à la répétition de ce plaisant dialogue qu'un anonyme contemporain met dans la bouche de deux paroissiens, dont l'un vient d'écouter avidement sa harangue? « Dieu! dame sainte « Marie! comme ce prud'homme a bien sermonné! « — Et qu'a-t-il dit? fait l'autre. — Par ma foi, je « ne sais (1). » Non. La parole de notre religieux a porté ses fruits. A cet âge de foi et de dévotion expansive, il n'y a pas besoin de grands efforts d'éloquence pour entraîner des conversions inopinées, des démonstrations enthousiastes. Tel argument qui nous laisserait tout à fait froids agit vivement sur l'imagination des fidèles. La semence de la grâce, quand elle tombe sur un terrain bien préparé, est toujours plus active et plus féconde. Si nous avions le temps de suivre quelques-uns des groupes qui s'éloignent, nous pourrions nous en convaincre facilement. Voici deux jeunes étudiants qui, du Palais, remontent vers le faubourg Saint-Jacques : ils ont comploté

(1) Mss. de dom Grenier, *loc. cit.*

d'aller ensemble revêtir sur-le-champ l'habit de Saint-Dominique, tant la mission du religieux qu'ils ont entendu leur paraît belle; ils se souviennent de l'exemple donné naguère par un de leurs plus fameux professeurs, un ancien médecin, nommé Alexandre de Halès, qui, au milieu d'une allocution du frère Jean de Saint-Gilles, endossa, séance tenante, la robe blanche des Jacobins. Voici de nobles dames, de riches bourgeoises qui se dépouillent de leurs bijoux, de leurs parures, et qui vont de ce pas vendre les uns et brûler les autres sur la place publique, pour l'amour du Dieu crucifié dont elles viennent de pleurer les souffrances. Voici des usuriers qui, par un effort plus rare et plus méritoire encore, courent se débarrasser du montant de leurs gains illicites, dont le poids étouffe leur conscience (1). Tous ces résultats sont fréquents, et se produisent d'ordinaire à l'issue du sermon. Ainsi, dans les impressions des fidèles comme dans le zèle des orateurs, se retrouve ce caractère pratique qui distinguait la religion de nos pères.

Tel est à peu près le type de la prédication po-

(1) V. *Hist. littér.*, XVIII, 397; XXIV, 379; etc.

pulaire. Je n'ai pas été emprunter mon spécimen à la grande éloquence, pour deux raisons : d'abord parce qu'elle est l'exception, alors comme toujours; ensuite parce que des fragments assez nombreux, déjà reproduits ailleurs, ont suffisamment prouvé que cette éloquence n'avait pas disparu. J'ai préféré dépeindre le sermon de tous les jours, celui qu'adressaient au peuple, sans aucune recherche, sans aucune prétention, les pasteurs chargés de son enseignement quotidien. La rhétorique en est absente ; pourtant on ne saurait dire que les mouvements oratoires en soient bannis. Dans cette espèce d'homélie ou d'entretien familier, qui réalise en quelque façon l'idéal du genre (une conversation avec l'auditoire serait le vrai genre, disait le P. de Ravignan), le prédicateur est éloquent par hasard, quand cela se rencontre, quand il en a le loisir; et il l'est d'autant plus quand ces moments-là se présentent. Des saillies pleines de verve, des éclairs d'inspiration viennent rompre la régularité quelque peu monotone du cadre qui lui est imposé par la tradition. Mais le but qu'il se propose avant tout, je le répète, c'est d'instruire, c'est d'éclairer; et ce n'est pas pour autre chose, en somme, que la chaire chrétienne a été instituée.

A côté de ce caractère éminemment instructif et démonstratif, nous trouvons dans la prédication du treizième siècle une autre originalité non moins accusée, que je n'ai pu mettre en relief, parce que le sujet de notre sermon artificiel ne s'y prêtait pas: c'est cette critique incessante, sévère, impitoyable, qui démasquait tous les vices, tous les travers, et qui s'attaquait de préférence à ceux des grands et des puissants. L'Église ne se contentait pas de se pencher miséricordieusement vers les petits pour élever leurs âmes à l'espérance et à la lumière: elle se redressait contre les oppresseurs du peuple, elle les dénonçait sans partialité ni frayeur; elle fustigeait avec une égale énergie les seigneurs, les légistes, les princes, les prélats même. La chaire remplaçait en cela, et non sans avantage, le contrôle de la presse et de l'opinion publique. Elle exagérait même les torts des classes supérieures, en leur appliquant plus qu'aux autres sa maxime austère: « *Cum tangit prædicando, presbyter durus esse debet* (1). » On a voulu quelquefois chercher parmi les troubadours, parmi les faiseurs de sirventes et de satires, cette magistrature de la critique qui arrête les abus en les

(1) Jacques de Vitry, ms. 17509, fol. 22.

flétrissant; on a prétendu voir en eux les ancêtres de nos censeurs et de nos Catons de journal. Mais les troubadours étaient au service des barons, qui les payaient, et non au service du peuple, qui les ignorait. Leur voix ne dépassait pas l'enceinte des cours et des châteaux; et, dans leurs amères railleries, ils ne satisfaisaient guère que leurs ressentiments personnels ou ceux de leurs protecteurs. Quelle différence avec les critiques impartiaux de la chaire! Ceux-ci parlaient réellement au nom des grands principes de la morale; ils châtiaient le mal partout où ils le trouvaient; ils ne s'enflammaient pas pour les belles et frivoles châtelaines qu'ils rencontraient au milieu des fêtes, mais pour les pauvres et les abandonnés qu'ils recueillaient dans la poussière du chemin. Ce sont eux, et non les poètes de la licence raffinée, qui ont maintenu haut et ferme, envers et contre tous, le drapeau de la charité universelle et de l'égalité chrétienne; et, s'il est vrai que l'opinion publique soit souvent la voix impersonnelle du droit et de la justice, ce sont eux qui, dans ce siècle agité, représentent l'opinion, la conscience de la nation.

Élevons plus haut nos regards, et, avant de dire adieu à ces champions plus ou moins heureux, mais toujours vaillants, des saintes et nobles causes, rendons-leur, une fois pour toutes, l'hommage qu'ils méritent. Ils n'ont pas seulement enseigné les fidèles, ils n'ont pas seulement défendu le peuple : ils ont, je le déclare, sauvé la société. Que m'importent les inégalités de leur style, leur ignorance du grand art, l'abaissement de la rhétorique? Oui, c'est vrai, la fin du treizième siècle a vu la décadence s'introduire dans la chaire comme dans une foule de choses, comme dans la poésie, comme dans la chevalerie, comme dans les mœurs. Mais, à ce moment, l'œuvre de salut était accomplie, et les courageux missionnaires de l'Église pouvaient, comme le héros de la Rome antique, monter au Capitole. On sait de quels périls était menacée cette civilisation chrétienne, si florissante à la surface, mais déjà minée par le travail souterrain de l'hérésie, dont l'invasion redoutable allait amener, plusieurs siècles avant leur tour, Luther et la Révolution. On sait comment deux grands ordres monastiques, suscités fort à propos par la Providence, conjurèrent le mal par la restauration de la pauvreté et de la prédication évangéliques. Eh bien! ce que l'on a pu dire des Frères Prêcheurs et des Frères Mineurs, il faut le dire de tous les orateurs sacrés de l'époque. Ces religieux ne formaient que l'élite : ils étaient suivis d'une nombreuse armée, qui, ayant combattu tout entière, a droit d'être honorée tout entière. Ce ne sont pas les écrivains, ce ne sont pas les littérateurs qui ont converti les hérétiques, raffermi les hésitants, arrêté la contagion de l'erreur : le peuple ne lisait guère. Mais le peuple écoutait, le peuple se laissait gagner par la parole. Tous les jours, dans le Midi surtout, il se trouvait en présence des vrais et des faux prophètes ; il assistait à des controverses passionnées, à des joutes oratoires, et, s'il se rangea finalement du côté de l'orthodoxie, c'est que les apôtres de l'orthodoxie plaidèrent mieux leur cause, c'est qu'ils furent plus persuasifs, c'est qu'ils eurent raison. Voilà la véritable éloquence, celle qui se fait sentir dans les faits et dans les résultats. Ce fut celle de ces intrépides parleurs qui, dans toute la France, travaillèrent simultanément au triomphe de la vérité, et qui réussirent. Par là s'explique l'énorme développement donné alors à la prédication ; par là éclate aussi la grandeur des services qu'elle a rendus à la société.

Ah ! je sais bien ce que nos adversaires m'objecteront. Ils me parleront de la croisade des Albigeois, de l'inquisition, des lois civiles contre l'hérésie. Ils attribueront à ces appuis matériels la consolidation momentanée du vieil édifice catholique. Mais ne restait-il pas, après la croisade, une multitude d'hérétiques ou d'égarés ? N'en restait-il pas encore après la période violente de l'inquisition ? N'en restait-il pas après la promulgation des premières ordonnances de saint Louis ? Sans doute, ces expédients contribuèrent au succès ; mais qui ne sait que la violence, en matière de religion, n'a jamais fait que surexciter les résistances ? Et qui pourra nier que la persuasion ramène mille fois plus d'âmes que la crainte ? C'est ce que l'événement démontra une fois de plus ; car, au contraire, après les missions multipliées et prolongées des prédicateurs de tout rang et de toute catégorie, après les prodiges d'activité et d'habileté dont ils donnèrent le spectacle sous le règne de leur admirateur et de leur protecteur particulier, il n'est plus question de l'hérésie ni dans les chroniques, ni dans la législation, ni dans les sermons eux-mêmes.

C'est donc la puissance de la parole sacrée qui, en réalité, dissipa le péril et sauva l'Église. Aussi le siècle de saint Louis pourrait-il être appelé non moins justement le siècle de la prédication. On ne s'explique peut-être pas très bien ce merveilleux résultat lorsque l'on considère uniquement la qualité des instruments et des moyens employés pour y arriver. Mais ceux-là se trompent fort, qui comptent sans l'action intime et secrète de la grâce. Dieu se sert très souvent, pour l'accomplissement de ses desseins éternels, d'intermédiaires qui paraissent au-dessous de leur tâche : ils réussissent cependant, soit qu'il leur communique une vertu soudaine, soit qu'il les fasse triompher malgré leur incapacité, comme pour mieux affirmer qu'à lui seul appartient la direction des choses humaines. Ainsi, les effets atteints par nos vieux orateurs attestent moins encore le mérite de leur éloquence que l'infinie bonté de Celui qui touchait les cœurs par leur moyen. Le succès de leurs efforts renferme, toutefois, une éclatante leçon pour ceux qui s'imaginent que le péril social peut être conjuré à l'aide des gendarmes ou des canons; il offre, au contraire, un puissant encouragement à ceux qui travaillent au salut commun par la parole, par l'enseignement, par la plume, et qui, au lieu de mettre leur espérance dans le fer ou le plomb, dans le perfectionnement des armes, dans les progrès de la matière, se font les coopérateurs de la plus admirable et de la plus irrésistible de toutes les forces, celle de la grâce divine agissant sur les hommes.

VII

LE THÉATRE

Au moyen âge, disions-nous, le peuple trouvait dans les temples catholiques ses divertissements. Il y trouvait, en particulier, son théâtre, et un théâtre doublement national, parce qu'il était consacré à la fois à commémorer les grands faits de l'histoire de l'Église, cette patrie des âmes, et à célébrer les gloires de la France, depuis Clovis jusqu'à Jeanne d'Arc. Si le sermon était une scène animée, le drame, de son côté, était encore une sorte d'exhortation religieuse et morale. Que dis-je? Il n'était d'abord qu'une dépendance de la liturgie, un prolongement de l'office sacré. Et ce drame primitif, ce mystère ayant engendré le drame shakespearien, puis le drame moderne, il suit de là que toute notre littérature dramatique, que tout notre théâtre, sécularisé, paganisé par la marche des siècles, est essentiellement chrétien par son origine. *Quantum mutatus ab illo!*

Notre société n'est, du reste, pas la seule où se soit produit un phénomène de ce genre. La tragédie, qui était le drame national des Grecs, naquit chez eux, comme son nom l'indique, d'un hymne à Bacchus transformé peu à peu en dialogue, puis en véritable scène. Un de nos érudits les plus compétents en matière de poésie dramatique, et dont je n'ai ici qu'à suivre la trace, M. Marius Sepet, a exprimé cette vérité d'une façon heureuse : « L'histoire des progrès de la tragédie en Grèce, c'est l'histoire des empiétements du dialogue sur l'hymne, des personnages sur le chœur. » Eh bien ! de même, l'histoire du développement du théâtre au moyen âge, c'est celle des empiétements du dialogue sur les tropes liturgiques et de l'élément profane sur l'élément sacré. Ce n'est pas là le seul point sur lequel on trouve une corrélation frappante entre les origines littéraires de la nation hellénique et les nôtres. L'épopée nationale s'était également formée chez nous de la même façon que chez elle, sous l'empire des mêmes causes et

1 *Le drame chrétien au moyen âge*, p. 10.

de la même situation. Les Romains, qui sont nos ancêtres plus directs, n'ont cependant point passé par des phases analogues, parce qu'ils n'étaient pas, comme les Grecs et comme les Gallo-Francs, une race primitive. Il faut, pour qu'un peuple s'identifie avec sa religion au point de la mettre en scène et d'en tirer tout un théâtre, les précieuses qualités de la jeunesse, et par-dessus tout l'enthousiasme. Or, les Romains ne professèrent de l'enthousiasme que pour les hommes et les choses de la Grèce : ils n'eurent point de religion nationale, de culte indigène ; ils empruntèrent celui d'autrui, et, dans les commencements, ils ne formaient même pas une race. Une grande originalité était, au contraire, le caractère de la poésie germanique, et, lorsque les tribus franques eurent rajeuni, en s'y mêlant, le sang des populations gauloises, lorsque surtout le christianisme eut peu à peu vivifié ce mélange par sa sève toute-puissante, il en sortit un peuple nouveau, un peuple jeune, ayant sa vie propre et ses traditions à lui. C'est ce qui fit qu'il y eut une épopée française ; c'est ce qui fit que nous eûmes, dès l'origine, un drame national.

Le nom même de ce drame atteste son caractère religieux : les cérémonies de l'Église s'appelaient comme lui des *mystères ;* il devait être la représentation mystérieuse, c'est-à-dire symbolique, des scènes de l'Évangile rappelées dans l'office divin. La partie de l'office qui lui donna particulièrement naissance, je viens de l'indiquer, c'est le trope; le trope, cette interpolation liturgique qui se glissa, à partir du dixième siècle, entre les différents membres, entre les phrases mêmes du texte canonique, pour le paraphraser, et qui prit insensiblement les proportions d'un morceau de poésie analogue à l'hymne ou à la prose; tel est le chant pascal : *O filii et filiæ* (1). Non seulement on allongea de plus en plus les tropes, mais on les mit en action; on fit chanter par des personnages différents les paroles mises dans la bouche de Jésus-Christ, de Marie, de Lazare, etc., et par l'ensemble des fidèles le corps du récit, absolument comme dans la tragédie antique, où une partie des faits intéressant l'action était simplement racontée par le chœur. C'est ce qui a lieu encore dans le chant de certains offices, dans celui de la Passion, par exemple, où les voix alternées constituent un véritable dialogue. La simple commémoration du fait évangélique devint donc successivement une

(1) C'est ce que démontrera plus amplement M. Léon Gautier, dans la savante *Histoire de la poésie latine* dont il prépare en ce moment la publication.

narration détaillée, puis une narration dialoguée, puis un *scenario* plus ou moins développé; et cela se fit par une transformation en quelque sorte inconsciente, sous l'influence de la ferveur et de l'enthousiasme du peuple fidèle, qui voulait se représenter sous une forme plus saisissante les origines du christianisme, en repaître ses yeux, et même y jouer un rôle.

Mais, dès le premier moment, quelques tropes revêtirent aussi le caractère dramatique. Ainsi, vers la fin du dixième siècle, voici ce qui se passait à la fête de Noël, entre le *Te Deum* qui terminait les matines et l'*Introït* de la messe. Pendant l'espèce d'entr'acte qui séparait ces deux offices, deux chœurs, personnifiant les anges et les bergers, échangeaient en latin les paroles suivantes :

« Qui cherchez-vous dans la crèche, dites, bergers ?

« — Le Sauveur, le Christ, le Seigneur, l'Enfant enveloppé de langes, selon la parole angélique.

« — Le voici, ce petit enfant, avec Marie, sa mère, de qui prophétisa, il y a longtemps, Isaïe, disant : Voici qu'une vierge concevra et enfantera un fils. Allez donc, et dites qu'il est né. Alleluia !

« — Oui, maintenant, nous savons bien que le « Christ est né sur la terre. Chantez donc tous son « avènement, répétant avec le prophète : Un en- « fant nous est né ; etc. (1). »

Franchissons deux siècles. Qu'est devenue cette petite scène primitive, cet embryon de drame, qui a encore une couleur toute liturgique? D'abord, il s'est considérablement augmenté; puis les rôles se sont subdivisés; la mise en scène s'est perfectionnée; enfin l'élément profane y a déjà quelque peu pénétré, car la langue vulgaire, le vers français y ont fait leur apparition, et c'est là un changement caractéristique. En un mot, le dialogue des anges et des bergers est devenu le drame attachant des *Pasteurs* dont M. Sepet nous a donné l'analyse (2).

Telle est, en deux mots, et pour nous borner à un seul exemple, l'histoire de la formation du drame chrétien ; et telle est la seconde phase du mystère, ou, si l'on veut, son deuxième mode d'existence, qui dure depuis le douzième siècle jusque vers le commencement du quatorzième. C'est donc sous cette forme qu'il se présente, à l'époque que nous étudions. Il se trouve alors à l'é-

(1) Sepet, *op. cit.*, p. 66.
(2) *Ibid.*, p. 67 et suiv.

tat de drame semi-liturgique, suivant la définition qu'on en a donnée. En effet, il offre une transition évidente entre la scène purement liturgique du premier âge et le mystère développé jusqu'à l'excès, en trente ou quarante mille vers et en plusieurs journées, sorti de l'église, émancipé, fait pour être joué sur la place publique, tel qu'en écriront les dramaturges du temps des Valois. Un des spécimens les plus curieux de cette transition ou de cette transformation graduelle nous est fourni par le drame d'*Adam*, qui est tiré d'un ancien sermon servant de leçon dans l'office de Noël : un travail très intéressant de M. Sepet nous le fait voir passant tour à tour par les trois états de mystère liturgique, de mystère semi-liturgique et de mystère profane (1) ; et l'état intermédiaire, celui qui correspond aux douzième et treizième siècles, est peut-être le plus parfait des trois. Le drame semi-liturgique conserve un caractère de dignité que ses dérivés ne tarderont pas à perdre. Il est tantôt en français, tantôt en latin : les deux langues y luttent encore, comme dans le reste de la littérature contemporaine. Mais, lorsque la langue vulgaire l'emporte, lorsqu'un drame est composé

(1) *Bibliothèque de l'École des chartes*, année 1868, p. 105 et ss.

tout entier en français (ce qui arrive ordinairement lorsqu'il doit être joué devant le peuple, tandis que ceux qui se jouent dans les couvents ou dans les écoles sont en latin), on n'y rencontre cependant ni les platitudes ni les grossièretés qui déshonoreront le mystère dans la période suivante. Le siècle de saint Louis est encore plein de foi et de respect : la licence, si elle existe quelque part, n'ose pas s'étaler en public ; et d'ailleurs, le lieu qui sert d'asile au théâtre interdit les farces et les plaisanteries. Ce lieu, il est vrai, n'est plus l'église seule : ce sont aussi les dépendances de l'église ; car les nécessités de la mise en scène exigent un emplacement plus vaste, et les acteurs comme les spectateurs se transportent quelquefois d'un endroit à un autre, lorsque la scène se déplace, afin de reproduire les événements avec plus de fidélité. Ainsi, pour nous renfermer dans le sujet que nous avons pris pour exemple, le mystère des *Bergers* s'étant fondu avec celui des *Mages*, par suite de la tendance du théâtre à former comme des cycles dramatiques embrassant, les uns toute la période des fêtes de la Nativité, les autres toute la période pascale, et ainsi de suite, il faudra des locaux différents pour installer la partie de l'action qui se passe à Bethléem, celle qui se passe au palais d'Hérode, etc. (1). Cette conception fort large de la représentation dramatique avait cependant un inconvénient pour les assistants : il est évident que ceux qui se trouvaient dans l'église ne pouvaient guère contempler les scènes qui se passaient au dehors, et réciproquement, à moins de jouer habilement des coudes au travers d'une foule compacte. Mais, de cette manière, il y en avait un peu pour tout le monde, tandis que les infortunés qui font la queue à nos théâtres n'obtiennent souvent, pour prix de plusieurs heures de patience, qu'un ajournement.

Quant au choix et à l'instruction des acteurs, on n'y accordait pas moins d'attention. Les grandes confréries qui s'emparèrent peu à peu de l'entreprise des mystères, et qui sont demeurées célèbres chez nous sous le nom de Confrères de la Passion, n'apparaissent pas encore. Mais les écoliers, qui représentaient annuellement la vie et les miracles de leur patron, saint Nicolas, faisaient de leurs rôles une étude attentive. Les rôles des personnages les plus vénérables, ceux de Jésus-Christ, des anges, des apôtres, étaient distribués aux

(1) Sur la mise en scène des mystères, voy. Sepet, *Le drame chrétien*, p. 92-99.

clercs les plus édifiants. Pour les rôles de femmes, ils étaient toujours tenus par des jeunes gens (1) : c'était une règle absolue, qui s'explique non seulement par un motif de convenance, mais aussi par le caractère sacré des premiers mystères, lesquels, étant presque des cérémonies de l'Église, ne pouvaient admettre aucune femme sans aller à l'encontre de tous les canons. Les hommes portant alors des vêtements longs et flottants, peu différents de ceux de leurs compagnes, l'observation de cette règle n'était ni difficile ni malséante; et l'on sait, du reste, qu'elle est demeurée en vigueur jusqu'à des temps assez rapprochés du nôtre. Combien le sexe féminin s'est dédommagé depuis !

Quels que fussent les acteurs, on avait toujours soin de les dresser d'avance et de les faire répéter. Ils avaient parfois affaire, comme de nos jours, à des auteurs fort exigeants, ou à des régisseurs (appelés un peu plus tard les *meneurs du jeu*) qui ne l'étaient pas moins. On en peut juger par le préambule du mystère d'*Adam*, dont l'auteur inconnu était plus entendu que beaucoup d'autres : « Qu'Adam soit bien dressé à donner la réplique,

(1) C'est ce qu'a démontré encore M. Sepet, *Bibl. de l'École des chartes*, an. 1868, p. 265 et s.

« afin de ne la donner ni trop tôt ni trop tard; et « non seulement lui, mais tous les personnages. « Que tous soient instruits à parler posément et à « faire des gestes en rapport avec ce qu'ils disent. « Qu'ils ne s'avisent pas, dans les vers, d'ajouter « ou de retrancher une syllabe; mais qu'ils les « prononcent toutes distinctement, et disent sé« rieusement ce qu'il faut dire (1). » Sages préceptes, qui ne seraient pas toujours inutiles aux élèves de notre Conservatoire !

Voilà, en peu de mots, où en était le mystère au temps de saint Louis. L'art dramatique n'était ignoré ni dans la pratique ni dans la théorie, puisqu'un des principaux encyclopédistes du siècle le classait parmi les dépendances de la philosophie (2). Est-ce à dire qu'il atteignît le niveau où s'élevaient alors certains autres arts et certaines branches de la littérature? Assurément non; la poésie des mystères n'offre rien d'aussi hardi, d'aussi sublime que celle des chansons de geste, par exemple. Toutefois elle ne présente peut-être pas autant d'inégalités, à cette époque du moins. Elle n'a pas de ces élans subits, de ces mouve-

(1) *Le drame chrétien au moyen âge*, p. 124.

(2) V. ci-dessus, p. 71.

ments passionnés qui arrachent des cris d'admiration : elle n'a pas non plus, elle n'a pas encore de ces brusques abaissements qui choquent les esprits délicats. La raison en est simple : c'est qu'elle suit paisiblement, pas à pas, le texte sacré, dont elle n'est que le commentaire. Elle ajoute fort peu de chose aux situations et aux paroles qu'il renferme ; elle s'élève avec lui et descend avec lui. En un mot, elle n'est pas émancipée comme elle le sera bientôt, et comme l'est déjà la poésie épique ; mais les entraves qui arrêtent l'essor du génie ou de la fantaisie des dramaturges les préservent aussi des égarements et des chutes trop ordinaires chez ceux dont l'imagination est la seule règle. Il ne faut pas oublier, enfin, que leur premier objectif est alors l'édification des fidèles, et non le plaisir de l'esprit ou de l'oreille.

Après ces détails sur l'état du théâtre au treizième siècle, il ne sera pas inutile de donner, ne fût-ce que pour faire sentir le contraste, un aperçu du mystère sécularisé, tel qu'il nous apparaît dans sa troisième phase. Vers le milieu du quatorzième siècle, l'ancien drame sacré est devenu profane quant au lieu de la représentation, parfois aussi quant au sujet : mais il est encore essentiellement religieux par son esprit ; il contient des sermons en vers qui servent d'intermèdes ; il a toujours un but d'édification et le caractère de spectacle commémoratif ; et si l'on met à la scène autre chose que le récit évangélique, on y met du moins des traits d'histoire nationale, comme le baptême de Clovis. L'abus n'arrivera véritablement que cent ans plus tard : abus de longueur d'abord, car la représentation de certains mystères ne demandera pas moins de vingt-cinq journées ; abus de langage et de style, car les termes les plus grossiers se mêleront à des platitudes rebutantes, et la farce ignoble envahira le théâtre. Ne descendons pas jusqu'à cette époque de décadence complète ; mais examinons la première forme du mystère profane, qui offre encore un charme réel. En voici un échantillon, méritant d'autant plus d'être mis en lumière qu'il est inédit et qu'il reproduit avec fidélité la légende d'un saint fort peu connu dans l'ancienne France : c'est le mystère de *Saint Bernard de Menthon*, apôtre des Alpes et fondateur de l'hospice du mont Saint-Bernard (1). Je vais en donner l'analyse détaillée, contrairement à ce que

(1) Le manuscrit de cette œuvre dramatique m'a été communiqué en Savoie par son propriétaire, M. le comte de Menthon, qui se préparait à le publier, mais dont le

j'ai fait pour les drames semi-liturgiques, parce qu'il n'a pas été, comme ceux-ci, étudié et critiqué par les historiens de notre théâtre primitif.

Ce mystère, ouvrage anonyme et sans date, se rapporte au quatorzième siècle par la facture et le style; j'avoue, toutefois, n'y avoir trouvé aucun synchronisme permettant de préciser son âge avec une certitude matérielle. Tout ce que nous apprennent les indications disséminées dans le texte, c'est qu'il a dû être composé dans un monastère, très probablement dans celui du Grand-Saint-Bernard, et représenté devant une assez nombreuse assistance. Il est divisé en deux journées, et comprend environ quatre mille vers, longueur déjà fort respectable. Comme il n'est postérieur que d'environ trois cents ans aux événements qu'il retrace, et qu'il est, selon toute apparence, du même pays que son héros, il n'altère ni les figures ni les circonstances. La légende de saint Bernard, reproduite par les Bollandistes (1), y est, au contraire, commentée et suivie fidèlement. Ainsi

projet a été malheureusement anéanti par la mort. C'est vraisemblablement une copie quelque peu postérieure à l'original, qui ne s'est pas retrouvé jusqu'à présent. Cette copie a dû être exécutée au quinzième siècle.

(1) *Acta Sanctorum*, 15 juin.

nous pouvons lui demander avec confiance de nous dérouler sans art, comme à nos pères, les scènes de cette histoire émouvante, qui rappellent par moments celles de Joseph ou de Polyeucte, et que le naïf dramaturge n'a pas toujours mal rendues.

Auparavant, il nous faut raconter, en peu de mots, les faits qui précèdent le jour de l'ouverture de l'action. Il faut faire une *exposition*, car une déchirure du manuscrit nous a privés de celle que devait débiter le *meneur du jeu*, ce curieux personnage qui comblait le vide des entr'actes, réveillait l'attention des spectateurs fatiguée ou distraite, et non seulement leur expliquait les scènes passées ou présentes, mais leur annonçait ce qu'ils allaient voir, afin de les empêcher de s'en aller.

Bernard était né, en 923, au château de Menthon, ce fier nid d'aigle suspendu entre deux rochers, qui domine encore le riant lac d'Annecy (1). Sa famille paternelle était dès lors une des plus illustres du Genevois et des provinces voisines. Les barons de Menthon exerçaient les droits souverains sur leurs terres, qu'ils tenaient originai-

(1) Menthon, ancienne baronnie du comté de Genève, aujourd'hui commune de la Haute-Savoie, située à deux lieues d'Annecy.

rement des empereurs d'Allemagne. Un vieux proverbe savoyard, cité par les historiens locaux, avait consacré l'antiquité de leur noblesse :

« Ternier, Viry et Compeys,
« Sont les meillous maisons du Geneveys :
« Salanuva et Menthon
« Ne lou cèdent pas d'un botton. »

Du côté de sa mère, Bernoline de Duingt, Bernard comptait parmi ses aïeux le comte Olivier de Genève, un des pairs de Charlemagne. Le baron de Beaufort (1), son oncle paternel, le tint sur les fonts du baptême. Bernard enfant, selon les naïves expressions de Rolland Viot, était « beau comme un ange, agréable comme le jour, orné de toutes les grâces (2). » Dès ses premiers ans, son cœur se tourna vers Dieu. Saint Nicolas, évêque de Myre, le grand protecteur de la jeunesse, devint l'objet particulier de sa dévotion. Le baron de Menthon donna pour précepteur à son fils un gentilhomme d'origine flamande, nommé Germain, qui vivait

(1) Seigneurie qui fit partie successivement du Genevois, du Faucigny et de la Tarentaise, à présent chef-lieu de canton de l'arrondissement d'Albertville (Savoie).

(2) *Vie de saint Bernard de Menthon*, publiée en 1627 par Rolland Viot, prévôt du Grand et du Petit Saint-Bernard.

retiré dans le pays et qui avait une réputation de savoir et de sainteté. Mais, pour compléter son éducation, Bernard fut envoyé avec lui aux grandes écoles de Paris, dont la renommée commençait, et que Germain peut-être avait fait apprécier dans le pays; particularité remarquable, au milieu de ce siècle qu'on a appelé, bien à tort, le siècle de fer, et attestée par les plus anciennes Vies du saint: elle prouve que, dans ces contrées reculées, la noblesse ne se faisait pas un honneur de l'ignorance, comme cela s'est rencontré quelquefois et répété très souvent. Ne fallait-il pas, au contraire, un violent amour de l'étude à cette jeune élite des nations qui, dans les siècles suivants, bravait les fatigues des plus difficiles voyages pour venir se presser autour des maîtres de la métropole savante?

L'héritier des Menthon fréquenta-t-il l'école florissante du parvis Notre-Dame, ou fut-il un de ces huit cents jeunes gens qu'enseignaient de son temps les moines de Sainte-Geneviève? Toujours est-il qu'à Paris il puisa, avec les principes de la philosophie et de la théologie, une vocation religieuse plus déterminée. Mais un goût pareil était fait pour contrarier les vues de sa famille, dont il était l'unique rejeton. Le père, effrayé de ce qu'il devinait, rappela tout à coup Bernard et son précepteur. Germain, accusé d'avoir dirigé vers le cloître les idées de son élève, fut disgracié et se retira chez les Bénédictins de Talloires, qu'il quitta bientôt pour vivre dans la solitude sur un des rochers d'alentour. Il devint plus tard l'objet d'un culte, et son ermitage, que des pèlerins visitent encore, donna naissance au village de Saint-Germain (1).

C'est au retour de Bernard dans le château paternel que s'ouvre le drame. Entrons immédiatement dans l'analyse. Nous demandons pardon aux oreilles qui n'y sont pas habituées de reproduire de temps en temps le langage même du mystère; nous demandons pardon à la science de rajeunir quelques expressions dont la forme originale dérouterait le lecteur.

Le baron, qui a rêvé pour son fils une vie d'opulence, de succès mondains, et qui surtout ne veut pas laisser éteindre un noble nom, lui dé-

(1) Ce hameau du bourg de Talloires est situé sur les bords du lac d'Annecy, à quatre kilomètres de Menthon. Le prieuré de Talloires n'apparait, régulièrement constitué, qu'au commencement du onzième siècle ; mais, dès le neuvième, il y avait dans ce lieu une *cella* et des moines.

clare à brûle-pourpoint qu'il veut le marier. Le jeune homme montre peu d'empressement : il demande « ung espace de temps pour bien adviser. » A des instances plus vives, il finit par répondre qu'il a mis son entente à servir Dieu et l'Église. Courroux du père, qui s'exhale en termes un peu durs :

« Bien sçavés, si vous n'estes beste,
« Qu'aultre enfant n'ay, si non vous seul.
« Voulés-vous que meure de deuil,
« Sans hoyr, aussy sans successeur?...
« Bernard, à la conclusion,
« Je veulx que soyés marié. »

Ce n'est plus l'affection qui consulte les désirs d'un fils; c'est la puissance paternelle qui commande avec son antique absolutisme : il ne reste plus à Bernard qu'à prendre son parti.

Le baron n'a pas l'action moins prompte que la parole : il fait mander aussitôt son frère de Beaufort et son beau-frère de Duingt pour délibérer sur l'exécution de son projet. Menthon, le messager (car ici l'écuyer, suivant un usage de la chevalerie, porte le nom du maître ou de la terre), Menthon se rend successivement dans ces deux localités, et cela, chose merveilleuse ! sans quitter la scène. N'avez-vous jamais vu de ces tableaux gothiques réunissant sur le même plan et déroulant l'un à côté de l'autre les différents traits d'une même histoire, que séparent, dans la réalité, des distances ou des intervalles de temps considérables? Du commencement à la fin, le mystère en fait autant. Nos pères n'étaient pas si difficiles que nous : malgré ce que nous avons dit tout à l'heure de la mise en scène, ils cherchaient moins l'illusion que le profit moral. Toujours est-il que, pour la rapidité de l'action, l'écuyer se trouve transporté tout d'un coup chez le sire de Beaufort, puis, par le même procédé, devant le donjon de Duingt, qui s'élevait fièrement au milieu des eaux, vers le bord du lac opposé à Menthon, et qu'une chaussée relie aujourd'hui à la rive.

« Je voy le castel de Duyng :
« C'est une place bien assise,
« Dedans l'aygue faite à devise,
« Impregnable, ce m'est advis. »

Les deux personnages s'empressent de déférer à l'invitation de leur frère et « compère. » Le sire de Duingt, emmenant avec lui un jeune neveu, camarade de Bernard, rejoint, de l'autre côté du lac, le sire de Beaufort et son écuyer; et les voilà gravissant tous ensemble l'avenue escarpée du manoir où ils sont attendus. Mais rien n'est plus apéritif que l'air de la montagne. Aussi la vieille hospitalité savoyarde se montre ici fort à propos. Le baron, abrégeant les compliments, commence par faire attabler ses hôtes :

« Soyez [tous] les bien arrivés
« A Menthon, en nostre mayson !
« Or çà, faisons colation.
« Sonnez, ménestriers, haultement ;
« Tenons estat joyeusement.
« Je vous festoie, mes amis,
« Des biens que Dieu nous a tramis. »

Patience ! ce n'est encore là qu'un modeste acompte, en attendant le dîner.

Le tableau qui suit ne manque pas d'intérêt. Bernard, ses oncles, sa mère et Germain lui-même, que le mystère appelle *le docteur*, sont présents. Dans ce conseil de famille, dont la réunion solennelle est déjà un trait de mœurs, il y a des nuances de fine bonhomie qui rachètent les platitudes de quelques scènes ; platitudes plus rares, toutefois, dans cet ouvrage que dans plusieurs de ses analogues. Le père prend le premier la parole : « Vous savez, mes amis, pour« quoi je vous ai assemblés. Dieu m'a donné de « longs jours sur la terre : je m'affaiblis déjà, et « Bernoline n'est pas jeune non plus. Avec cela,

« nous n'avons au monde qu'un enfant : c'est « Bernard, que vous voyez. Il est assez grand, « assez raisonnable pour contracter un beau ma-« riage. Cherchez-lui donc une femme : j'en con-« nais bien douze, dans le Genevois et dans la Sa-« voie, dont la noblesse est sûre, la richesse « solide. Il y a la maison de Compey, la maison de « La Chambre, la maison de Myolans... (1). »

Les deux oncles approuvent ou le discours et examinent les noms proposés. Mais la mère intervient : « Une femme doit toujours suivre l'a-« vis de son mari. Pourtant (voilà un *pourtant* « bien féminin)... je dirai que je connais, dans « la famille de Myolans, une demoiselle de seize « ans, très gracieuse,

« Et, qui mieulx vault, moult virtueuse.

« C'est celle-là que je choisirais. »

La mère seule (c'est une mère chrétienne) met la vertu avant la richesse et la beauté. Sa motion est bien accueillie : tout le monde renchérit sur les mérites de son candidat. Seule encore, la mère veut que l'on consulte le cœur de Bernard : n'est-

(1) Ces trois familles, d'une noblesse très ancienne, ont fourni à la Savoie un certain nombre de prélats et de personnages illustres.

il pas le plus intéressé dans l'affaire? Celui-ci s'incline humblement devant la volonté des siens.

Cependant le docteur « ne fait que muser (1). » On l'interroge à son tour. Pour montrer qu'il n'influence pas son élève, lui aussi fait l'éloge du sang de Myolans. « Eh bien! s'écrie le baron, « toujours pressé, la cause est entendue. Je con- « fie Bernard à mes frères, qui vont le conduire à « Myolans et feront la demande. — Béni soit « Dieu! murmure, en guise de corollaire, la voix « du petit cousin : je danserai tant à la noce! »

Incontinent le départ s'apprête. Le père dit à Bernard de « s'habiller sur le galant. » On lui passe une robe courte en place de sa robe longue; on lui met au côté « une dague en lieu d'escriptoire; » car les insignes de l'écolier étaient, comme ceux du gentilhomme, appendus à la ceinture (2). Puis on se met en marche. Mais le jeune prétendu laisse la compagnie cheminer devant : il

(1) « *Muser*, regarder fixement comme un sot. » (DUCANGE.) L'auteur du mystère emploie souvent ce mot dans le sens de *songer*.

(2) Nous répétons, une fois pour toutes, que les détails de ce genre s'appliquent à l'époque de la composition du mystère plutôt qu'à celle de saint Bernard. Le mot *chevalier* se rencontre plus bas par la même raison : il n'y avait point encore de chevaliers au dixième siècle.

reste en arrière pour prier. Il a le cœur dolent; et, tout en demandant à Dieu ce qu'il va devenir, peut-être combine-t-il déjà un plan pour échapper aux chaînes d'un mariage forcé.

En arrivant à Myolans (toujours sur la scène), l'oncle de Beaufort revient prendre Bernard par la main. Le sire de Myolans s'avance à leur rencontre, et les introduit. La civilité ne date pas du dix-septième siècle :

« *Je vous marcie de bon cœur,*
« Quand vous plaist de venir céans.
« Alez devant. — Entrez dedans,
« *Mon* seigneur; *monstrez* le chemin.
« — Venez, monseignieur de Duyng;
« Et vous, pas ne sçay vostre nom.
« — On luy dit Bernard de Monthon,
« Filz d'un notable chevalier.
« — C'est un seignieur qui est prisié...
« Çà, femmes, venez [donc] baisier. »

Chacun embrasse cordialement la famille d'un hôte si courtois. Puis, les dames s'étant retirées, les deux oncles en viennent au sujet de leur visite. Veut-on savoir en détail comment s'accomplissaient les formalités qui précèdent le mariage? Le parrain de Bernard porte la parole; après avoir décliné sa mission, il ajoute : « Vous donnerez, pour douaire, la somme qu'il vous plaira. Bernard, mon filleul, vous fait cette demande, et nous aussi. » Le mot *douaire* est pris ici dans le sens de dot, comme la suite le prouve : les parents de la femme n'avaient pas, en effet, de douaire à fournir. Il y eut souvent confusion, dans l'usage, entre les termes désignant la dot et le douaire, quoique la première soit d'origine romaine et le second d'origine germanique.

« Jamais requête plus agréable ne m'advint, répond le sire de Myolans : l'héritier d'un tel nom serait accueilli dans de plus hautes familles que la mienne. Toutefois, je vais en parler aux dames. » La consultation n'est pas longue ; il revient avec une réponse favorable. Alors le parrain de reprendre, en bon diplomate :

« Bernard a assez d'héritaige :
« Il ne luy chault que de la fille.
« — Je luy donne jusqu'à dix mille
« Escus viels, si vous semble assez, »

dit le père. Quant à l'époque du mariage, je vous demande seulement le temps de faire les préparatifs. Buvons maintenant ; faisons bonne chère ! » C'est là le refrain qui conclut toutes les affaires : les Savoisiens ne l'ont pas oublié.

Mais voici un usage plus ancien peut-être et plus touchant : « Vous ne savez pas la coutume, dit l'oncle : il faut donner une *estrenne*. — Voilà, répond Bernard, une baguette bien fine, que je lui donnerai pour sa bienvenue. » Et il l'offre à sa fiancée :

« Ma très chière dame honnorée,
« Si vous plaist ce petit présent,
« Recevez le ore de présent,
« Et le gardez, je le vous prie. »

En même temps il embrasse la jeune fille, qui répond avec modestie :

« Mon bel syre, je vous mercie ;
« Je le garderoy loyalment
« Pour l'amour de vous longuement,
« Si plaist à la Vierge Marie. »

Ce présent symbolique est issu du droit romain. C'était le *sponsalitium*, donné par le mari en retour de la dot apportée par la femme. Dans le Midi, il était fréquemment appelé *osculum* (*oscle* en français) : le baiser dont Bernard l'accompagne nous en révèle la cause. Don pécuniaire d'abord, il était devenu de bonne heure un pur emblème, une sorte d'engagement pris par le fiancé ; et il subsiste encore aujourd'hui, sous des formes méconnaissables, dans certaines provinces. Sans doute, une baguette est en elle-même un objet peu approprié à la circonstance : mais elle vaut bien la paille (*festuca*) ou les autres symboles dont la remise servait alors de garantie aux contrats de toute nature. La signification était dans l'action elle-même.

Toutefois ce premier engagement ne liait pas d'une manière définitive. Dans la même scène, il est question de faire bientôt la *promission*, les fiançailles : voilà la cérémonie qui obligeait, et qui se passait avec une grande solennité. Aussi l'auteur a-t-il soin de ne pas la faire célébrer à des futurs qui ne doivent jamais être unis. Le sire de Myolans prend jour à un mois pour conduire sa fille au château de Menthon. Ces deux derniers usages, les fiançailles et la conduite de la jeune fille au domicile du jeune homme, remontent aux coutumes germaines. La Savoie, en effet, placée entre les deux grandes races qui se partageaient l'Occident, celle du nord et celle du midi, tenait de l'une et de l'autre, pour le droit comme pour la langue : des affinités plus étroites, cependant, la rattachaient au nord, comme le pourraient prouver ses chartes et ce mystère lui-même ; l'invasion burgonde avait absorbé en grande partie les populations allobroges et romaines qui l'habitaient antérieurement.

Les derniers arrangements pris, Bernard et ses oncles repartent de Myolans. Pour tout adieu, il laisse cette parole à sa fiancée : « Dieu vous donne de le servir. » La réponse qu'ils apportent à Menthon comble de joie le baron et sa femme. Pendant que leur fils s'est retiré pour prier, leurs serviteurs s'entretiennent avec eux sur ce ton de familiarité toléré jadis dans les maisons patriarcales : « Par ma foi, dit Menthon, l'écuyer, je « ne sais pas ce que *nous ferons* de cet enfant-là : « il serait mieux dans un cloître que dans un pa« lais. — Il faut bien prier quelquefois, répond « le père, dont les craintes sont calmées; je ne l'en « aime pas moins. — C'est qu'il est un peu hon« teux, dit le maître d'hôtel, de voir les gens du « pays : il a été élevé si loin! — Il n'avait que trois « ans et demi, s'écrie Bernoline, qu'il avait déjà « de la dévotion. Il faut le gagner par la douceur, « car ses goûts sont contrariés. » Et pendant ce temps, dans l'oratoire qui est à côté, la prière du jeune saint s'épanche vers le ciel, sur un rythme aussi naïf que ses paroles.

La première partie de la *journée* s'arrête là : nous avons vu l'équivalent d'un acte en plusieurs tableaux. La scène se transporte soudain dans une contrée nouvelle; l'annotation *Silete*, à la marge du manuscrit, indique ici, comme à toutes les coupures principales, un moment de répit laissé au spectateur, pendant que la décoration subit les changements les plus indispensables.

L'auteur nous fait assister ensuite à la traversée du mont Joux ou du Grand Saint-Bernard par une caravane de pèlerins français allant se prosterner au tombeau des Apôtres, ou de *Romiers*, selon l'expression populaire dont il se sert. Mais, comme ce passage se lie étroitement au grand fait de l'histoire de saint Bernard que nous examinerons tout à l'heure, nous y reviendrons alors, pour donner ensemble tous les éclaircissements relatifs à un même point. Sacrifiant, contrairement au mystère, l'ordre des temps à l'ordre des lieux, nous franchirons aussi le mont Joux, pour arriver au *silete* suivant, qui nous ramène à Myolans et à Menthon.

Des deux côtés, tout s'apprête pour la célébration des noces. Le sire de Myolans envoie son écuyer « dans tous les bons lieux de Savoie » avec des lettres d'invitation. Le messager, type quelque peu vantard, comme dans les romans de chevalerie, part « comme le vent. — J'ai fait bien d'autres voyages! Jamais je ne resterai nulle part. » Les demoiselles décorent les chambres et tendent les courtines. Les veneurs s'élancent pour amasser

« Perdis, faysans, lièvres, oisons,
« Et de toute aultre sauvagine »

Le père du futur a son rôle aussi : il mande l'évêque de Genève pour célébrer les épousailles. De la même ville il fait venir « de fins draps de Damas et de velours, des fourrures de martre et d'hermine, des épices *de Paris*, etc., » le tout jusqu'à concurrence de trois mille ducats. Autant d'indications précieuses pour l'histoire du commerce et de l'industrie. Le baron appelle ensuite son cuisinier « pour deviser d'entremets, » et s'occupe d'une foule de détails relégués aujourd'hui dans le domaine de la maîtresse de maison. Les « hastériaulx (1), les civets, les tresmoullettes ensucrées, à la mode de la cour, le clairet et l'hypocras, » rien n'est oublié dans cette énumération gastronomique, qui sans doute faisait venir l'eau à la bouche des spectateurs, et qui est couronnée par une image expressive : « Il faudra de tout largement, *comme l'onde qui court.* »

Mais tout ce mouvement est odieux au pauvre Bernard. Il essaie encore d'ébranler son père; il

(1) Cou de veau rôti, d'après Ducange.

veut au moins gagner du temps. « Allez un peu dormir, mon fils ; demain vous serez plus gaillard. » C'est toute la réponse qu'il obtient. Le fiancé malgré lui, se retirant dans sa chambrette, congédie Germain, qui d'habitude reposait non loin de son élève : là, il se livre de nouveau à l'oraison. Maintenant que son sort paraît irrévocablement fixé, qu'il est à la veille du jour redouté du mariage, il n'a plus d'espoir qu'en Dieu. Aussi, écoutez la prière désolée qu'il lui adresse, les yeux baignés de larmes. C'est une paraphrase simple, mais exacte, de l'hymne *Conditor alme siderum*, dont il récite d'abord le texte en latin. Toutes les prières du mystère ne sont malheureusement pas aussi belles :

« Sire Dieu, par ta grand puissance
« Qui as créé toute substance,
« Le soleil, l'estoile et la lune,
« Et qui as donné à chascune
« Sa viertu et sa clareté
« Pour servir à l'humanité !
« Tu es la plus haulte lumyère
« A ceulx qui ont créance entière ;
« Tu es nostre vray rédempteur
« Et nostre souverain seignieur.
« Écoute-moy, je le te prie,
« Nonobstant que je ne suis mie
« Digne d'estre ton serviteur :
« Je te supplie, pour la grandeur

« De ta doulce miséricorde,
« Oste-moy le lacs et la corde
« Du col, car je suis presque pris.
« Jamais nul ne fut en péril
« Qui se confia en ta grâce. »

Il prie aussi la Dame Vierge, puis saint Nicolas, puis tous les saints. Mais, en contemplant, par l'étroite fenêtre de sa chambre, ce ciel où montent ses vœux, il est pris d'une idée subite. Fuir sans donner l'éveil, sauter, pour éviter les grincements indiscrets des lourdes portes barricadées, sur le talus rocailleux qui s'étend à dix-huit ou vingt pieds au-dessous, gagner de là une contrée lointaine, s'arracher violemment, en un mot, à tous ces bruits de fête qui sonnent à ses oreilles comme les apprêts du supplice, pour se réfugier dans un cloître et vouer à Dieu seul sa vie tout entière : voilà la ressource extrême qui s'offre à son esprit. Cette pensée le poursuit, elle l'obsède : c'est une inspiration qui s'impose à lui. Longtemps il hésite; puis il prie de nouveau. Au fond de son cœur, il n'entend que les paroles dites à Abraham : « Vous quitterez votre pays et la maison de votre père pour aller dans la terre que je vous indiquerai. » Saint Nicolas même, qui protège le célibat, lui apparaît et lui annonce qu'il guidera ses pas. Dès lors, son plan est arrêté. Seule, la douleur qui va frapper ses parents l'inquiète. Il leur laisse, dans l'endroit le plus apparent de sa chambre, une lettre d'adieu : « Il faut que je parte, écrit-il; ne recherchez point « ma trace : Dieu m'appelle. Je renonce à tous les « biens de ce monde pour m'attacher à lui. Prenez « courage en pensant que j'exécute sa volonté et « qu'il nous réunira tous un jour. »

Il s'est élancé : sa chute ne l'a point blessé; signe manifeste que Dieu est avec lui. A la faveur d'une nuit sans voile, il s'éloigne rapidement. Qui sait où il va? Lui-même l'ignore (1).

Après avoir fait passer devant les yeux du spectateur ces tableaux pleins d'intérêt, mais — on en conviendra — difficiles à représenter, le mystère, remettant à plus tard la description de la scène de

(1) On montre encore, au château de Menthon, la fenêtre par laquelle Bernard aurait accompli ce saut périlleux : un de ses barreaux de fer semble avoir été rompu pour livrer passage. Toutefois, malgré l'ancienneté de cette partie du monument, les vestiges en question sont peu en rapport avec les caractères architectoniques d'une époque aussi reculée. Le roc où, suivant la tradition locale, le jeune saint aurait laissé en tombant l'empreinte de son pied, ne se retrouve plus. Il ne reste que sa chambre, plus ou moins rajeunie, et transformée en chapelle par la piété de sa famille.

désespoir qui se passa dans le château de Menthon, suit son héros dans la vallée d'Aoste, où le point du jour le trouve. Il n'a pu, sans un prodige, franchir dans la nuit une aussi grande distance : vingt lieues, en ligne droite, séparent la ville d'Aoste du bourg de Menthon. Aussi les vieilles peintures qui le représentent dans sa fuite, accompagné de saint Nicolas, portent-elles cette inscription : « *Emporté par miracle.* » Le mystère, lui, passe directement de son départ à son arrivée. Bernard frappe à la porte de l'archidiacre du lieu : il demande l'hospitalité, se donnant pour le fils d'un pauvre homme du pays de Menthon. Mais le vieux et digne prêtre a reçu du ciel l'avis des hautes destinées qui attendent le jeune étranger. « Je sais, mon cher enfant, je sais qui vous êtes, lui dit-il. Aujourd'hui même, monseigneur l'évêque fait des ordinations : vous allez entrer *in sacris.* » Surprise de Bernard; joie de l'un et de l'autre, qui s'épanche en confidences mutuelles.

Sans plus tarder, l'archidiacre présente son hôte à l'évêque, et propose à celui-ci de l'admettre parmi ses chanoines. Les cloches sonnent : nous assistons à une réunion du chapitre, à l'élection d'un de ses membres. Chaque détail, ici, a sa valeur historique. L'évêque entre :

« Seigneurs chanoynes du monastier,
« Bon jour, bon an vous soyent donnés.

LE PREMIER CHANOYNE.

« Vous soyez le bien arrivé,
« Monseigneur; seyez au dessus. »

Le prélat expose qu'une prébende est vacante, qu'il vient d'arriver un jeune seigneur « noble de science, » lequel a grand désir de devenir clerc, et qu'il le croit digne du suffrage des chanoines.

« Est-il de vous examiné?
« Vous appert-il bien suffisant? »

demande l'un d'eux : car la noblesse et la recommandation de l'évêque ne sont pas assez. « Plût à Dieu, s'écrie l'archidiacre, que je susse autant que lui de droit et de théologie! Je vous assure, moi, que c'est le Saint-Esprit qui l'envoie. » Chaque chanoine émet à son tour son opinion : un des votants pense à un sien ami qui a sollicité sa voix. Cependant, en fin de cause, Bernard est élu à l'unanimité. Il prête aussitôt le serment d'usage, revêt le surplis et la « robe de fin gris. » Puis l'assemblée chante en chœur le *Te Deum*. — Inutile d'observer que le besoin de l'action fait seul avancer le nouveau chanoine aussi vite, et qu'il eut à franchir régulièrement, dans la réalité, les différents degrés de la hiérarchie ecclésiastique.

Passant sur une foule de traits dignes de remarque, nous sommes parvenus à marches forcées jusqu'à la fin de la première journée de notre mystère. Dans cette série de tableaux qui se suivent coup sur coup, presque sans liaison, nous avons agi comme le vieux dramaturge, pressant les faits, enjambant et condensant le plus possible, ennuyant peut-être le lecteur, mais cherchant du moins à abréger son ennui. Nous serions tentés, pour laisser reposer son attention, de lui adresser le petit avis que le meneur du jeu récitait en cet endroit au bon public qui l'entourait :

« Messeignieurs, vous n'en aurez plus
« Pour le présent, de notre hystoire ;
« Car nostre petite mémoire
« Ne pourroit pas tout exposer...
« Demain vous retournerez tous,
« Et vous verrez belle matière.
« Si conclurons tout le mystère
« Tout le plus bref que nous pourrons. »

Ce que nous traduirions ainsi : dans les pages suivantes, nous allons aborder la vie publique de saint Bernard et les rudes travaux qui lui ont mérité le surnom d'Apôtre des Alpes; nous tâcherons aussi de conclure brièvement.

Laissons le fou, — cette création burlesque dont le rôle était de débiter aux assistants, en guise de finale, des phrases incohérentes et tout à fait étrangères au sujet de la pièce, comme aujourd'hui Polichinelle sur certains tréteaux, — laissons-le, disons-nous, s'escrimer à retenir par des bouffonneries grossières la foule qui se presse aux portes de sortie. Réduisons-le à s'écrier, comme il le faisait ici en voyant s'enfuir le dernier auditeur :

« Hé adieu donc! il ne fault mie
« Que je demeure ici tout seul. »

La seconde journée du mystère de *Saint Bernard de Menthon* s'ouvre par les lamentations des deux familles, au moment où se révèle l'absence du jeune fugitif et où la lecture de sa lettre fait connaître à tous qu'il ne reviendra pas. Le père de Bernard s'emporte : il se croit déshonoré. La mère se désole et pousse des cris de désespoir. « Une voix a été entendue dans Rama : la voix de Rachel pleurant ses fils, et ne voulant pas être consolée. »

Mais la famille de la fiancée prend la chose sur un autre ton :

« Par la foi que je dois au comte de Savoie, s'écrie le sire de Myolans, nous allons faire une noce d'un autre genre ! » Et il envoie sur-le-champ défier « à feu et à sang » le baron de Menthon. Il jure qu'il ne boira plus de vin avant d'avoir tiré vengeance d'un tel affront. Abandonner sa fille après les engagements d'honneur qui avaient été pris, n'était-ce point insulter à lui et à toute sa maison? — Alors Marguerite elle-même s'interpose, et fait entendre un langage digne d'une chrétienne.

Supposez un romancier ou un dramaturge de nos jours aux prises avec une situation semblable, ayant à reproduire cette scène, qui a tant d'analogues au théâtre : le voyez-vous d'ici s'escrimer sur chacun des personnages, exploitant les désespoirs d'un amour trompé, les colères d'un orgueil froissé, outrant les sentiments et forçant les voix pour mieux émouvoir le spectateur? Là, rien de pareil. Tout l'effet est produit par la simplicité, la vérité du langage ; et cet effet est d'autant plus puissant que l'auteur ne l'a pas cherché. La jeune fille ne laisse pas même supposer qu'elle aime Bernard :

« Il a choisi la voie la plus sûre en embrassant « la vie contemplative. Et moi aussi, dit-elle à son

« père, je veux me vouer au service de Dieu et « de Notre-Dame. Je fuirai la misère de ce monde « plein de vanités; je me retirerai dans une Char- « treuse, et prierai pour vous tous. Mais ne versez « pas le sang pour moi, et laissez en paix le « bon seigneur. »

N'y a-t-il pas dans ce mouvement quelque chose du caractère de Pauline, s'écriant avec la ferveur des néophytes :

« Mon époux, en mourant, m'a laissé ses lumières? »

Le sire de Myolans cherche en vain à dissuader sa fille, et lui promet de la marier en plus haut lieu. Elle insiste : car ce n'est pas, chez elle, un coup de tête déterminé par la déception ; l'exemple de Bernard, qu'elle admire, la touche et la convainc. Au moyen âge, les monastères ne se recrutaient point, comme dans les romans, parmi les dépits amoureux : une foi profonde, un ardent désir de la perfection poussaient les masses vers le cloître. Pour une Héloïse, combien ne compte-t-on pas de saintes Radegonde, dans cette période de dix siècles? Marguerite fait donc ses adieux à tous ceux qui l'entourent, et exécute incontinent sa pieuse résolution. Un seul mot, dans son discours, est à l'adresse de celui dont elle devait partager la destinée :

« Ha ! Bernard, à Dieu te commans ;
« Prie pour moi Dieu tout-puissans. »

Le mystère, plus irrespectueux que jamais envers les unités de temps et de lieu, nous montre, dans les scènes suivantes, notre héros élevé à la dignité d'archidiacre d'Aoste en remplacement de son protecteur. Celui-ci l'a désigné, en mourant, aux suffrages du chapitre : les chanoines l'élisent d'une voix unanime. L'auteur n'éprouve aucun scrupule à faire influencer les votants par une apparition de saint Michel, qui, sans doute au-dessus de la scène, dans un nuage, vient déclarer à Bernard la volonté divine. Une vraie manœuvre électorale ! Ensuite l'évêque remet au nouvel archidiacre l'insigne de son autorité, le *baston de régime*, qui lui confère « la discipline de l'Église, la correction de ses membres, la prééminence dans le chœur. »

Nous voici arrivés au fait capital de la vie du saint : l'expulsion des hôtes malfaisants qui infestaient le mont Joux et leur remplacement par une communauté de frères hospitaliers.

Dans l'analyse de la première journée de ce mystère, nous avons parlé d'une scène qui décrit le passage de la montagne par une caravane de pèlerins. Ils sont dix compagnons de route, gais et décidés, qui viennent du pays de France et qui ont fait vœu d'atteindre la ville éternelle. Arrêtés dans une auberge du bourg de Saint-Pierre, au pied du mont Joux, ils prennent des forces pour cette redoutable traversée, et questionnent leur hôte sur les périls dont ils ont entendu parler.

« Ne prendrons-nous pas des *marrons ?* dit l'un (c'est encore, à peu près, le nom des guides du mont Saint-Bernard).

« — Buvons bien, conseille un autre : voici du vin de Valais, du *Val d'Aoste*, du *muscadel*...

« — Prions ensemble Notre-Seigneur, ajoute un troisième, qu'il nous conduise par la main. »

Rien ne peut rendre le charme de ce dialogue plein de naturel, qui nous initie à plus d'un curieux détail de la vie matérielle de nos pères. Après avoir marchandé et payé leur consommation (quatre sols par tête! et ils avaient eu

> « Bon vin et bon pain de forment,
> « Bonne char salée et char fraiche,
> « Et d'aultres vivres à largesse!) »

nos voyageurs, rassurés par l'hôte, se mettent en marche *doulcettement*, comme des montagnards expérimentés.

Mais à peine sont-ils parvenus au sommet, dans la région des brouillards, qu'une armée de démons, sous le commandement de Jupiter, enfermé dans une idole, se précipite sur la petite troupe : ils saisissent celui qui marchait le dixième (souvenir de la dîme), et l'apportent à leur chef pour en faire un festin digne des enfers. Le malheureux crie et se débat; ils l'accablent d'injures et de quolibets :

« Voyez-le là, comme il gargote :
« C'est une gracieuse noete ;
« Il n'y fauldroit que contrepoint (1). »

Les survivants descendent, plus morts que vifs, l'autre versant de la montagne. Ils s'arrêtent au village de Saint-Remi, — bien nommé, observe l'un d'eux avec un à-propos qui sent le vieux sel gaulois : le pèlerin ne s'y *remet*-il pas des terreurs et des fatigues de la redoutable traversée? Là, un hôte bienveillant les accueille encore, écoute le récit de leur mésaventure, et leur donne cette explication :

(1) Cette expression servirait, au besoin, à déterminer une des dates extrêmes entre lesquelles peut être placée la composition du mystère de *Saint Bernard*. Le mot *contrepoint* se trouve employé pour la première fois, paraît-il, dans un manuscrit de la bibliothèque du Vatican remontant à 1300 : l'ouvrage ne peut donc être bien antérieur à cette époque; toutefois il ne doit pas être non plus de beaucoup postérieur. (Cf. de Coussemaker, *Script. de musica*, III, préf., p. XV.)

« Peu de gens entendent le cas ;
« Mais j'ay ouï dire aux anchiens
« Que, avant qu'il ne fut chrestiens,
« Cestuy pays eut une ymage
« De Jupiter, le fils au diable.
« Fut la statue là formée
« Où les diables sont demourés ;
« Et là tiennent leur synagogue...
« Et grant erreur est au pays,
« Car plusieurs gens icy sont pris
« D'une maladie incurable,
« Et par le conseil du diable
« Vont requérir ycelle idolle ;
« Et là on tient la grand escolle
« De tant de maulx, que sont sans nombre ! »

Puis il les engage à aller trouver l'évêque d'Aoste, et à le supplier d'user de tous les moyens à sa disposition pour délivrer d'un tel fléau et la contrée et les pèlerins qui la traversent. Ce conseil est suivi sur-le-champ.

« Mais le lieu dont les démons ont fait leur ré-
« sidence, répond l'évêque, est du diocèse de Sion :
« pourquoi ne vous adressez-vous pas là ?

« — C'est que le passage est plus avantageux et
« plus familier aux habitants d'Aoste. »

Enfin l'évêque se met en prière avec ses clercs, et invite les voyageurs à venir le voir à leur retour de Rome.

C'est à ce moment que nous les retrouvons, dans le cours de la seconde journée. Ils hésitent à franchir de nouveau le mont Joux :

« Nous dussions par Alamagnie,
« Aller, ou par le mont Cenis. »

Mais le bon évêque leur promet assistance. Il prend une grande résolution : il envoie le crieur convoquer toute la ville à la procession et à la messe du lendemain. Tous les citoyens se rassemblent à l'envi, au son de la grosse cloche ;

« Car il est bien de Dieu maudit,
« Qui n'obéyt à saincte Églyse. »

Pendant ce temps, l'archidiacre Bernard, absorbé dans une profonde contemplation, reçoit du ciel, par l'organe de saint Nicolas, une mission de salut. Le moyen âge rapporte ainsi à Dieu toutes les belles inspirations : même sur la scène, quand il fait agir l'homme, il montre la main qui le conduit et le tient en lisière. Le rôle de l'humanité est peut-être abaissé ; mais celui du Créateur grandit. Loin d'être du fatalisme, c'est de la foi sans ombre et sans alliage. Bernard expose à l'évêque et au peuple assemblé le projet qu'il vient de concevoir : il annonce qu'il va gravir la montagne avec les bons *Romiers* qui retournent dans leur patrie ;

qu'il marchera, lui dixième, armé du précieux corps de Notre-Seigneur, et qu'il détruira, par son secours, tous les suppôts de l'enfer dont le passage est infesté. Le prélat et la foule sont effrayés du péril qu'il veut affronter. Cependant on le laisse partir ; les fidèles l'accompagnent jusqu'au pied du mont Joux en chantant le *Veni, Creator ;* puis il commence, avec les neuf pèlerins, la redoutable ascension.

On me permettra ici, je l'espère, une petite digression historique. Il importe à plus d'un point de vue de rechercher et de déterminer autant que possible la nature de ce fléau exterminateur, qu'il fallait combattre avec des armes surnaturelles ; essayons de dégager de la légende toute la réalité qu'elle renferme. Les historiens de saint Bernard de Menthon, comme les manuscrits anciens sur lesquels ils ont fondé leur récit, parlent d'une statue de Jupiter qui s'élevait, en plein dixième siècle, sur la cime du mont Joux. Cette montagne avait été de tout temps le principal passage des Alpes faisant communiquer l'Italie avec la Gaule. Quelques années avant l'ère chrétienne, l'empereur Auguste y avait fait ériger une colonne, surmontée, en effet, d'une statue de Jupiter ; d'où le nom de mont Joux (*mons Jovis*). Un temple et une *mansio*, ou refuge, furent construits à côté. On trouve encore aujourd'hui des vestiges du premier, ainsi que les traces de la grande voie de communication établie par les conquérants. Mais comment une idole se trouvait-elle debout, après des siècles de christianisme, dans un lieu aussi fréquenté, sur le chemin des pèlerinages de Rome? Bien avant cette époque, la *mansio* avait été convertie par les princes et les peuples chrétiens en un véritable hospice, destiné à recueillir et à secourir les voyageurs. Des religieux desservaient cet établissement, dont on trouve la mention dans les chartes jusqu'en 859. Il est donc probable que l'ancienne idole avait été détruite avec son culte, et que l'un et l'autre venaient d'être rétablis depuis peu dans les circonstances suivantes.

Les Sarrasins, vers le milieu du dixième siècle, avaient envahi la Suisse, la Provence et une grande partie de la France méridionale, qu'ils ensanglantaient de leurs cruautés. Tout se changeait en solitude sur leurs pas; les bêtes féroces pullulaient dans les ruines qu'ils avaient faites. L'Église de Dieu, livrée tout à la fois aux ravages des Maures, des Normands, des Hongrois, jetait partout le cri de la désolation. Le flot s'arrêtait pourtant. La France commençait à le repousser, lorsque le comte de Provence, Hugues, pour empêcher Bérenger, son compétiteur à la couronne d'Italie, de venir lui disputer cette contrée, ne trouva rien de mieux à faire que d'installer au mont Joux une bande de pillards sarrasins, avec la mission de fermer le passage. Fatal expédient de la politique humaine! « Hérode, dit le chroniqueur Luitprand, « s'adressant à Hugues, Hérode, pour n'être pas « privé d'un royaume terrestre, ne craignit pas « de faire tuer une multitude d'innocents; toi, au « contraire, pour arriver au même but, tu laisses « échapper des hommes criminels et dignes de « mort... Tu ne rougis pas, ô montagne! de prê- « ter ton ombre à des gens qui vivent de sang et « de brigandage! Puisses-tu être consumée par « la foudre, brisée en mille pièces, plongée dans « le chaos éternel (1)! »

Les barbares s'acquittèrent si bien de leur office, qu'ils ne songèrent plus à quitter un poste aussi avantageux; ils s'y fortifièrent, suivant la tactique adoptée par eux, qui était de se retrancher sur les hauteurs et de rançonner de là tout le pays d'alentour (2). Leur établissement prospéra

(1) Luitprand, *Antaposodis*, ap. Pertz, III, 330.

(2) Rien n'est plus curieux que de retrouver aujourd'hui, dans certaines vallées de la Savoie, des vestiges

par le meurtre et la rapine : « Le nombre des chrétiens qu'ils tuèrent, dit le même chroniqueur, fut si grand, que celui-là seul peut s'en faire une idée, qui a inscrit leurs noms au livre de vie (1). » Mais, dans ces bandes de dévastateurs, on ne comptait pas seulement des étrangers : partout où elles passaient, elles ralliaient l'écume de la contrée; elles ouvraient leurs rangs aux renégats, aux voleurs, aux malfaiteurs de toute espèce et de toute race. Aussi le bon sens du peuple désignait-il ce ramas de mécréants par un nom qui convenait à tous indistinctement : les *païens*.

N'est-il pas raisonnable d'induire de tous ces faits qu'à l'époque de la généreuse tentative de Bernard de Menthon, c'est-à-dire vingt ou trente ans plus tard, le sommet du mont Joux était encore au pouvoir de ces brigands, que le succès avait enhardis, et qui exerçaient leur infâme métier sur une plus vaste échelle? Exploitant à la fois l'antique renommée de l'idole du lieu et les restes du

manifestes de colonies sarrasines, qui n'ont jamais pu être détruites, et qui se sont perpétuées au milieu des populations primitives sans se fondre avec elles. La langue, les mœurs, le costume, et surtout les types de figure importés par cette alluvion barbare se sont conservés, à la faveur de l'isolement, d'une manière très reconnaissable.

(1) Luitprand, *ibid.*

monument païen, qui devaient subsister, puisqu'on en voit encore des traces à l'heure qu'il est, ils joignirent vraisemblablement à l'assassinat et au pillage la superstition et le maléfice. Cette dernière ressource n'était pas pour eux la moins productive, au milieu de populations crédules et sans défense, chez lesquelles la prédication et tous les moyens employés pour maintenir l'intégrité de la foi rencontraient d'immenses obstacles, suscités par les gigantesques déchirements de la grande nature alpestre. Les derniers sectateurs du vieux paganisme ne furent-ils pas, en général, les habitants des campagnes et des localités retirées? Le mot même de *pagani* nous l'indique. Et aujourd'hui que la foi chrétienne se raréfie, n'est-ce pas dans certaines provinces reculées, chez nos paysans bretons, alsaciens ou autres, que se perpétuent surtout les traditions religieuses et les mœurs de nos pères? Qu'y a-t-il d'étonnant à ce que la vallée d'Aoste ait offert une prise facile à l'ennemi, le jour où il vint ressusciter une superstition locale dont les racines n'avaient pu être complètement arrachées?

Ces païens ne firent peut-être pas adorer littéralement Jupiter aux victimes de leurs séductions; mais ils les fascinèrent par de prétendus prodiges, dont ils attribuaient à ce dieu tout l'honneur. Ils procuraient des guérisons, rendaient des oracles, s'enveloppaient ainsi d'un prestige mystérieux, et finissaient par faire tout ce qu'ils voulaient des esprits, des cœurs, des facultés, des richesses d'une multitude d'infortunés. C'est ce qui avait lieu dans certains temples fameux de l'antiquité; c'est ce qui semble se renouveler, de nos jours, chez les pontifes du spiritisme et leurs adeptes. Pratiques abominables, dont la trace se retrouve, du reste, à tous les âges du monde.

Ainsi s'expliquent parfaitement toutes les particularités de la légende de saint Bernard de Menthon. Faute d'avoir connu l'occupation du mont Joux par les Sarrasins et leurs établissements dans le pays, le savant auteur de l'*Histoire de la destruction du paganisme en Occident*, M. Beugnot, a rejeté en doute toute la tradition relative à l'apôtre des Alpes, et même la Vie de Bernard écrite par son propre successeur, que les Bollandistes ont insérée dans leur recueil. Il ne pouvait admettre, en effet, que le culte de Jupiter se fût perpétué sur le mont Joux jusqu'en 960, tandis qu'on avait des preuves de l'existence d'un hospice et du passage de plusieurs armées chrétiennes sur cette même montagne dès les siècles précédents (1). Ce

(1) Beugnot, *op. cit.*, II, 349 et s.

raisonnement tombe complètement devant l'exposé des faits qui précède. D'ailleurs, il y aurait plus d'un chapitre à ajouter à l'œuvre de M. Beugnot : le culte païen a reparu plus d'une fois postérieurement au dixième siècle, et, pour ne pas descendre plus bas que la Renaissance, on pourrait citer telle divinité grecque ou romaine qui a reçu à cette époque, en Italie, des hommages et des adorations véritables.

En résumé, il faut convenir que, dans le fléau qui infestait le Val d'Aoste, il y avait à la fois d'atroces brigandages et de monstrueux maléfices, des Sarrasins et des païens, des impies et des superstitieux. Tel est l'ennemi multiple que Bernard était appelé à combattre et à détruire. Mais, pour faire comprendre toute l'importance de son œuvre et la grandeur du service rendu par lui à la chrétienté, il nous faut encore insister sur un point : l'énorme quantité de pèlerins qui traversaient le mont Joux, et, par suite, la nécessité d'en rendre le passage sûr autant que facile. Peu de chrétiens s'abstenaient autrefois d'aller prier au tombeau des saints apôtres, au moins une fois dans leur vie : la moindre occasion leur faisait prononcer un vœu que leur piété était impatiente de remplir. La France, l'Allemagne, l'Angleterre et tous les pays du Nord envoyaient à Rome des pèlerins, qui n'avaient guère d'autre itinéraire que le Grand Saint-Bernard. Leur nombre était tel, que le nom de *Romiers* ou *Romieux* finit par s'étendre à toute espèce de pèlerins indistinctement, et celui de *romivage* ou *remyvage* à tout sanctuaire où la dévotion attirait un concours de fidèles.

Nous n'entrerons point, avec le mystère, dans le détail de l'expédition du généreux archidiacre. Conformément à une tradition que la peinture a souvent reproduite dans les églises de Savoie, Bernard saisit le démon ou Jupiter, ou, comme l'appellent encore d'autres manuscrits, le magicien Procus, et le lie avec son étole, qui se change soudain en chaîne de fer; puis il le précipite dans un abîme voisin, dit mont Malet (*mons Maledictus*), avec tout son horrible cortège, qui pousse les hurlements les plus furieux. Les démons s'injurient sur la scène, avec une énergie de couleur locale à faire frémir nos auteurs les plus réalistes. Le dénouement de nos tragédies, la punition de nos traîtres de mélodrame sont peu de chose en comparaison du tableau véritablement effroyable que les spectateurs avaient, à cet endroit, sous les yeux, et qui devait enlever les applaudissements unanimes de l'auditoire populaire, si sensible dans tous les temps à la récompense de la vertu et au châtiment du crime.

Aussitôt après, notre héros couronne sa victoire en allant renverser, sur une montagne voisine (aujourd'hui le Petit-Saint-Bernard), une colonne de porphyre surmontée d'une *escarboucle* et dédiée également à Jupiter : c'était une annexe de l'établissement du mont Joux, et probablement un second poste de Sarrasins. De quelle nature fut la lutte qu'il eut à soutenir dans ces deux occasions? Nous pouvons seulement le supposer, d'après le genre d'adversaires qu'il avait à combattre. Il est certain que la résistance fut vive, et que les armes spirituelles dont s'était muni le saint, aussi bien que le concours de la population d'Aoste, lui assurèrent un triomphe éclatant. L'histoire place vers 960 l'expulsion des Sarrasins des Alpes Pennines, sans en détailler les circonstances. Immédiatement après, leur puissance déclina en Savoie, en Provence, en Dauphiné, d'où ils ne tardèrent pas à disparaître. Ce fut le signal d'une déroute générale chez ces barbares dévastateurs. Tout confirme ainsi l'importance du succès obtenu par saint Bernard de Menthon et des conséquences qu'il entraîna.

Il restait à ce vainqueur pacifique la tâche de

consolider sa conquête par la fondation d'un établissement religieux et par des missions réparatrices : le salut des pèlerins exigeait la première œuvre ; la seconde répondait au plus pressant besoin des malheureuses populations dont la foi avait été si fortement ébranlée. Le mystère nous montre Bernard assemblant au sommet du mont Joux des « compaignons maçons, chapuis » (charpentiers), etc. Un entrepreneur se charge de construire

« Une forte et grosse mayson
« Et l'église tout en tenant, »

moyennant un prix fait de huit cents ducats, après en avoir d'abord demandé mille. L'hospice et le couvent s'élèvent à vue d'œil. Puis de nouveaux pèlerins arrivent. « Il y a plus de cinq cents ans, leur dit-on, que le chemin n'a été aussi sûr. » Cette date, assurément, n'est qu'approximative. Quoi qu'il en soit, nos voyageurs gravissent la montagne sans aucune appréhension. A la vue des beaux édifices qui remplacent les idoles et le temple païen, ils sont saisis d'admiration et s'écrient comme les apôtres : « Seigneur, il fait bon ici. Demeurons-y. »

Ainsi se forme le noyau du célèbre monastère.

Le fondateur le soumet à la règle de Saint-Augustin; il le place sous l'invocation de « ma Dame saincte Marie » et de saint Nicolas. Il n'a aucune ressource; mais il possède cette imperturbable confiance en Dieu qui amène l'abondance :

« Les aulmônes destribuez,
« Et largement à tous donnez;
« Dieu envoyra assez de quoi. »

En effet, le peuple vient à lui en foule, conduit par le vieil évêque d'Aoste; les renforts de toute nature pleuvent sur son œuvre naissante. Quoique le mystère ne reproduise pas ce détail de l'histoire du saint, nous savons qu'un seigneur anglais, entre autres, lui céda pour son hospice des biens considérables, et même un château situé à Londres (1). Le dramaturge a omis encore l'entrevue de Bernard avec ses parents, qui, attirés par la renommée de ses vertus et de ses merveilleux succès, firent un voyage au mont Joux et rendirent

(1) *On pourrait, sans trop de témérité, voir dans ce fait* remarquable une trace de la passion qu'a eue de tout temps la race anglaise pour les voyages en général, et pour les *ascensions alpestres* en particulier. L'histoire nous apprend qu'elle dominait dès les premiers siècles du moyen âge dans les caravanes de pèlerins qui parcouraient le monde.

à leur fils, avec leur affection, toutes les richesses auxquelles il avait renoncé pour Dieu. On pouvait tirer de cet épisode le tableau le plus attendrissant, intercaler une scène de reconnaissance qui eût ému le lecteur ou le spectateur, comme celle du vieux Jacob retrouvant son Joseph bien-aimé. Mais les mystères ne cherchaient pas souvent ce genre d'effet, dont nous sommes si friands aujourd'hui ; et puis, après tant de péripéties, le divertissement du spectacle menaçait de tourner à l'ennui : l'attention était fatiguée, et la fécondité de l'écrivain devait se trouver également à bout. Aussi se contente-t-il de placer une brève mention de l'événement dans la bouche du meneur du jeu :

« Long seroit de tout démonstrer ! »

Cependant il a encore la complaisance de nous promener dans les différents pays qui retentirent des prédications de saint Bernard. L'apôtre des Alpes, afin de gagner l'âme de ses frères égarés en même temps que la vie de ses moines hospitaliers, alla de ville en ville, de couvent en couvent, répandre la brûlante ardeur de son zèle. Cette partie de sa carrière est la plus ignorée ; elle fut peut-être la plus importante, car ses historiens nous parlent, sans rien préciser, des hérésies qu'il extermina, de la paix qu'il rétablit, et d'autres travaux apostoliques de la même espèce. Comme, d'un côté, le nom d'hérétiques s'appliquait souvent, d'une manière générale, aux mécréants et aux criminels de toute catégorie ; comme, de l'autre, les Sarrasins, après leur expulsion du mont Joux, étaient encore maîtres de postes redoutables dans les montagnes environnantes, nous pouvons être certains qu'il aida de la manière la plus efficace, et en payant de sa propre personne, à la destruction définitive de cette peste du temps et à la conversion de ceux des envahisseurs qui demeurèrent établis dans le pays. La touchante légende de saint Mayeul, abbé de Cluny, qui, à son retour de Rome, fut pris par les Sarrasins dans les montagnes du Dauphiné, nous offre des faits analogues (1) : les païens furent exterminés dans un élan d'indignation universelle, provoqué par leurs excès, et le petit nombre de ceux qui survécurent s'empressèrent de recevoir le baptême ; le passage redevint sûr, et toute la province recouvra la tranquillité avec la pureté de sa foi. Ceci se passait une douzaine d'années après la victoire de Bernard de

(1) *Acta Sanctorum*, 11 mai.

Menthon au mont Joux. L'authenticité de l'histoire de saint Mayeul et sa connexité avec celle de l'archidiacre d'Aoste confirment encore la véracité de cette dernière.

Nous avons, du reste, une statistique des missions de saint Bernard encore plus sûre, selon nous, que les renseignements fournis par ses biographes : nous la puisons dans la liste des églises, chapelles, oratoires ou autels qui lui sont dédiés, et qui sont énumérés dans les *Visites pastorales* de plusieurs évêques de Savoie au dix-septième siècle. Il semble que les localités où son culte est resté en vigueur doivent être, à peu d'exceptions près, celles qu'il évangélisa. Quelque confiance que l'on veuille accorder à cette manière particulière de rechercher la trace d'un apostolat, en voici le résultat sommaire pour le point qui nous occupe : dans le diocèse de Tarentaise (Savoie), qui renferme le Petit Saint-Bernard et confine le Grand, vingt-cinq sanctuaires sont consacrés au saint archidiacre d'Aoste, et plusieurs d'entre eux se rencontrent précisément dans les vallées où subsistent des vestiges de l'occupation sarrasine ; dans le diocèse de Novare, on en compte à peu près le même nombre.

La Lombardie nous est donnée, en effet, comme

le principal théâtre des conversions qu'il opéra. S'il n'y trouva point de barbares, il eut du moins à exercer son zèle sur les hérétiques et les factieux qui désolaient alors tout le nord de l'Italie. Hardouin et Henri II d'Allemagne s'arrachaient les débris d'une couronne éternellement disputée. La légende rapporte que Bernard fit un voyage à Rome, pour solliciter l'approbation des statuts de son ministère, et qu'il eut, dans le trajet, l'occasion de se faire le médiateur des deux rivaux, le protecteur du pauvre peuple et le défenseur des droits de l'Église, incessamment violés par ces guerres sacrilèges. Notre mystère le transporte successivement à Pavie, à Milan, à Novare. C'est dans cette dernière ville qu'il devait mourir, en 1108, au milieu des fatigues de la prédication.

Les scènes finales du mystère de *Saint Bernard* étaient certainement un spectacle édifiant, une instruction efficace pour le peuple qui se pressait autour du théâtre comme à une école de morale et de sainteté; mais elles ne présentent au lecteur moderne que peu d'intérêt. C'est la mise en action des vertus du saint et des miracles opérés par lui avant comme après sa mort; espèce d'épilogue, placé, en guise de moralité ou de conclusion pratique, à la suite de la représentation de sa vie, afin que le spectateur se retire sous une impression salutaire. Pour en tempérer la gravité, l'auteur est obligé d'y mêler une scène de mœurs populaires qui renferme des traits assez comiques : un aveugle, conduit par un valet *ad hoc*, vient se faire guérir au tombeau du saint; à peine a-t-il recouvré la vue, que le serviteur, qui par là même perd son emploi, réclame ses gages.

« Mais, répond le maître,

« Mon amy, jamais ne te vis
« Jusques or; ne sçais qui tu es. »

Sur cette plaisante repartie, querelle, injures, et finalement bataille, qui ne se termine que par l'intervention des passants et par un compromis imposé aux deux adversaires. Cette scène semble remplacer ici les bouffonneries plus ou moins divertissantes du *fou*.

Quant à la mort de saint Bernard, elle a lieu également sur le théâtre. Après avoir légué son âme à Dieu, son avoir aux pauvres, la moitié de ses restes à l'église d'Aoste et l'autre moitié à son hospice, le serviteur de Dieu rend son âme aux anges, qui viennent la chercher en chantant : « *Iste confessor Domini sanctus...* » Puis on veille la nuit auprès de son corps, suivant le vieil usage chrétien; et, en attendant la canonisation officielle, la voix populaire le proclame saint. Le décret qui ratifia ce jugement unanime fut rendu cent quinze ans plus tard, en 1123.

Le meneur du jeu clôt par une exhortation ce long mystère. Il s'excuse d'avoir abrégé l'histoire; car sans cela, dit-il, on n'eût pas fini de huit jours. Puis il trace, en quelques vers, un petit résumé de toute la représentation, propose à chacun l'exemple du héros, et termine en protestant contre l'inexécution de la dernière volonté de Bernard, dont le corps était resté en terre étrangère, à Novare, où il est encore. « Aujourd'hui, s'écrie-t-il avec une indignation qui nous vaut un trait de satire, chacun met tous ses efforts à obtenir le meilleur bénéfice; mais nul ne s'inquiète de reconquérir cette sainte relique, dont la Lombardie nous a frustrés. N'est-ce pas grande vergogne et grand dommage pour le pays de saint Bernard, pour son lignage, pour son couvent?... » C'est cette péroraison qui, entre autres motifs, nous a fait attribuer la composition du mystère aux moines mêmes du Grand Saint-Bernard, où probablement il aura été joué devant la pieuse population des vallées voisines, à quelque anniversaire du saint.

On me pardonnera d'avoir analysé en détail une œuvre si intéressante au point de vue de l'histoire sociale et de l'histoire littéraire. Du treizième au quatorzième siècle, le théâtre, on le voit, a fait un grand pas vers la sécularisation, vers l'indépendance; et en même temps il en a fait un vers la décadence, quoiqu'il ne soit pas encore tombé assez bas pour perdre tout vestige de son origine et tout caractère religieux. Il est, en un mot, le reflet exact de la société. Les contemporains de Charles V ne sont plus à la hauteur des contemporains de saint Louis; mais ils sont à une égale distance de ceux de Charles VII et de Louis XI. La Renaissance verra s'abaisser encore, avec le niveau des mœurs, le niveau de l'art dramatique: la sotie, la moralité, la farce, tous ces genres inférieurs, nés après le mystère et en dehors de l'Église, ne contribueront pas peu à cette dégénérescence. Tout le théâtre du moyen âge finira par tomber dans le mépris et l'oubli; si bien que, lorsque Molière viendra renouer dans ses comédies la tradition des anciennes moralités (plus ou moins morales, il est vrai), lorsque Shakespeare composera ses grands drames historiques, ils paraîtront l'un et l'autre les créateurs d'un nouveau genre. Et le jour où Corneille et Racine mettront à la scène les héros grecs et romains, ils n'auront pas conscience non plus de la déviation imposée au théâtre français par leur génie particulier, qui lui-même subira l'influence du génie de la nation, détourné depuis cent ans vers le culte exclusif de l'antiquité. La tragédie française sera l'erreur d'un grand siècle, toute question de forme et de style mise à part; il faudra deux poètes de cette valeur et de cette puissance pour lui transmettre une vie factice, bien éteinte aujourd'hui. Erreur fatale! On pouvait admirer tout aussi bien les chefs-d'œuvre d'Euripide et de Sophocle sans remplacer le théâtre national des Français par le théâtre national des Grecs. Ce progrès littéraire, cette forme châtiée, conquise par le commerce des anciens, on pouvait l'appliquer aux sujets héroïques de nos vieux dramaturges. Vous figurez-vous le mystère de la Passion traité par un Corneille, ou la vie de Jeanne d'Arc traduite à la scène par un Racine, avec toute la liberté que comportait le genre des mystères, et sans les entraves imposées par la convention classique? Nous posséderions ainsi un véritable théâtre, comme les Grecs en ont possédé un. C'est-à-dire que le public n'irait pas seulement chercher au théâtre un amusement d'une heure : il ferait du spectacle un exercice religieux et patriotique;

il y puiserait les leçons les plus hautes sous la forme la plus séduisante; il s'y tiendrait en communication journalière avec *son passé*, avec ses gloires, avec ses amours séculaires; il y vivrait de cette vie nationale, qui rend les peuples forts et les civilisations durables. Il y ferait, en un mot, ce qu'y faisaient, avec infiniment moins de ressources du côté des talents et du génie dramatique, les Français du moyen âge.

VIII

LES BAINS

Parmi les calomnies lancées de nos jours *ab hoc et ab hac* contre l'Église et contre le régime social du treizième siècle, il en est qui se présentent sous des dehors spécieux, avec des semblants de preuves à l'appui, dénotant au moins un certain respect du lecteur ou de l'auditoire. Mais l'écrivain à succès, l'écrivain populaire dédaigne ces petits moyens, ces longueurs oratoires, qui, en voulant convaincre, affaiblissent l'effet de la phrase sonore. Il affirme carrément. *Il* parle, et la lumière jaillit. Qu'est-il besoin de démonstration ou d'éclaircissement? Il compte, d'ailleurs, sur l'ignorance de son public, certain que très peu de gens seront assez téméraires pour accuser la sienne. Ce procédé est victorieux; mais il est, surtout, infiniment commode.

C'est, en général, celui de Michelet lorsqu'il écrit l'histoire. Le public s'est un peu déshabitué aujourd'hui de prendre au sérieux les paradoxes et les systèmes de ce littérateur fécond, surtout ceux qui s'étalent dans ses derniers livres au milieu de théories immorales et de divagations lubriques. Mais cette partie de son œuvre a encore une certaine prétention à l'histoire : il y effleure, pour les dénaturer, divers points historiques de la première importance; et, comme il reste toujours des esprits disposés à croire sur parole ses assertions, ou du moins à en conserver une vague impression préjudiciable à la vérité, il n'est pas inutile de montrer le néant de quelques-unes d'entre elles. C'est chose fort aride, il est vrai, que de rechercher et de rapprocher des textes, de consulter des sources oubliées : c'est une méthode qui n'expose ni à s'emparer de l'imagination du lecteur ni à exciter la passion, et qui ne prête ni à l'image ni au coloris. Michelet l'a sans doute senti, puisqu'il a laissé cette tâche à d'autres. Que voulez-vous? Il faut bien qu'elle soit remplie par la critique, quand elle n'est point remplie par l'auteur.

Peu s'en est fallu, au moment d'une épidémie qui a désolé une partie de l'Europe il y a quelques années, que la presse antireligieuse ne fît retomber sur les « ultramontains, » sur l'intolérance cléricale, l'origine et la responsabilité du fléau. On découvrit juste à temps que la contagion avait pris sa source dans les caravanes de pèlerins musulmans qui affluaient au tombeau du Prophète. Et puis, l'on n'osait pas encore méconnaître le dévouement légendaire de nos sœurs de charité : on n'allait pas jusqu'à nier le soleil. On vit seulement une des feuilles les plus répandues contester l'action de Dieu dans ce terrible châtiment, proclamer son impuissance à le déchaîner comme à l'arrêter, tourner en ridicule les prières *ordonnées* à cette occasion. La science des athées et des solidaires est seule efficace ! Témoin le lumineux accord qui règne dans la docte Faculté sur les causes et les remèdes du choléra ou de la peste. C'est dans le même ordre d'idées et avec le même souci de la vraisemblance que Michelet dresse contre l'Église, au milieu d'un livre qui fit du bruit en son temps, l'étrange acte d'accusation dont voici le résumé, et dont, au reste, la première idée ne lui appartient pas : « La malpropreté de nos pères fut l'origine de la diffusion d'une horrible maladie, de la lèpre;

cette malpropreté était entretenue, au moyen âge, par les lois ecclésiastiques ; l'usage des bains était prohibé ; on regardait comme un crime de se laver le corps. » « *Pas un bain durant mille ans !* » s'écrie le grand physiologiste (1).

Voilà qui est net et précis. Le moyen âge embrasse mille ans : on ne s'est pas baigné au moyen âge ; par conséquent, le dernier bain de l'antiquité s'est pris le 31 décembre 499, et le suivant le 1er janvier 1500. O siècles de noirceur !

Ne rions pas cependant. Que d'imputations aussi incroyables ont fait leur chemin ! Quand il s'agit de déverser le mépris sur une époque ou sur une institution chrétienne, ne sait-on pas qu'il se rencontre toujours trop d'oreilles avides et crédules ? Pour ce qui est de la lèpre, l'assertion a été suffisamment réfutée par un érudit catholique. M. Léon Gautier, dans ses *Études historiques pour la défense de l'Église* (2), a rappelé que la lèpre venait d'Orient, qu'elle s'était répandue chez les Juifs depuis leur retour d'Égypte (3), que l'Église l'avait trouvée dès longtemps établie dans le monde et avait fait tous ses efforts pour la guérir

(1) *La Sorcière*. p. 108-110.
(2) P. 79-81 (*Histoire de la charité dans l'Église*).
(3) V. Sepp. *Vie de N.-S. Jésus-Christ*, I, 269.

ou la soulager. Le grand nombre des *léproseries* élevées dans ce but au moyen âge est, d'ailleurs, un fait trop notoire pour qu'il soit permis de le discuter. Au treizième siècle, d'après un contemporain, on en comptait *dix-neuf cents* dans la chrétienté (1). On voit, à la même époque, un seul prince, Alphonse, frère de saint Louis, faire des aumônes à soixante-sept léproseries situées dans le midi de la France (2). La sollicitude spéciale des papes et des moines pour les malheureux frappés de cette répugnante maladie ne se ralentit que lorsque sa disparition fut à peu près complète, au quinzième siècle (3).

Mais les bains de toute espèce furent plus ré-

(1) Mathieu Paris (ou de Paris), *Historia Angliæ*.

(2) *Archives nationales*, série J, n° 319.

(3) Cette disparition pourrait s'appeler bien plutôt une transformation : car, sans parler des épidémies périodiques, on a vu, depuis cette époque, se développer chez les peuples des contagions d'une essence analogue à celle de la lèpre, et plus honteuse encore. On sait, du reste, que des volumes ont été entassés sur la question de l'origine et des caractères de la lèpre. C'est le cas de rappeler le trait plaisant, rapporté par Joseph de Maistre, de certain censeur de Saint-Pétersbourg, qui, recevant pour l'examiner le manuscrit du *Lépreux d'Aoste*, du spirituel Xavier, jeta les yeux sur le titre, et dit avec une moue dédaigneuse : « Hein ? On a déjà beaucoup écrit sur cette maladie ! »

pandus encore que les hôpitaux de lépreux. Ici, la témérité de l'affirmation de Michelet prend des proportions gigantesques. Il suffira de quelques développements pour en faire juger. Les textes à invoquer rempliraient un volume : nous nous contenterons d'un petit nombre.

Il n'est guère possible d'être Parisien sans avoir levé les yeux, une fois en passant, sur les écriteaux de la rue des *Vieilles-Étuves-Saint-Honoré*, ou de la rue des *Vieilles-Étuves-Saint-Martin*, ou de l'impasse des *Étuves*. Ces noms apprennent au piéton le plus vulgaire et le plus illettré que la bonne ville a été pourvue autrefois d'établissements de bains; mais il peut supposer que ces établissements disparus ne remontaient pas au delà de l'époque de la Renaissance, mère de tout progrès, et, selon Michelet, de toute propreté (à la condition, sans doute, de laisser de côté la vie privée de certains renaissants). Reprenons donc la question de plus haut et à un point de vue plus général.

Chacun sait quelle place tenaient chez les Romains les bains et tout ce qui se rattache au soin du corps. On peut dire, sans crainte d'exagérer, que le corps était devenu, à la fin, le seul objet de leur préoccupation : il en restait si peu qui crussent à l'existence de l'âme ! Dans ces somptueux édifices, qui comprenaient des cours, des appartements, des piscines ou des salles pour les hommes, d'autres, à côté, pour les femmes, et dont les thermes de Titus et de Dioclétien à Rome, ceux de Nîmes et d'Orange nous offrent des vestiges précieux, les riches et les désœuvrés passaient la journée au sein de la mollesse. Les soins matériels auxquels se livraient ces païens raffinés avaient pour but moins la santé que la volupté. Sur les huit cent cinquante-six établissements de bains publics ou particuliers que l'on comptait à Rome, sous l'empire, un certain nombre étaient des lieux de débauche connus et fréquentés comme tels. Aussi Alexandre Sévère disait-il, dans un moment de colère contre ses troupes : « Les soldats romains ne connaissent que le vin, les bains et l'amour (1). » L'usage de ces bains de luxe, pour ne pas employer d'autre expression, était venu d'Orient. Lacédémone, à son tour, avait inventé les étuves ou bains de vapeur. Les Gaulois empruntèrent les bains chauds aux Romains, et se bai-

(1) « *Milites romani amant, potant, lavant.* » Le bain remplace ici le tabac.

gnèrent, comme eux, jusqu'à sept fois par jour (1).

Il est évident qu'un tel état de choses était un abus, et l'on ne peut s'étonner si l'on voit parfois, dans les premiers siècles de l'Église, la fréquentation des bains païens interdite aux chrétiens, dont les mœurs devaient infailliblement s'altérer par une pareille communauté. En faut-il conclure que les Pères ou les conciles aient proscrit le bain en lui-même? Un passage de saint Ambroise montre, au contraire, qu'il était permis aux séculiers comme remède hygiénique (2). Quant aux religieux, la plupart des monastères renfermaient, comme nous le verrons, un lieu spécial pour prendre des bains. N'était-ce pas, du reste, le premier devoir de l'antique hospitalité chrétienne que de laver les pieds des pèlerins ou des pauvres voyageurs? Dans les *hospitiola* fondés dès lors près de chaque église, la charité des clercs n'exerçait-elle pas journellement cet acte d'humilité, qui répugne à la délicatesse du monde? Il y avait là plus qu'un service rendu à des frères; c'était un symbole et une commémoration : au moment solennel qui

(1) V. le mémoire spécial publié dans les *Archives historiques* de l'Académie de Vienne, tome XXI.

(2) *Œuvres de saint Ambroise*, II, 22. Cf. *Acta Sanctorum*, avril, III, 576 et ss.

précéda sa Passion, le Sauveur lui-même ne lava-t-il point successivement les pieds de ces douze pêcheurs qui allaient porter dans le monde entier la bonne nouvelle? Aujourd'hui encore, comme dans les siècles qui se sont écoulés depuis, le successeur de Jésus-Christ ne s'honore-t-il pas de renouveler chaque année le même abaissement devant les pauvres convoqués par lui dans la plus opulente basilique de l'univers?

L'Église changea-t-elle de règle au moyen âge, et, quand les abus ou les dangers des grands établissements romains eurent disparu avec le paganisme, interdit-elle d'une manière générale l'usage de se laver le corps? Les bains se trouvent-ils tout à coup proscrits à l'ouverture de cette fameuse période de mille ans? Non. Les Barbares, qui n'éprouvaient sans doute pas autant que les peuples méridionaux le besoin de se baigner, leur emprun- tèrent néanmoins cet usage avant leur établissement définitif et leur conversion. On voit, par exemple, un prisonnier romain créer des bains chez les Huns (1), et le roi des Goths, Alaric, en prendre

(1) V. Priscus, dans le *Corp. Byzant.*, éd. Bonn, I. 187. V. aussi la Vie de saint Germain de Paris, *Acta SS.*, 6 mai, p. 785.

lui-même dans la ville d'Athènes (1). Les Germains, les Goths et les autres peuples vont-ils renoncer, sur le seuil de la civilisation, à un soulagement qu'ils ont déjà connu et apprécié dans leur état de barbarie native? Vont-ils, sur la foi d'une sentence au moins bizarre, et sans résistance aucune, se condamner à croupir, durant dix siècles, dans un malaise et dans une malpropreté qui leur amènera des infirmités dégoûtantes? La chose paraîtrait ne pas valoir la peine d'être examinée, si elle n'était affirmée d'un ton si tranchant.

Presque au début du moyen âge, on voit l'Église, loin de s'écarter de sa règle primitive, la formuler d'une manière expresse par la voix de saint Grégoire le Grand. Voici comment s'exprime cet illustre pontife, dans un passage de ses *Lettres* qui a trop d'autorité pour ne pas être reproduit textuellement :

« Suivant ce qu'on m'a rapporté, écrit-il aux « habitants de Rome, de mauvais prédicateurs « vous ont dit qu'on ne devait pas se baigner le di- « manche. La vérité est que, si la luxure et la « volupté sont le mobile qui fait rechercher le « bain, nous ne permettons celui-ci ni le dimanche

(1) Zozime, dans le *Corp. Byzant.*, I, 253.

« ni un autre jour; si, au contraire, on le prend « parce que le corps en a besoin, nous ne le défen« dons pas, même le dimanche, car il est écrit : « Personne ne hait sa propre chair, mais chacun « la nourrit et la soigne (*Éphés.*). Et en même « temps il est écrit : Ne soignez pas votre corps « par esprit de concupiscence (*Rom.*, XIII). Ainsi « l'Apôtre, qui défend de soigner son corps par « concupiscence, permet de le faire par besoin de « santé. En effet, si c'était un péché de se la« ver le corps le dimanche, n'en serait-ce pas un « aussi que de se laver le visage ce jour-là? Si « cette action est permise pour une partie du « corps, pourquoi ne le serait-elle pas pour le « reste (1)? »

Ainsi les bains voluptueux, à la mode des anciens Romains, sont blâmables; mais le bain pris par besoin, pour la santé ou l'hygiène, ne l'est jamais : tel est le principe bien simple et bien juste posé par l'Église au sixième siècle, et fidèlement suivi par la suite, comme on va le voir.

(1) « *Si pro luxuria ac voluptate quis lavari appetit, hoc fieri nec reliquo quolibet die concedimus; si autem pro necessitate corporis, hoc nec dominicorum die prohibemus.* » *S. Greg. opera*. 3e lettre du livre XI.

Mais, si le bain était permis le dimanche comme les autres jours, les chrétiens d'alors, toujours préoccupés du symbole de purification spirituelle qu'il renferme, le prenaient de préférence le samedi et la veille des fêtes : « *C'est la coutume des chrétiens*, dit la Vie de saint Mélaine, évêque de Rennes et contemporain de Clovis, de se laver le samedi par honneur pour le dimanche, et de changer de vêtements pour entrer dans la demeure terrestre du Roi du Ciel, c'est-à-dire dans l'église, le corps et l'âme aussi purs l'un que l'autre (1). » Cet usage persista beaucoup plus tard : on se baignait surtout, dans les couvents, les veilles de Noël, de Pâques, de la Pentecôte ou d'autres grandes fêtes, et aussi la veille des jours de communion; les laïques imitèrent cet exemple (2).

Vers la même époque, la Vie de saint Césaire d'Arles atteste encore l'usage fréquent des bains, même dans les communautés religieuses : elle re-

(1) *Acta Sanctorum*, janvier, I, 331.

(2) V. Mabillon, *Acta SS. Ordinis S. Benedicti, sæc. IV*, part. 2, préf., p. xcvii; Isidore de Séville, *op.*, VI, 695; Lanfranc, *Constitutions* (dans D. Martène, *Traité des anciens rites des moines*) : « *Vigiliæ Thomæ apostoli fratres balneentur qui volunt balneari, ut duobus diebus ante Dominicam Nativitatis sint omnes balneati.* »

late la construction de grands édifices pour cette destination, et nous montre le saint prélat ordonnant aux sœurs malades de se soumettre aux prescriptions du médecin à cet égard (1). Il est certain que des thermes s'élevaient à Athies, résidence du roi Clotaire Ier, puisque l'auteur des Actes de sainte Radegonde nous représente cette princesse y lavant de ses mains les femmes pauvres (2). La Vie de saint Colomban, les écrits de Bède, ceux de Grégoire de Tours, et bien d'autres monuments des sixième et septième siècles contiennent des traces de faits analogues. La règle de Saint-Benoît, si fortement empreinte de la charité évangélique envers les étrangers, érige même en obligation l'humble service dont nous parlions tout à l'heure : « L'abbé donnera aux hôtes de l'eau pour se laver les mains. L'abbé et tous les moines leur laveront les pieds. » Le père des Bénédictins permet ailleurs à ses religieux de l'Ombrie de se baigner quand leur santé l'exige (3).

Mais ce qui prouve le mieux que, loin d'avoir

(1) *Acta Sanctorum*, août, VI, 69.

(2) « *Ipsa eas lavans in thermis.* » (*Acta SS. Ord. S. Benedicti. sæc. I*, p. 330.)

(3) V. D. Martène, *Comment. sur la règle de Saint-Benoît*, p. 473-475.

les bains en horreur, l'Église les regardait comme précieux pour l'hygiène du corps, c'est que leur privation est donnée comme une des plus rudes mortifications auxquelles se condamnaient les anachorètes d'Orient (1). C'était aussi une des peines qu'elle imposait à certains pénitents. Dans la même pensée, les chrétiens s'abstenaient d'en prendre durant le carême, surtout dans la semaine sainte, et en général les vendredis. « Les jeûnes et les bains, avait dit saint Augustin, ne peuvent aller ensemble (2). » Saint Théodore le Sicéote reprenait aussi ceux qui allaient au bain après la sainte communion.

L'abstention de cette jouissance continua de passer pour un grand signe d'ascétisme : Adalbert, archevêque de Brême au onzième siècle, « laissa, dit son biographe, de nombreuses preuves de sa mortification : il n'usa jamais de bains (3). » L'année 1105, l'empereur Henri IV, excommunié, « passa tous les saints jours de Noël sans se baigner, sans être rasé, privé de tout office di-

(1) V. la Vie de saint Jean le Silencieux, *Acta Sanctorum*, 3 mai, p. 233 ; Rosweyd, *Vita Patrum*, p. 604 ; etc.

(2 « *Jejunia simul et lavacra tolerari non possunt.* » *Op. II*, p. II, 127.

(3) Pertz, *Monum. Germaniæ*. IX, 364.

vin (1). » Il est dit aussi de Bruno, archevêque de Cologne, mort en 965, qu'il « ne se mêla que rarement à ceux qui allaient chercher aux bains l'éclat du corps, quoiqu'il eût été habitué dès le berceau, en raison de sa haute naissance, à se baigner fréquemment (2). » L'évêque Nithard se condamne à la même privation. Agnès, la mère de l'empereur Henri IV, « évitait la douceur du bain et celle de la plume (3). » Enfin, sainte Marguerite de Hongrie, entre autres mortifications, « usait rarement de bains, plus rarement encore de parfums (4). »

A côté de ces restrictions apportées volontairement et par esprit de pénitence à l'usage fréquent des bains, nous trouvons, dans la même période, d'autres exemples qui montrent que cette abstention n'était pas ordinaire. En France, Charlemagne avait la réputation d'être un fort nageur (5). Saint Gérard, au moment d'être proclamé évêque de Toul, prend un bain et se revêt d'habits neufs (6).

(1) Pertz, *ibid.*, V, 109.
(2) *Ibid.*, VI, 266.
(3) *Ibid.*, VII, 303.
(4) *Acta Sanctorum*, janvier, I, p. 901
(5) Pertz, *Monum. German.*, II, 369.
(6) *Ibid.*, VI, 493.

En Allemagne, Othon II s'échappa de prison grâce à son habileté dans la natation, et Frédéric Ier périt en se baignant dans un fleuve (1). En Angleterre, des thermes romains existaient et fonctionnaient encore, dans le comté de Cambridge, au onzième siècle (2).

Dans les monastères, l'usage des bains est réglementé par les conciles. En 803, le concile d'Aix-la-Chapelle, répétant le principe émis par saint Grégoire le Grand, décrète que les religieux dont la santé réclamera ce soin pourront se baigner au commencement du carême, qu'il sera fait d'amples provisions de baignoires (*copiæ balneariæ*), et que les membres de la communauté y laveront leur corps chacun en particulier, se rendant toutefois les uns aux autres les services nécessaires (3). Peu de temps après, en 817, une assemblée des principaux abbés de France, tenue au même lieu, dans le palais de Louis le Débonnaire, décida que l'usage des bains dans les couvents serait réglé par les prieurs de chacun d'eux. Des statuts sur ce point,

(1) Pertz, *Monum. German.*, V, 766 (*Sed imperator, viribus suis et arte natandi confisus, ut stetit in prora, mare velociter insiluit*). Canisius, *Lect.*, IV, 516.

(2) Cambden, *Anglo-Norm. scriptores*, 836.

(3) *Concilia germanica*, I, 381.

rédigés par Lanfranc au onzième siècle, nous apprennent comment les choses se passaient dans les maisons soumises à son autorité : un ancien moine devait avoir soin que tout fût prêt au lieu où les religieux prenaient les bains, et qu'il y eût des serviteurs pour les assister; il avertissait ensuite ses frères, qui ne pouvaient s'y rendre que depuis Prime jusqu'à Complies. Arrivés au bain, après s'être fait raser, ils se retiraient chacun dans un petit réduit fermé d'un rideau; ils trouvaient là une espèce de cuve appelée tine (*tina*), dans laquelle ils prenaient le bain en silence (1).

Dans la seconde partie du moyen âge, celle qui tend à se rapprocher de nos mœurs modernes et qui embrasse le siècle dont nous étudions particulièrement la physionomie, ce ne sont plus des exemples isolés qu'on rencontre. Les bains, froids et chauds, sont tellement entrés dans les habitudes de toutes les classes, que les établissements balnéaires sont soumis à des droits seigneuriaux, à l'instar des moulins, des forges, des débits de boissons, etc. (2). Dans les franchises des villes,

(1) D. Martène, *loc. cit.*

(2) « *Idem Ulricus et sui successores legitimi stubam*

on spécifie le privilège de tenir des bains, et sur ceux-ci l'on impose des redevances héréditaires (1). On voit les croisés et les pèlerins de la Terre-Sainte se baigner dans le Jourdain en mémoire du baptême de Jésus-Christ, et à l'endroit où il le reçut de la main de saint Jean (2).

Une cérémonie bien connue, celle de la réception des chevaliers, était toujours précédée, la veille, d'un bain symbolique, et toutefois réel. On ne conçoit guère qu'un homme tant soit peu versé dans l'étude du moyen âge ait pu oublier ce trait remarquable. Mais on se baignait de même après une fatigue ou un combat, au retour d'un voyage, en sortant de prison, et dans mainte circonstance où le bain n'avait pas d'autre but que la propreté ou le rétablissement des forces (3). Dans beaucoup de contrées, les fiancés se rendaient aussi aux

balnei liberam possidebit. » (Charte de l'empereur Henri IV, en 1270.) « *Omnes census, judicia, salinas, stubam balnearem*, etc. (Charte de l'archevêque de Mayence, en 1325.) V. encore d'autres exemples dans le tome XXI des *Archives historiques* de l'Académie de Vienne, p. 25, 26.

(1) *Ibid*, p. 27, 28.

(2) *Ibid.*, p. 6.

(3) « *Si fatigatio accidit in itinere, cum ad hospitium pervenerit, per unam horam quiescat; deinde balneum intret, et in eo maneat donec caro lenis et rubea fiat.* »

bains publics avant le mariage. En Allemagne surtout, l'exercice de la natation devint très répandu, et fit même partie de l'éducation. Le bain y était regardé comme une des principales jouissances de la vie; ce qui donna cours de bonne heure à un singulier proverbe, qu'expliquent les mœurs allemandes et les vieux errements de la médecine : « Veux-tu du plaisir pour un jour? va au bain; pour une semaine? fais-toi saigner; pour un mois? tue un cochon (1); etc. » Très souvent, en France et ailleurs, les amphitryons qui recevaient des personnes de la haute société leur offraient en même temps un bain. La *Chronique de Louis XI* rapporte que Jean Dauvet, premier président au parlement, fit cette gracieuseté à la reine et aux princesses qui étaient venues souper chez lui le 10 septembre 1467, et que Denys Hesselin la renouvela le mois suivant à l'égard du roi lui-même, dont il était le panetier; mais Louis XI s'abstint.

Arnauld de Villeneuve, op. 76 (XIVe siècle). V. aussi Jean Bayer, *Concil. de remediis*, fol. 146. etc. Un médecin français, Jean de Saint-Amand, mort vers 1300, écrivit même dans son *Expositio in antidotarium*, des conseils spéciaux pour l'emploi des bains (Venise, ap. Juntas, 1553).

(1) *Archives historiques* de l'Académie de Vienne, XXI, 20.

« parce qu'il était enrhumé et qu'aussi le temps était dangereux. »

En France, et notamment à Paris, les bains publics se multiplièrent de plus en plus. La rue des Étuves-Saint-Martin, déjà construite en 1230, tire son nom des *estuves aux femmes* qu'on y voyait, au coin de la rue Beaubourg. Ces bains, dont il est fait mention dans des lettres de Philippe le Bel, en 1313, avaient pour enseigne le *Lion d'argent*. En 1350, la même rue est appelée rue *Geoffroy-des-Bains* ou rue *des Estuves* (1). La rue des Vieilles-Étuves-Saint-Honoré, qui fut construite au milieu du treizième siècle, et qu'on trouve aussi désignée par le même nom dès 1350, l'impasse des Étuves, qui était au quinzième siècle une rue aboutissant à celle de la Vieille-Monnaie, d'autres encore contenaient des établissements du même genre (2). Le *Dit des rues de Paris*, écrit en vers français par Guillot, vers le commencement du quatorzième siècle, cite celles qui précèdent, et une note de Lebeuf, qui a édité cette pièce dans son *Histoire de la ville et du diocèse de Paris*, nous apprend qu'en 1350 la rue du Four

(1) V. Lazare, *Dictionnaire historique des rues de Paris*, p. 209.

(2) *Ibid.*, p. 208.

possédait également ses bains, dits *étuves Poquelé* (1).

Le *Livre des Métiers* d'Étienne Boileau, prévôt de Paris au treizième siècle, contient sur les *étuveurs* les statuts suivants :

« Quiconque veut estre estuveur en la ville de « Paris estre le puet franchement, pourtant que « il euvre selon les us et coustumes du mestier, « faites par l'acort du commun, qui tels sont : « c'est assavoir, que nuls ne nule ne face crier « leurs estuves jusques à tant que il soit jour, pour « les périlz qui pevent avenir en ceus qui se lièvent « au dit cri pour aler aux estuves.

« Que nuls ne nule du dit mestier ne soustiegne « en leurs mesons ou estuves... mesiaus ne me- « sèles (2), reveurs (3), ne autres gens diffamez... « Item que nuls ne nule ne chauffe estuves en jour « de dimanche ne en jour de feste...

« Paiera chascune personne pour soy estuver « deus deniers; et se il se baigne, il en paiera « quatre deniers (4). »

Ce dernier article nous montre la différence qui

(1) Lebeuf, éd. de 1754; I, 585, 590.
(2) Lépreux ni lépreuses.
(3) Coureurs de nuit.
(4) *Livre des Métiers*, éd. Depping, p. 188, 189.

existait entre le bain proprement dit et l'étuve : celle-ci n'était qu'un bain de vapeur, pris dans un lieu chauffé et fermé, analogue au *sudatorium* antique (1). L'emploi des précautions nécessaires pour les bonnes mœurs et pour la salubrité publique est aussi constaté par ce texte important. L'accès des établissements de bains ordinaires fut encore interdit aux Juifs par le concile de Vienne, tenu en 1267 (2); et cette défense était autant dans leur intérêt que dans celui de la tranquillité générale.

Ainsi donc, dès le matin, le peuple courait à ces établissements, à la voix du crieur que le maître *estuveur* envoyait par les rues répéter son refrain :

« Oiez, c'on crie au point du jor:
« Seignor, qu'or vous alez baingnier
« Et estuver sans délaier.
« Li bains sont chaut; c'est sans mentir(3). »

Les étuveurs, appelés plus tard les baigneurs, furent incorporés à la maîtrise des barbiers-perruquiers, dont ils cumulaient la profession. Sur leur enseigne s'étalaient ces mots : « *Céans on fait*

(1) V. le *Dictionnaire de Trévoux*, au mot *Bain*.
(2) « *Prohibemus insuper ne stubas et balnea seu tabernas christianorum frequentent.* » Can. 16.
(3) Guillaume de Villeneuve, *Crieries de Paris*.

le poil proprement, et l'on tient bains et estuves. » Nous avons vu que les moines se faisaient aussi raser au moment de se baigner. Il y avait tendance à réunir et à confier aux mêmes mains les différents soins du corps. Aujourd'hui, comme on sait, les maisons de bains n'offrent plus guère à leurs clients qu'un pédicure.

Ce n'étaient pas seulement les grands centres qui possédaient des bains, mais les petites villes et même les châteaux. Abbeville avait des étuves près la porte Comtesse en 1240, ainsi qu'il résulte d'une donation faite à cette époque aux chapelains de Sainte-Croix. A Compiègne, l'emplacement du Pont-Neuf était occupé par la *tour des estuves*, vestige d'un établissement considérable, d'après le livre des cens de l'abbaye de Saint-Corneille. Dans la même contrée, Soissons, Marle, Senlis avaient leurs *hôtels des estuves* (1).

On conçoit qu'avec le temps et la multiplication des établissements, les abus devaient reparaître. Dès 1441, les statuts de l'Église d'Avignon interdirent aux clercs l'entrée des *étuves du pont* de cette ville, comme étant un lieu de débauche public (2). En 1480, une ordonnance du roi pu-

(1) V. Lebeuf, *Dissertations sur l'hist. de Paris*, I, 144.
(2) D. Martène, *Anecdot.*, IV, 585.

bliée à Péronne et, cinq ans après, une délibération du Conseil de la même ville contiennent une mesure meilleure : elles défendent « aux filles de joye de demeurer ni converser aux estuves. » A la fin du seizième siècle, certains bains de Paris servaient de rendez-vous aux femmes galantes et devinrent le théâtre de déréglements contre lesquels tonna le prédicateur Maillard. Mais ces désordres, comme on le voit, se produisaient avec le relâchement universel des mœurs qui signala cette époque si vantée de la Renaissance. Le moyen âge ne peut en être responsable, et l'Église encore moins.

Les témoignages qui précèdent représentent seulement, je le répète, une faible partie de ceux que fournit l'étude des textes contemporains. Dans mainte collection, dans mainte chronique, on pourrait recueillir les matériaux d'une histoire complète des bains chez nos pères, histoire qui serait à tout le moins curieuse par le tableau des transformations et des progrès qu'elle présenterait (1).

(1) On peut consulter notamment la publication de l'Académie de Vienne déjà citée, qui renferme un mémoire spécial du savant allemand Zappert; une collection sur le même sujet imprimée à Venise en 1553, in-fol., Juntas; les *Pa-*

Mais ce bref aperçu ne suffit-il pas à prouver, et de reste, que l'usage des bains froids ou chauds, publics ou privés, pour le clergé ou pour le peuple, n'a pas été interrompu un seul instant, que l'Église n'a jamais eu l'*horreur de l'eau*, que la malpropreté n'a pas été à l'ordre du jour durant dix siècles? La perpétuité de cet usage est un fait si clair, si constant, si général, et en même temps si naturel, qu'on ne peut en expliquer la négation que par ce désir immodéré de vilipender les âges chrétiens, dont certains esprits sont tourmentés à toute heure. L'affirmation contraire, absolue et carrée, suppose une grande ignorance ou une grande mauvaise foi. Laquelle de ces deux qualités vaut-il mieux attribuer à l'auteur de la *Sorcière?* Peut-être s'est-il souvenu de la maxime attribuée à son patriarche, que du mensonge il reste toujours quelque chose. Et, en effet, ni objections, ni réfutations, ni mémoires, ni volumes, eussent-ils cent fois raison, ne parviendront à ôter de l'imagination de ses lecteurs ou de ses partisans l'idée que le moyen âge, courbé sous le joug

pyri diplomatici de Marini (p. 363); les lexiques de Ducange et de Raynouard, les tables des Conciles, la *Médecine de Salerne*, les Vies des Saints, les règles des Ordres religieux, etc.

clérical, a été hideux, sale, rongé de lèpre et de vermine, abject sous toutes ses faces, au moral comme au physique. Michelet a calculé juste.

Mais non. Cet homme, au fond de son âme, ne reprochait pas à l'époque de ses antipathies plus ou moins de malpropreté matérielle. Il avait d'autres regrets, d'autres espérances. Lui-même nous a révélé sa pensée intime. Du milieu des nuages de son obscure et fantastique élucubration jaillissent des éclairs comme ceux-ci :

« Le Christianisme est l'Anti-nature. Si le Chris-
« tianisme est l'Anti-nature, c'est surtout, c'est
« uniquement *parce qu'il a réprimé les élans de la*
« *chair.* » Au seizième siècle reparait le paganisme, cette « haleine d'avenir, cette puissante,
« cette invincible *résurrection de la vie naturelle,*
« ce *souffle de Satan.* » « L'Anti-nature pâlit, et
« le jour n'est pas loin où son heureuse éclipse
« *fera pour le monde une aurore !* »

Ainsi, ce que demandait clairement l'auteur de ces effrayants aveux, ce qu'il s'indignait de ne pas trouver au moyen âge, c'est le règne de Satan, c'est le paganisme pur, le paganisme dans son essence, c'est-à-dire l'adoration de la chair telle qu'elle existait dans le vieux monde romain; c'est la grande débauche, libre, publique, fastueuse, honorée. Le moyen âge a, comme toutes les époques, ses fautes et ses crimes; mais ceux-ci ont toujours un caractère de chute, et le plus souvent la réparation les suit. Dans l'antiquité dégénérée, le vice marche le front superbe; il est encensé, déifié; il est si bien transfusé dans les veines de la société, que les actions les plus déshonorantes sont des actions ordinaires, consacrées par la sanction légale, quand elles ne le sont point par l'apothéose. C'est là, c'est dans les mœurs païennes que se trouve la véritable « anti-nature, » développée (on sait jusqu'à quel point) même chez les philosophes et les sages. Ces temples de la mollesse, où les Romains employaient leur journée au culte du corps, n'étaient qu'une des faces de leur corruption raffinée. Les désordres qu'ils abritaient, l'air de volupté qu'on y respirait, voilà ce que fuyaient prudemment les premiers chrétiens; voilà l'objet des regrets amers de Michelet, quand il se lamente sur la disparition des bains. Il sait que la religion de la chair est la seule idolâtrie dont le retour soit possible aujourd'hui. C'est pourquoi il s'est mis à travailler avec bien d'autres à cet heureux retour, qui « fera pour le monde une aurore. » Ce n'est pas l'hydrophobie qui le tourmente, lui; c'est la Christophobie. Et sa passion dominante l'aveugle tellement, qu'on serait tenté, s'il vivait encore, de répéter ici avec un double à-propos le mot que lui adressait un jour un célèbre polémiste, effrayé de l'état de son cerveau : « Vous, Michelet, prenez des bains. »

Quant à nous, nous préférons encore à la corruption dorée cette simplicité, cette grossièreté même qui le scandalisait chez nos pères. Ah ! sans doute, à l'aspect de ces populations et de ces moines aux dehors peu brillants, on peut, comme l'esprit-fort qui rencontre un capucin dans la rue, lever les yeux et les épaules. Mais, quand on envisage les services rendus par eux à l'humanité, tant de travaux civilisateurs, de défrichements et d'hôpitaux, de science et de charité d'une part, tant d'héroïsme et d'abnégation, de progrès utiles et de merveilles artistiques de l'autre, on ne lève plus le regard au ciel que par la force de l'admiration et de la reconnaissance : ces hommes aux rudes vêtements n'apparaissent plus qu'à travers une auréole.

Nous ne voulons pas exagérer, et prétendre que tout fût bien dans le moyen âge. Mais nous avons dit le trait distinctif qui sépare ses torts de ceux de l'antiquité. Si la malpropreté ne fut pas, comme on l'a prétendu, de mode et de rigueur dans cette longue période de dix siècles, il est certain que le bon goût et le confortable n'y régnèrent pas non plus en souverains absolus. Qu'importe, après tout ? Laissez-nous un peu plus de foi avec un peu moins de luxe. La vie de l'homme sur cette terre en sera deux fois plus facile.

TABLE DES MATIÈRES

		Pages.
	PRÉFACE	V
I.	De l'histoire nationale et de l'étude du treizième siècle en particulier	1
II.	État matériel et intellectuel de la société	43
III.	La cour et l'opinion publique	89
IV.	L'ouvrier	129
V.	La femme	179
VI.	Le sermon	233
VII.	Le théâtre	287
VIII.	Les bains	351

Paris. — Imprimerie de Ch. Noblet, 13, rue Cujas.

www.ingramcontent.com/pod-product-compliance
Ingram Content Group UK Ltd.
Pitfield, Milton Keynes, MK11 3LW, UK
UKHW020607230726
13926UKWH00005B/2241